法政大学大原社会問題研究所叢書

サステイナブルな地域と経済の構想
――岡山県倉敷市を中心に――

●

法政大学大原社会問題研究所／相田利雄編

御茶の水書房

はしがき

　法政大学大原社会問題研究所・労働政策研究会（2009年8月発足）によって実施されてきた一連の調査は、2015（平成27）年9月で7年目を迎えている。
　2010年度にはテーマを絞って、①水島地域の産業と労働、②倉敷市における繊維産業の現状を課題とした。その成果としては『持続可能な地域における社会政策策定に向けての事例研究――繊維産業調査および公害病認定患者調査報告――』（大原社研ワーキング・ペーパーNo.45、2011年7月）を発表した。
　また、研究会は2011年度から3年間、文部科学省科学研究費の助成を受けて、倉敷市の繊維産業の技能継承や人材育成に関して調査・研究を続け、合せて倉敷市の健康問題・まちづくり・福祉について調査・研究を行った。この3年間の研究成果として、『持続可能な地域における社会政策策定に向けての事例研究Vol.2――繊維産業調査および公害病認定患者等調査報告――』（大原社研ワーキング・ペーパーNo.50、2013年4月）、および、『持続可能な地域における社会政策策定に向けての事例研究Vol.3――倉敷地域調査および桐生繊維産業調査報告――』（大原社研ワーキング・ペーパーNo.52、2014年4月）を発表してきた。
　2015年3月には、『持続可能な地域における社会政策策定に向けての事例研究Vol.4――倉敷市政と繊維産業調査および環境再生・まちづくり調査報告――』（大原社研ワーキング・ペーパーNo.53）、同年8月には『持続可能な地域における社会政策策定に向けての事例研究Vol.5――岡山県の産業政策と介護、倉敷市の地域医療調査報告――』（大原社研ワーキング・ペーパーNo.54）を発表した。これまで発表してきたワーキング・ペーパーの総頁数は852頁である。また研究会は、大原社会問題研究所雑誌（No.652）に特集を組むなど、論文の投稿とともに、各研究員は所属する学会等で研究成果を発表するなどの研究活動も行ってきた。
　現地での聴き取り調査や意見交換の実施などにあたっては、実に多くの方々からのご協力をいただいた。すべての方のお名前を挙げることはできないが、とりわけ、公益財団法人大原記念倉敷中央医療機構・相田俊夫副理事長には、研究開始当初の2009年から継続してご尽力をいただいた。また、水島地域での調査では、やはり2009年から今日まで、公益財団法人水島地域環境再生財団

（みずしま財団）太田映知専務理事にご尽力いただいた。そして、児島地域の調査においては、倉敷市児島産業センターの三宅康二前センター長から多大なご協力をいただいた。これらの皆様方の協力は、本研究が初期の目的を達成するために欠くことのできないものであった。この場を借りて、皆様方に改めて深く感謝の気持ちを表したい。

　社会政策に関心を有する多くの方々に研究の成果を広く活用していただくため、図書として刊行することを希望したところ、幸いにも法政大学大原社会問題研究所叢書として、御茶の水書房より出版していただけることとなった。出版事情の厳しいなか、本書の刊行が実現することとなったのは、大原社会問題研究所のおかげであり、今回の叢書へのご尽力に対しても重ねてお礼申し上げたい。

2015年10月

相田　利雄

サステイナブルな地域と経済の構想
目　次

目　次

はしがき（相田利雄）　iii

序　章　本書の特徴と概要 …………………………………… 相田利雄　3

第一章　岡山県の産業変遷と倉敷市の成り立ち
　　　　………………………………………… 相田利雄・唐澤克樹　11
　　はじめに　11
　　第1節　岡山県の成り立ちと明治期・大正期の産業　12
　　第2節　工業化の進展と水島コンビナートの開発　16
　　第3節　百万都市構想の破断と新・倉敷市の誕生　20
　　おわりに　30

第二章　倉敷市における産業の変化と地域社会 ………… 唐澤克樹　35
　　はじめに　35
　　第1節　岡山県における地域問題　37
　　第2節　倉敷市における地域問題　39
　　第3節　倉敷市の地域構造と現在　43
　　おわりに　47

第三章　繊維産業政策の変遷と基礎自治体による産業政策の可能性
　　　　――倉敷市の「縫製事業者育成事業」を中心に――
　　　　………………………………………………………… 高橋　啓　51
　　はじめに　51
　　第1節　国による地域産業政策の変遷　52
　　第2節　繊維産業政策の変遷　57
　　第3節　地域産業の空洞化と人材育成
　　　　　　――岡山県の繊維産業政策を中心に――　67
　　第4節　倉敷市の「縫製技術者育成事業」の概要　71

第5節　考察「縫製技術者育成事業」の意義と課題　74

第四章　児島繊維産業における人材育成の課題
　　　　──技能実習生活用のジレンマ──
　　　　　……………………………………………………………… 永田　瞬　79
　　　はじめに　79
　　　第1節　倉敷市の繊維産業と調査概要　80
　　　第2節　縫製の女性労働者と技能実習生
　　　　　　　──その共通性と異質性──　84
　　　第3節　技能実習生と労務管理
　　　　　　　──「計算できる労働力」の変容──　90
　　　第4節　縫製工程における労働力不足の背景
　　　　　　　──何が定着を妨げているのか──　96
　　　おわりに　102

第五章　倉敷市水島地域の公害被害の経験
　　　　──倉敷公害訴訟の経験、公害被害者の生活、公害への想い・メッセージ──
　　　　　……………………………………………………………… 江頭説子　107
　　　はじめに　107
　　　第1節　公害問題から公害被害の経験へ　108
　　　第2節　水島地域における大気汚染公害の発生から
　　　　　　　倉敷公害訴訟まで　116
　　　第3節　倉敷公害訴訟を経験したことの意味　120
　　　第4節　公害被害者の生活　129
　　　第5節　公害への想いやメッセージ　137
　　　おわりに　139

第六章　水島コンビナートの現段階
　　　　──コンビナート・ルネッサンスから総合特区へ──
　　　　　……………………………………………………………… 小磯　明　145

第1節 エネルギー政策の転換と岡山経済の
　　　自立的発展に向けて　145
第2節 水島コンビナートの現段階を検討するための研究方法　150
第3節 水島コンビナートの現段階　155
第4節 水島コンビナートの地域経済・行政・まちづくり
　　　への示唆　169

第七章　岡山県・倉敷市における地域産業と再生可能エネルギーの連携
　　　　………………………………………………… 大平佳男　177
　はじめに　177
　第1節　岡山県・倉敷市の再生可能エネルギー政策　178
　第2節　岡山県・倉敷市における再生可能エネルギーの動向　182
　第3節　地域産業から派生した再生可能エネルギー
　　　　　　　――バイオマス発電――　187
　第4節　地域産業と連携した再生可能エネルギー
　　　　　　　――太陽光発電――　194
　おわりに　199

第八章　岡山県の家族介護者の介護時間と生活時間
　　　　――「社会生活基本調査」を通じて――
　　　　………………………………………………… 橋本美由紀　205
　第1節　本章の課題とその背景　205
　第2節　在宅医療・介護と家族介護に関する提言、
　　　　意識調査・統計調査　207
　第3節　岡山県の家族介護者の現状　209
　おわりに　227

第九章　病院完結型医療から地域完結型医療への転換
　　　　――倉敷市の地域医療への住民参加の試み――
　　　　………………………………………………… 小磯　明　233

第1節　地域医療構想と地域包括ケアシステム　233
第2節　問題の所在と研究の目的、方法　235
第3節　県南西部医療圏の現状と倉敷市
　　　　「わが街健康プロジェクト。」の試み　239
第4節　地域完結型医療に向けた住民参加の試みの考察　263

執筆者紹介　273

法政大学大原社会問題研究所叢書
サステイナブルな地域と経済の構想
——岡山県倉敷市を中心に——

序　章　本書の特徴と概要

相田　利雄

本書の特徴

　本書は、法政大学大原社会問題研究所・労働政策研究会の研究成果である。岡山県倉敷市の調査開始から 7 年目を迎えているが、いまだ志半ばの感がある。しかし、この間の調査を著書としてまとめることの社会的意義は大きいものがあると考える。

　調査対象地域とした倉敷市は、旧倉敷市、児島地区、水島地区、真備・船穂などの地域で構成されており、旧倉敷市の美観地区などの観光産業、児島地区の繊維産業、水島地区のコンビナート、そして真備・船穂の農業といった、日本の産業の縮図のような地域と考えられる。倉敷市を対象とした地域社会調査は、現在の日本の地域社会の再生のみならず、今後の日本社会の進むべき道筋を示すことになるものと思われる。このような目的のもとで、本書は編まれている。そのために、これまで研究員が行ってきた地域社会の精緻な分析を行うことが課題であった。

　本書の構成を俯瞰的に述べるなら、第一章と二章は、岡山県の産業政策と倉敷市の地域構造の分析であり、全体の総論的役割を果たしている。第三章以降は各論である。

　第三章と四章は、繊維産業について分析をしており、地域でいえば児島地区が対象地域である。第五章は水島地域の公害被害の経験についての分析であり、六章が産業政策としてのコンビナートの現段階の分析、そして七章は、新たな先進的取組みとしての岡山県と倉敷市の再生可能エネルギーについての分析である。

　第八章は岡山県における家族介護を統計的に分析しており、第九章においては、病院完結型医療から地域完結型医療への転換の中で、倉敷市が地域住民と

ともに行う新たな地域医療の形の試みについて分析している。

　本書はこのように、岡山県と倉敷市の地域と産業の総論と、産業政策としての繊維、コンビナート、再生可能エネルギー、介護と医療といった分野を取り上げると同時に、児島、水島を中心とした地域社会についての分析を行っている。

本書の概要

　第一章では、岡山県における工業化の進展に焦点をあて、現在の倉敷市が成り立った背景を考察した。

　まず、岡山県の成り立ちと明治期・大正期の産業について考察している。現在の岡山県の県域は、1876年にほぼ形成された。この時期の産業の中心は農業であった。その後、大正期になると、県内各地では地場産業が発達するようになった。

　つぎに、水島コンビナートの開発について考察している。岡山県は、昭和初期から水島コンビナートの開発と企業誘致を行った。しかし、本格的なコンビナート開発が進み、企業が進出し始めたのは1950年代のことであった。

　さらに、コンビナートの開発による岡山県の社会・経済の変化について考察している。コンビナート開発を進めた三木行治は、岡山市や倉敷市など周辺33市町村を合併させた百万都市構想を提唱した。しかし、紆余曲折の上、百万都市構想は事実上破断した。しかし百万都市構想の破断後に、市域の再編の動きがあり、倉敷市は児島市と玉島市と合併し、新・倉敷市となって現在に至っている。

　このように、現在の倉敷市の発展は岡山県の産業の発展と密接に関連しているのである。

　第二章では、倉敷市における産業の変化と地域社会を解明している。新・倉敷市が誕生したころ、岡山県内では地域間格差、産業間格差、公害問題などの地域問題が発生していた。したがって、新・倉敷市の重点政策のひとつは生活や福祉政策であり、倉敷市は1972年に福祉都市宣言を表明している。また、岡山県では1972年に長野士郎知事が誕生し、経済優先から福祉優先の政策へと転換された。

　他方、地域問題は従来からの地場産業にも変化をもたらした。倉敷市では、

農業や繊維産業などの産業が衰退するなどの状況がみられた。また、倉敷市は行政都市としてひとつでありながら生活都市としては多核型の都市を形成していた。そのため各地によって地域構造が大きく異なる。

こうして今後、倉敷市の特徴を強調したまちづくりが求められている。それは、これまでの倉敷市が行ってきたような大企業依存体質ではなく、地域の中小企業を重視した政策への転換である。

第三章では、第二次大戦後における政府の地域産業政策、繊維産業政策を概観し、それぞれの時代にどのような事項を重視して産業の活性化を目指したかを整理している。地域産業政策において国が用意した基本的な枠組みはその時々の成長産業の地方分散を図るというものであった。2000年代以降は、地域における成長産業の創出を目指しているが、新技術の企業化など技術競争力を背景とした新産業の創出とみることができる。

一方、国の繊維産業政策は中小企業政策と連携しつつ、川中・川下の産地を形成する中小繊維企業に対して、地域単位・業種単位での共同化による規模拡大や近代化・高度化投資を行うことに対する支援、他の業種への事業転換の支援などを構造改善事業として行ってきた。その後、繊維「工業」からファッション産業へ、事業領域を転換ないし拡大するために、コーディネーター人材やファッション人材の育成が必要であるとして、各地の繊維リソースセンターで人材育成事業が行われている。ハードからソフトまで、繊維産業の振興に多様な政策が展開されてきたということができる。これらはいずれも、新たな成長の機会を国の内外の新市場、新商品で実現しようとするものである。

しかしながら、現在の繊維産地が直面する課題は、生産工程の中核的な生産技能の維持にある。生産の基盤を如何に維持・確保するかが喫緊の課題となっている。そこで、企業の直面する課題に応えるため、基礎自治体である倉敷市が取り組んだ「繊維技術者育成事業」を紹介した。この事業を継続的研修事業として実施し、地域の産業の維持に役立てるためには、地域の教育機関、例えば高校、専門学校、短期大学などのインターンシップ型の職業教育・訓練として実施することが現実的であろう。

第四章では、繊維産業における人材育成の課題を検討した。対象とするのは岡山県倉敷市児島の繊維産業である。倉敷市児島地区は学生服やジーンズの産地として知られる。繊維産業界が推進しているメイド・イン・ジャパン製品を

担う中核的地域のひとつである。他方、児島地域でも縫製労働者の担い手不足が続く。人材確保のために、外国人技能実習生の活用も進んでいる。本章では、まず、かつて児島地区で貴重な労働力として機能してきた縫製女性労働者がなぜ減少したのか、それが外国人技能実習生によって補完されたのはなぜなのか、その理由を検討する。つぎに、技能実習生を活用することの問題点を分析し、経済的格差の縮小に伴って労働者の権利制限が受け入れにくくなったことを指摘する。

　外国人技能実習生は、仕事と家庭の両立や、相対的な賃金が低いという縫製労働者が抱いていた不満や現場の問題点を解決していない。経済的格差に裏付けられた高い報酬があれば、労働者の職場移動が制限され、家族滞在が認められていなくても、技能実習生が働く意欲は担保される。しかし、児島地区で中国人技能実習生を集めることが難しくなっているのは、労働者の権利制限が許容されない段階まで経済的格差が縮小しているからである。今後は、メイド・イン・ジャパンのトレーサビリティを明確化する上で、生産工程のみならず、労働力そのものの品質もチェックされる必要があるだろう。

　第五章では、倉敷市における公害被害の経験を次世代に教訓として伝え、活かしていくことが重要であるとして、そのような研究の端緒を開こうとした。まず、1960年代に起きた大気汚染公害に焦点をあて、公害が社会問題となり公害反対運動から大気汚染公害訴訟へと至った経緯について、可視化・共有化・不可視化の視点から概観し、さらに公害被害の経験を活かすためには、「公害による被害の全体を認識」し、時間と空間を隔てて暮らす我々が、「公害被害の経験、問いやメッセージの意味を読み取り、意味を確認していくこと」が必要であることを提議する。つぎに、「公害による被害の全体を認識」することを目的として、水島地域に焦点をあて、大気汚染公害の発生から倉敷公害訴訟までの経緯について述べた。さらに倉敷公害訴訟に焦点をあて、訴訟に関わった人びとが何を経験したのかを明らかにし、訴訟を経験したことの意味について検討した。また、公害被害者の生活について、筆者らが実施した聴き取り調査をもとに、和解後約20年が経過した現在から問い直した。最後に、訴訟に関わった人びとおよび被害の当事者である公害認定患者の想いやメッセージの意味を読み取り確認した。

　本章では、以下の2点が明らかにされた。まず、訴訟に関わった弁護士、医

師、科学者らは原告である公害患者や訴訟に関わる人たちとの関わりの中で学び、成長する経験をしたこと、公害患者らは公害病に苦しみながらも、訴訟をとおして人とのつながりに支えられ、多様な経験をしたことを前向きにとらえ、公害のない新しい街づくりに取り組んでいることである。つぎに、公害が発生してから約50年、訴訟の和解から約20年が経過した現在も、公害被害者は、公害病罹患により苦しい経験、葛藤の経験をしながらもいつ発生するかも分からない発作の不安を抱きながらも、訴訟において経験したこと、そしてその訴訟で和解という勝利を得た経験や家族や仲間とのつながりの中で日々の暮らしを営んでいることである。

第六章では、水島コンビナートの現段階をコンビナート・ルネッサンスから総合特区を中心に述べている。「エネルギー政策の転換と岡山経済の自立的発展に向けて」では、エネルギー供給構造高度化法の成立を受けて、環境負荷が少ない非化石エネルギーへの転換が行われ、外需依存型経済成長モデルの行き詰まりから経済発展モデルとエネルギー政策の転換が必要になっていることを明らかにした。「水島コンビナートの現段階を検討するための研究方法」では、水島コンビナートに関する先行研究と研究方法、課題の限定を行った。「水島コンビナートの現段階」では、水島コンビナートの形成と沿革について述べ、コンビナート・ルネッサンス事業、コンビナート連携石油安定供給対策事業等の企業同士または産官学の連携事業の現状および計画について説明している。そして、国際競争力強化ビジョンや水島コンビナート総合特区の目指すものについて、水島コンビナートの現段階についてまとめている。「水島コンビナートの地域経済・行政・まちづくりへの示唆」では、倉敷市とコンビナート、コンビナートと地域の共生、海外との競争力激化、社会的コスト、研究の限界と課題を明らかにした。そして結論として、コンビナートと地域との共生の重要性を強調した。

第七章は、岡山県および倉敷市での再生可能エネルギーに関する先進的な取り組みを取り上げ、再生可能エネルギーの継続的な普及に対して地域産業と再生可能エネルギーの連携について論じている。岡山県は太陽光発電事業やバイオマス発電に適した自然環境を有し、再生可能エネルギーの普及を推進し、さらに再生可能エネルギーに関連した産業の振興を行っている。同様に倉敷市においても再生可能エネルギーを推進しており、水島コンビナート企業によるメ

ガソーラー事業の展開などが行われている。このように岡山県や倉敷市では再生可能エネルギーの推進が図られているが、地域産業と連携した再生可能エネルギー事業も多くみられる。本章では真庭市での製材業者を中心としたバイオマス発電と倉敷市の工業用浄水場での太陽光発電事業を取り上げている。前者は製材過程で出る端材などを燃料にバイオマス発電事業で活用しており、さらに木質バイオマス資源として新素材の開発を行うなど、地域の森林資源を多様な形で活用する取り組みが進められている。後者は、工業用浄水場の沈澱池などの上に太陽光パネルを設置することで藻類の発生抑制や傾斜板の劣化防止などの浄水事業での費用負担の低下が図られるという、太陽光発電事業によって地域産業に影響を及ぼすことを明らかにしている。固定買取価格の低下に伴い、単なる再生可能エネルギー事業では普及拡大が困難になっても、地域産業と再生可能エネルギー事業が連携することで、再生可能エネルギー事業の普及拡大を進めることが可能となり、地域産業にとってもメリットがもたらされるのである。

　第八章では、岡山県の家族介護の現状を家族介護者の介護時間と生活時間という観点から考察し、地域統計の充実を図りつつ岡山県の家族介護について検討した。

　家族介護者に関しては、従来の子の配偶者は減少し、依然として妻や娘等の女性介護者の割合は高いものの、男性介護者（夫や息子）が近年増加している。

　生活時間調査に関してはサテライト勘定を前提にした無償労働の評価をするように推奨されて以降、生活時間調査もそれに整合するような形で整備されてきた。一方で、生活時間研究が明らかにすべき課題、特にケア労働に関する詳細なデータが集計されないままで残されてきた。そこで、生活時間調査のあり方を見直していく必要があることを指摘した。

　以上を踏まえ、本章では、課題とその背景、在宅医療・介護と家族介護に関する提言、意識調査、統計調査を概観し、「社会生活基本調査」を用いて岡山県の介護時間とその他の生活時間との関係、全国平均の介護時間およびその他の生活時間の比較等を行い、家族介護のあり方と、介護の考察をする上で地域の生活時間調査に足りない統計表を検討した。

　第九章は、国の医療政策が、病院完結型医療から地域完結型医療へ転換する中で、倉敷市の地域医療への住民参加の試みについて述べている。「地域医療

構想と地域包括ケアシステム」では、これまでの病院完結型医療から地域完結型医療への政策転換が行われたことを、地域医療構想と地域包括ケアシステムの２つから述べている。「問題の所在と研究の目的、方法」では、地域医療構想の策定は、ＤＰＣデータとＮＤＢデータを用いた極めて精密かつ透明なもので、恣意的運用はできない。住民・患者にとってはいいことばかりではなく、むしろ不利益となる場合もある。住民への情報公開と同時に、必要に応じて住民参加の機会を設ける必要を問題提起している。「県南西部医療圏の現状と倉敷市『わが街健康プロジェクト。』の試み」では、前節での問題の所在をもとに、岡山県県南西部医療圏の倉敷市で進められている「わが街健康プロジェクト。」について事例研究を試みた。わが国の医療が、病院完結型医療から地域完結型医療へ転換する中で、住民が地域医療に参加するための仕組みづくりの実践について述べている。「地域完結型医療に向けた住民参加の試みの考察」は、前節での試みを考察している。医療を「あって当然のものから守らなければならない大切なもの」と住民が受け止め、「地域に不可欠な財産」と認められることが重要だと結論づけている。

第一章　岡山県の産業変遷と倉敷市の成り立ち

相田　利雄・唐澤　克樹

はじめに

　本章は、岡山県における工業化の進展に焦点をあて、現在の倉敷市が成り立った背景を考察することが目的である。筆者らは、2010年から岡山県倉敷市およびその周辺地域において、雇用・労働・生活、環境・産業・企業、医療・福祉に関する総合的な実態調査を行ってきた。筆者らが倉敷市に着眼した理由は以下の通りである。

　第一に、倉敷市は大原家の影響を強く受けた街ということである。倉敷市内には、大原孫三郎が創設した大原美術館や倉敷中央病院などが現存している。大原美術館は、文化・芸術の情報発信拠点としての役割を担っている。倉敷中央病院は、地域の中核的な医療機関としての役割を担っている。すなわち、大原家は倉敷市の発展に寄与し、それが現代においても引継がれているのである。したがって、倉敷市を考察する上で、大原家の存在を無視することはできないのである。

　第二に、倉敷市には第1次産業から第3次産業までの多様な産業が集積していることである。倉敷市内には、日本屈指のコンビナートがあり、そこでは自動車や化学製品などが生産されている。それを生産する企業のほとんどは大企業である。他方、伝統的な地域産業である繊維産業の集積地帯があり、そこではデニム製品や学生服などが生産されている。それを生産する企業のほとんどは中小企業や小規模企業である。また、倉敷市には美観地区など観光名所として有名な場所があり、観光産業が発達している。

　第三に、医療・福祉が充実していることである。倉敷市内には、1,167カ所

の医療・福祉に関係する事業所があり、そこでは27,305人が働いている[1]。人口10万人あたりの医師数は354.0人であり、これは全国の中核市のなかで13番目である[2]。また、「地域医療連携」や「わが街健康プロジェクト。」など地域の医療・福祉機関が連携した取り組みが全国に先駆けて行われている地域である。さらに、倉敷商工会議所には全国的にも珍しい医療・福祉部会が設置されている。

第四に、高度経済成長期の工業化の進展によって、公害問題が発生したことや地域が変化したことである。県が主導して進められたコンビナートの開発によって、大気汚染や水質汚染などの公害被害が発生した。また、生活インフラの不備や地域間格差が広がった。それらが契機となって、公害反対の住民運動が起きた。行政は企業とともに、産業や地域の変化に対応した新たな都市計画づくりを迫られることになった（横倉 1980）。

第五に、倉敷市では行政都市の役割と生活都市の役割の間に差異が生じていることである。現在の倉敷市は、1967年2月1日に旧・倉敷市、児島市、玉島市の合併によって発足した（図1-1）。その後、1971年3月8日に都窪郡庄村、1972年5月1日に都窪郡茶屋町、そして2005年8月1日に浅口郡船穂町および吉備郡真備町と合併し市域を形成してきた。その成り立ちをみると、工業化の進展と密接に関連していることがわかる。すなわち、経済的にも社会的にも異なった風土をもった市の合併に加えて、コンビナートを有する水島が創設されたことで、四極構造の都市となったのである（布施 1992、酒井 1992）。筆者らが初めて倉敷市へ調査に入った際も、地区ごとに歴史、文化、生活、産業が異なっていることを肌で感じる取ることができた。

本書では、これらの5つの着眼点を踏まえて倉敷市を中心とした岡山県の地域分析を行う。本章では、主に1900年から1970年ごろにおける岡山県の産業の変遷に焦点をあて、現在の倉敷市が誕生した背景について考察する。

第1節　岡山県の成り立ちと明治期・大正期の産業

現在の岡山県が成り立ったのは、明治維新から約10年後の1876年のことである。1871年7月の廃藩置県によって藩が廃止されたのに伴い、現在の岡山県には14県が設置された。そして11月には、岡山県、北条県、深津県の3県に統合

第一章　岡山県の産業変遷と倉敷市の成り立ち

図1-1　倉敷市の成り立ち

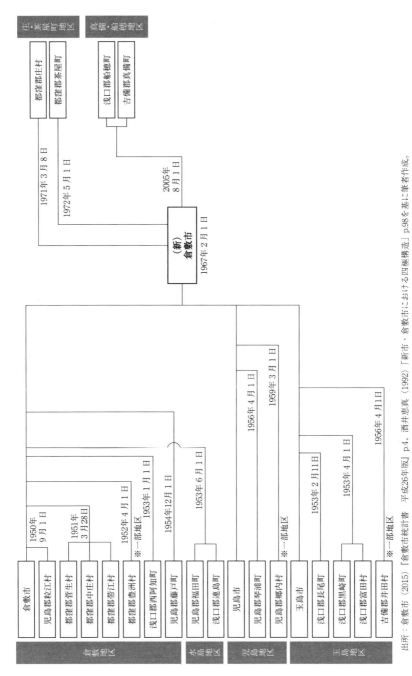

出所：倉敷市（2015）『倉敷市統計書 平成26年版』p.4、酒井恵真（1992）「新市・倉敷市における四極構造」p.98を基に筆者作成。

された。岡山県は岡山市に、北条県は津山市に、それぞれ県庁を置いた。深津県は、広島県福山市に県庁を置いたが、1872年に笠岡市に移転し、県名を小田県に改称した。さらに、1875年に小田県は岡山県と合併し、1876年に北条県は岡山県と合併した。これによって一部の地域は兵庫県や広島県に編入し、現在の岡山県の県域がほぼ形成されたのである。

　明治期の岡山県の産業の中心は農業であった。明治初期の県内では、米、果樹、野菜、大豆、藍、綿花などが栽培されていた。農業以外では、玉島地域（現・倉敷市玉島地区）や児島地域（現・倉敷市児島地区）においての塩業、児島や井原地域（現・井原市）においての織物業が盛んであった。児島や玉島の塩業は、いずれも瀬戸内海に面した土地を活用し、江戸期以前から発達していた。児島では、野﨑武左衛門が足袋の製造・販売によって得られた資金を元手に、1829年ごろから大規模な塩田を続々と開発し、塩業を発展させていった（藤井他 2012）。玉島では、それに比べると小規模であったが、中塚助左衛門らによって塩田が開発された。江戸後期までは、農業などとの兼業による家内労働が中心であったが、このころから規模が大きな塩田が開発されていったのである。児島の織物業も江戸期にはその骨格が形成されていた。江戸期以前の倉敷市域は島々が連なる内湾であったが、1584年から翌年にかけて宇喜多秀家が高梁川の潮止め工事を行い新田が開発された。児島は、その名の通り島であったが江戸初期には本土とつながり陸地ができた。しかし、干拓された新田は塩気が強く、すぐに米を栽培することができなかった。そこで、米の代わりに塩気に強い綿花が栽培され始めた。当時、耕地面積に対して労働力が豊富だったこともあり、栽培された綿花を原料とした織物業が発達したのである（岡山県 2011）。江戸中期になると、真田紐、袴地、小倉帯地、足袋などが生産されるようになる。とりわけ、1789年に生産が始まった真田紐は、香川県の金比羅山とともににぎわった由加山の参拝土産として好評だった。しかしながら、明治期には、由加山の参拝者の減少とともに真田紐の生産量も減少したが、県外への販路拡大など新しい動きもみられた。一方、井原も米の栽培に適した土壌が少なかった。そのため、古くから米の代わりに綿花が栽培され、それを原料とした織物が生産されていた。江戸中期からは藍も栽培されるようになり、それを原料とした藍染厚手織物が生産されるようになった。井原は宿場町だったこともあり、藍染厚手織物は全国に広まっていった。

また明治期は、政府が推し進めた殖産興業政策によって産業の近代化が進められた時期である。岡山県内には、下村紡績（1880年）、玉島紡績（1882年）、倉敷紡績（1888年）など紡績工場や製糸場が設立された。とりわけ、大原孝四郎らによって設立された倉敷紡績は、孝四郎の三男で二代目社長の大原孫三郎の時代に、愛媛紡績、讃岐紡績、吉備紡績との合併や工場新設によって事業を拡大させていった。また孫三郎は、株主らの反対を押し切り、従業員の住居を集団寄宿舎から分散式家族宿舎に改めたり、診療所や売店などの福利厚生を充実させたりするなど、労働環境の改善にも力を入れた。こうして、今日の倉敷紡績の礎が築かれたのである。

　孫三郎は社会貢献にも熱心だった。1914年には農民の福祉向上のため広く農業の改善を目指した大原奨農会農業研究所（現・岡山大学植物資源科学研究所）を創設した。また、孫三郎は、労働問題や社会問題を研究するために、1919年に大原社会問題研究所（現・法政大学大原社会問題研究所）を、1921年には労働科学研究所をそれぞれ創設した。さらに、1923年には従業員や地域住民の健康管理のために倉紡中央病院（現・倉敷中央病院）を創設した。そして、1930年には海外に派遣した児島虎次郎が収集していた絵画を展示した大原美術館を創設した。このように、企業や病院などを発展させることができたのは、孫三郎が経済性と倫理・道徳性の両立が可能であることを認識していたからである（兼田 2012）。孫三郎が関わった企業や団体は、すべて創立から長い年月が経過した現在も形を変えながら存続している。孫三郎に先見の眼があったことは言うまでもない[3]。

　明治後期から大正期になると、県内ではさまざまな産業が発達し始める。真庭地域（現・真庭市）では、豊富な森林資源を生かした製材業が発達した。岡山市（現・岡山市南区藤田地区）では、県が全国に先駆けて機械化を奨励したことなどから、農業機械工業が発達した。牛窓町（現・瀬戸内市牛窓地区）や宇野町（現・玉野市）では、瀬戸内海に面していることから、造船業が発達した。備前地域（現・備前市三石地区）では、備前焼の窯技術のノウハウがあったことや地下資源が豊富だったことから、耐火煉瓦産業が発達した[4]。これらの産業は、地場産業として発達した産業もあるが、玉野市の三井造船のように県外資本によって発達した産業も見受けられる。この時期の岡山県の地場産業は、他の地域と同じように自然条件や地理条件によって発達した産業であること、

農業などとの兼業による家内工業や零細企業が大多数であることが特徴としてあげられる。大正期から県外資本が入ってきたが、この時期の岡山県を代表する企業は、倉敷紡績、倉敷絹織（倉敷レイヨンの前身）、三井造船などわずかであった。

第2節　工業化の進展と水島コンビナートの開発

1．戦前期の水島と三菱重工業水島航空機製作所

　これまでみてきたように、岡山県では明治後期から大正期にかけて、さまざまな産業が発達した。しかし、昭和初期の産業の中心は農業と繊維産業であった。農業は、県内のほとんどの地域が農作物の栽培に適した環境にあったことに加えて、京阪神や北九州といった大規模市場へのアクセスに恵まれていた。繊維産業は倉敷市の紡績業を中心に発達し、昭和初期の倉敷市は中国地方を代表する繊維工業都市となった（島崎 1978、酒井 1992）。こうした繊維産業が発達したのは、藺草や綿花などの工芸作物の栽培が盛んだったこと、水源や電力を確保できたこと、九州・四国・山陰地方から豊富な労働力を確保できたことに起因する。

　こうした状況から、県は1939年に産業構造の高度化を図るべく、岡山県工場誘致委員会を設置し、東京や大阪などで大工場の誘致活動を行った。その目的は、「地元に工場を誘致して住民に就業の機会を与え、また、物品の購入や外注等により関係産業を潤おし（原文ママ）、波及的に地域経済を活発にする、さらに税収の増加により財政を豊かにして県民にはね返り（原文ママ）を期待するといった、究極は住民福祉の向上」であった（岡山県 1971、p.30）。同じ時期、民間企業数社が亀島沖の干潟地（現・倉敷市水島地区）の工業用地の活用方法を模索し始める。そもそも、水島は明治後期に行われた高梁川の改修工事と新田開発によって生まれた街である。それによって、水面は陸面へと変化し、陸面となった場所で農地が造成された。実際に農業が始まったのは1920年ごろであり、そのころから水島は漁村から農村へと変化したのである。

　1941年には、三菱重工業水島航空機製作所（現・三菱自動車工業水島製作所）の誘致が決定する。県は、戦時中ということもあって、農地を転用しないことや豊富な労働力を確保できることなどの条件を満たした土地として、現在の岡

山市南区福浜地区（当時・岡山市福浜地区）と倉敷市水島地区（当時・児島郡福田村と浅口郡連島町）を候補地とした。三菱重工業は海軍や県とともに、両者の調査を行った結果、水島へ工場が建設されることになった。工場は1943年に完成し、周辺には住宅、公園、鉄道、道路が設置され、電気、ガス、水道などの生活インフラも整備された[5]。この工場では、学徒や徴用工員が労力として活用され、海軍用の航空機が生産された。

　水島に三菱重工業水島航空機製作所が立地したことは、その後の水島のコンビナート開発に大きな影響を与えることとなる。しかし1945年、水島は数回の空爆を受けた。この空爆によって三菱重工業水島航空機製作所では、建物や生産設備、さらには人的被害が生じた。他方、住宅や道路などは空爆から免れた。そしてこの年の8月、日本は敗戦し、水島の開発は一時休止された。

2．戦後期の水島とコンビナート開発

　しかし、敗戦後すぐに民間から水島の新たな開発構想が提言された。1946年6月には、施設やインフラの管理を目的とした水島工業開発株式会社が発足した。12月には水島工業都市開発株式会社、倉敷商工会議所、倉敷市など周辺市町村によって水島港湾改修期成同盟会が結成された。これらの中心的な役割を果たしたのは、孫三郎の長男である大原総一郎ら倉敷レイヨン（現・株式会社クラレ）の関係者であった。総一郎らは、水島の復興に留まらず、その後を見据えた大工業港の開発を構想していた。しかし、この段階で国や県は開発ではなく復興を考えていた。そのため、総一郎らは専門家による調査や行政に対する陳情を行った。こうした動きを背景に、水島港は1947年に運輸省指定港湾となり、1948年に港湾整備や工業用地の造成が開始されたのである。

　1950年代になると、本格的な水島の開発が始まる。この時期の日本は、アメリカの占領体制下から独立国家への転換期であった。経済面では、鉱工業生産指数が戦前の水準を回復し、戦後混乱期から高度経済成長期への移行期にあった。こうしたなか倉敷市では、1949年に市長に就任した倉敷絹織出身の高橋勇雄が、倉敷紡績や倉敷レイヨンに依存しない雇用や財源の確保を模索していた。そのために、高橋は児島郡福田町と浅口郡連島町との合併を望んでいた。そもそも、戦前から両町の合併騒動が絶えることがなかった。しかし、その度に両町の機運は高まることなく破談していた。高橋は、1951年に経営難だった水島

鉄道（現・水島臨海鉄道）と水島水道（現・倉敷市水道局）の買収案を提示した上で、両町との合併を要望したが、合併の機運が高まることなく破談に終わった。しかし1953年1月に、三菱石油が工場立地のための調査を始めると、両町では合併に対する機運が急速に高まった。そして、福田町と連島町の各議会は倉敷市との編入合併を承認し、1953年6月に両町は倉敷市へ編入合併したのである。新たな雇用や財源の確保を模索していた高橋にとって、両町との合併は悲願だったとみることができる。

　また、岡山県では1951年に医師で厚生省公衆衛生局長を務めた三木行治が、労働組合や医師会などの幅広い層から支持を集めて知事に就任した。三木は、「科学する県政」を打ち出し、「産業」「教育」「衛生」の3つの目標を掲げた。そのために、三木は就任当初から水島の開発を積極的に推し進め、県外から大企業を誘致しようと考えていた。すなわち、水島にコンビナートを整備し、そこに鉄鋼、石油、化学など重化学工業を中心とした工場を誘致することで工業化を進め、県内の中小企業との取引拡大や雇用創出を図り、県内総生産や県民所得を向上させようとしたのである。また、それによって税収を増加させ県民福祉を充実させようとしたのである[6]。

　三木は、行政当局、議会、経済界の協力を得ながら水島の開発を進めた。とりわけ、三木、総一郎、高橋は、水島の工業化を達成するという目標で共通していた（竹下 1976a）[7]。そして1952年3月に、企業誘致の奨励を目的とした岡山県企業誘致条例を制定した。また、1953年7月には県経済に関する総合的な調査を目的とした岡山県経済構造調査委員会を設置した。この調査は専門家の指導を仰ぎながら行われ、1954年11月にその調査結果が取りまとめられた。三木は、この調査結果に基づいた県の長期総合計画の策定を指示した。そして1958年4月に「岡山県県勢振興計画」として各分野の提言を盛り込んだ長期総合計画を完成させたのである。当時、国や岡山県以外の都道府県では総合的な計画書がほとんど策定されていなかったこともあって、この計画書は経済企画庁などから高く評価された。一方、望ましい計画としながらも、実効性に乏しく財政面を軽視しているとの批判もあった。しかし三木は、この計画書はあくまで長期的な基本計画と位置づけ、経済情勢や事業実績などを評価しながら年度ごとに具体的な計画を立案しようと考えていた（故岡山県知事三木行治顕彰会1966）。

この間、三木は自ら県外の大企業に水島コンビナートを売り込んだ。この時期の日本経済は、高度経済成長期の真っただ中であり、石油や鉄鋼の需要が増大し、それに対応した工場やコンビナートが求められていた。こうした時代を背景に、三木は積極的な誘致活動を行い、1953年から水島に相次いで企業が進出するようになった。とりわけ、1957年の三菱石油（現・ＪＸ日鉱日石エネルギー株式会社）と1961年の川崎製鉄（現・ＪＦＥスチール株式会社）の誘致は、三木が最も力を入れた誘致活動であった。三菱石油の誘致は、1952年に倉敷レイヨン社長の総一郎が中心となって始められた。総一郎は、水島港を倉敷市の外港として整備し、ビニロンの原料である石油を海外から輸入するために水島に石油精製工場を誘致しようと考えていたのである。そして1952年に、総一郎は経済界での交流を通じて知り合った竹内俊一三菱石油社長に誘致を打診したのである。そのことを知った三木は、総一郎に協力を求め、1953年12月から県議会議員や県職員とともに三菱石油の本社を訪問するようになった。当時、三菱石油は三重県四日市市の旧・日本軍の燃料跡地の獲得を目指していた。一方で、それを得られなかった場合の代替地として、瀬戸内海沿岸の用地を考えていた。ただし、竹内は、この事案を政府に知られることを恐れて社外秘扱いとし、対外的には三菱経済研究所や千代田化工建設などを通じて検討していた。この時期に、岡山県が三菱石油の誘致活動を行ったことはタイミングが良かったのである。しかし当時の三菱石油は、「『石橋をたたいても渡らない』と言われるほどの堅実経営」であり、水島への立地には慎重であった（朝日新聞 2014年3月16日）。それでも三木は、三菱石油の本社を百回以上訪問し、県の提案を丁寧に説明した。そして、1957年に三菱石油の誘致が決定する。竹内は、水島の立地条件に加えて、三木の熱意と誠実な態度が決め手だったと語っている（水之江・竹下 1971、朝日新聞 2014年3月16日）。

　また、三木は石油精製工場に続く第二の柱として、雇用を多く生み出すことができる製鉄所の誘致を考えていた。三木は、1958年に川崎製鉄が大規模な工場が建設できる場所を探しているとの情報をつかみ、誘致活動を始めた。当時の川崎製鉄は千葉県に製鉄所を所有していた。しかし、日々増加する生産量に対応できる新たな工場を計画していた。その工場の建設は、川崎製鉄が社運を賭けたプロジェクトであり、当時としては世界最大規模を想定していた。三木は、1958年9月に西山弥太郎川崎製鉄社長と対面し、県の提案を丁寧に説明し

た。この時点で、岡山県以外にも川崎製鉄の誘致に動いていた自治体は多くあり、激しい誘致合戦となっていた。三木は、三菱石油の誘致と同じ手法で川崎製鉄の誘致活動を本格化させた。そして、1961年に川崎製鉄の誘致が決定したのである。西山は、社運を賭けたプロジェクトの決め手は、水島の立地条件と三木の熱意だったと語っている（猪木 2012、朝日新聞 2014年3月16日）。

　このようにして、三木は水島の開発を積極的に推し進めると同時に、自らがセールスマンとなって水島を売り込んだのである。三木は、三菱石油や川崎製鉄以外にも、コンクリート、化学繊維、食品などの工場を次々と誘致し、現在の水島コンビナートの礎を築いていった。企業を次々と誘致した三木は、いつしか「企業誘致王（キング）」と呼ばれるようになり、近県の議会から企業誘致の前に「三木を誘致しろ」と言われるようになった。三木は、この言葉を快く思っておらず、企業誘致は、財界、議会、職員、県民の協力があって成り立つ事業であることを主張していた（故岡山県知事三木行治顕彰会 1966）。しかし、三菱石油の誘致が決まると、三木は総一郎の力を借りることなく県知事としての権限や県の組織力を行使した誘致活動を展開した。また、総一郎も三木に企業を紹介することはなかった。その後、川崎製鉄の誘致が決まると、三木と総一郎は微妙な関係となった（竹下 1976a）。総一郎は、世界最大規模の製鉄所が水島に立地することによって、倉敷レイヨンの工場に悪影響を及ぼすと考えていた。すなわち、原料ヤードに野積みされたコークスなどの粉塵が飛散し、それらが倉敷レイヨンの繊維製品に付着することを恐れていたのである。また総一郎は、この時期から、地域の文化・芸術活動に力を注ぐようになった。

第3節　百万都市構想の破断と新・倉敷市の誕生

1．百万都市構想の浮上

　水島コンビナートは、1950年代から1960年代にかけての開発によって、ほぼその骨格が形成された。水島コンビナートが形成され大企業が立地したことで、岡山県の社会・経済に変化が現れ始めた。図1-2は産業分類別就業者比率の推移を示したグラフである。ここから明らかなように、1950年から1970年にかけて第1次産業の就業者が大きく減少する一方、第2次産業や第3次産業の就業者は増加している。図1-3は県内総生産の構成比を示したグラフである。ここ

図1-2 産業分類別就業者比率の推移（1950年〜1970年）

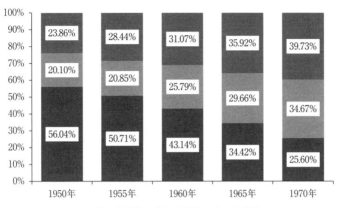

注）分類不能を除く。
出所：総務省『国勢調査』各年版より筆者作成。

図1-3 県内総生産の構成比（1955年度〜1970年度）

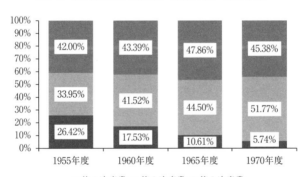

注1）各年度のデータは名目値を基に算出した。
注2）関税などが含まれるため合計値は必ずしも100％にはならない。
出所：内閣府『県民経済計算』各年版より筆者作成。

から明らかなように、県内総生産に占める第2次産業の比率は大きく増加し、第1次産業の比率は大きく減少している。また、製造品出荷額等の推移をみると、1955年から1970年の間に軽工業の比率は減少し、重化学工業の比率が増加

表1-1　1955年と1975年の製造品出荷額等の比較

産業名（中分類）	1955年		1975年	
	製造品 出荷額等	構成比	製造品 出荷額等	構成比
(1) 化学工業	15,100	13.05%	569,449	17.39%
(2) 石油製品、石炭製品製造業	187	0.16%	564,489	17.24%
(3) ゴム製品製造業	2,286	1.98%	28,213	0.86%
(4) 鉄鋼業	413	0.36%	517380	15.80%
(5) 非金属製造業	3,443	2.98%	59,719	1.82%
(6) 金属製品製造業	567	0.49%	44,386	1.36%
(7) 一般機械器具製造業	3,470	3.00%	94,662	2.89%
(8) 電気機械器具製造業	217	0.19%	48,001	1.47%
(9) 輸送用機械器具製造業	11,366	9.82%	375,352	11.46%
(10) 精密機器具製造業	13	0.01%	5,273	0.16%
(A) 重化学工業計（(1)～(10) 合計）	37,062	32.04%	2,306,924	70.44%
(11) 食品製造工業	19,872	17.18%	289,281	8.83%
(12) 繊維工業	28,224	24.40%	117,777	3.60%
(13) 衣服、その他の繊維製品製造業	11,896	10.28%	182,986	5.59%
(14) 木材、木製品製造業	3,599	3.11%	60,038	1.83%
(15) 家具、装備品製造業	628	0.54%	22,236	0.68%
(16) パルプ、紙、紙加工品製造業	2,168	1.87%	45,931	1.40%
(17) 出版、印刷、同関連産業	1,421	1.23%	30,243	0.92%
(18) なめしかわ、同製品、毛皮製造業	74	0.06%	2,930	0.09%
(19) 窯業、土石製品製造業	6,597	5.70%	145,621	4.45%
(20) その他の製造業	4,148	3.59%	70,851	2.16%
(B) 軽工業計（(11)～(20) 合計）	78,627	67.96%	967,894	29.56%
総計 (A)＋(B)	115,689	100.00%	3,274,818	100.00%

注1) 製造品出荷額等の単位は百万円である。
注2) 重化学工業と軽工業の分類は『岡山県史　現代Ⅱ（第14巻）』を参考にしている。産業分類はそれに準拠している。
出所：通商産業省『工業統計調査』1955年版・1970年版、岡山県（1990）『岡山県史　現代Ⅱ（第14巻）』pp.213、222、223を基に筆者作成。

していることがわかる（表1-1）。すなわち、岡山県の産業の中心は重化学工業へ変化したのである。そして、重化学工業の中心地である水島を吸収した倉敷市は、繊維工業都市から重化学工業都市へと変化を遂げた（布施 1992）。産業の変化は、倉敷市の地域社会も変化させた。県外からの労働者やその家族などが流入し、人口や世帯が増加した（図1-4、表1-2）。それに対応できなくなった町内会などの自治組織は、機能不全に陥るか崩壊した（横倉 1980）。農家では、子どもに農業を継がせず、農業に頼らない教育が必要との考え方がみられるよ

第一章　岡山県の産業変遷と倉敷市の成り立ち

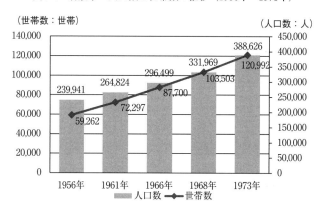

図1-4　倉敷市の人口数と世帯数の推移（1956年〜1973年）

注）各年の住民登録人口に基づく。1968年と1973年は毎年10月1日時点の人口であるが、それ以前は不明である。
出所：倉敷市（1968）『倉敷市統計書（2）（昭和43年版）』、p.5、倉敷市（1974）『倉敷市統計書（昭和49年度版）』、p.8より筆者作成）

表1-2　転入人口の状況（1965年と1975年）

1965年		1975年	
都府県名	人数	都府県名	人数
兵庫県	1,824	兵庫県	2,762
広島県	1,632	大阪府	2,183
大阪府	1,252	広島県	1,958
山口県	1,157	千葉県	1,421
千葉県	1,092	福岡県	1,413
福岡県	838	山口県	1,358
香川県	755	東京都	893
東京都	565	香川県	723
愛知県	464	熊本県	716
長崎県	464	愛媛県	614
10都府県計	10,043	10都府県計	14,041

注1）各年の転入人口のうち「岡山県」と「その他」を除く上位10都府県を抽出した。
注2）1965年のデータに沖縄県は含まれない。
出所：倉敷市（1968）『倉敷市統計書（昭和43年刊［2］）』、p.10、倉敷市（1974）『倉敷市統計書（昭和49年度版）』、pp.18-19より筆者作成。

うになった。学校教育に対しても、宿題を増やして欲しいなどの要望が多くなった（高塚 1961）。一方、とりわけ東京などの都市圏から流入してきた人からは、子育てについて土地柄や教育環境について心配する声があがっていた。

三木は、こうした地域の変化は今後も続き、特に水島に労働力人口が集中し、居住人口も増加すると予測していた。また、それに対応した都市計画が必要だと考えるようになった。そして1960年7月、岡山市や倉敷市を中心に7市20町6村をひとつの都市とする「岡山県南百万都市建設計画」（通称：『岡山百万都市構想』）を明確に打ち出すようになる。この構想は、石川栄耀の考え方が背景にあるとされる（佐野・十和田 2007）。石川は、岡山市、倉敷市、水島、玉島市、玉野市、岡山港を貫いて環状道路を整備すればひとつの環状都市になるとの考えを示し、それに対応した行政区の整備が必要だと強調していた。その後、1957年6月5～7日にかけての山陽新聞は、石川の都市計画の考え方を紹介している。このなかで石川は、都市計画は交通だけでなく、経済や文化など多面的に考える必要があるとした上で、岡山市は政治と文化、倉敷市は重工業と文化、西大寺市（現・岡山市）は軽工業、玉島市は軽工業、児島市は観光地、玉野市は重工業と観光、それ以外の市は商業、内陸側の町村は農村であり、これらを有機的かつ自然につなげた都市計画が必要だと主張している（山陽新聞1957年6月5日）。また同じ時期に、自治省や建設省などが地方に中核都市を整備する構想を打ち出した。これは、1962年に制定された新産業都市建設促進法へつながることになる。三木は、石川の考え方に影響され、おおよそ1950年代後半ごろから、政治経済の岡山、文化の倉敷、工業の水島を一体的に発展させ、「太陽と緑と空間」の恵みを享受できる人間の幸せを考えた人口規模百万人の大都市を構想し始めたのである（故岡山県知事三木行治顕彰会 1966、竹下 1975）。

　三木が『岡山百万都市構想』を明確に打ち出した直後の1960年8月には、三木の個人的ブレーン集団として、有沢広巳法政大学総長などの専門家を招聘し、県南広域都市計画調査会を設置した。また、1961年5月2日には、合併予定の7市の首長と、6日には26町村の首長とそれぞれ会議を開いた。これらの席上で三木は、1963年1月を目安に33市町村が合併する案を提示した[8]。この会議の場で、市町村の首長らから反対意見はなかった。1962年1月に、県南広域都市計画調査会から委託されていた建設省建築研究所・日本都市計画学会のマスタープランが完成する。3月には、岡山県南広域都市建設推進本部が県庁に設置され、4月には調査研究協議を目的とした33市町村の首長や議長による県南広域都市建設協議会が設置された。6月には、県が「岡山県南広域都市建設基本計画」を発表した。また県は、パンフレットやマスコミなどを用いて広報活

動を行い、県民の理解を得ようとした。県民に対しては、合理的で秩序ある広域計画を樹立すること、関係市町村の大合併により単一の行政組織を実現すること、近代的で機能的な都市づくりを推し進めること、各地域の特性を生かした多核都市としての広域都市をつくること、地域住民の福祉向上に貢献することなどが合併の目的やメリットとしてアピールされていた。このように急速な対応が迫られたのは、岡山市や倉敷市を中心に人口が急増し都市化への対応が急がれていたことが理由にあったが、合併の日程が迫っていたことや新産業都市の地域指定を申請するなど政治的狙いもあったとみられる。

２．百万都市構想の破断

　百万都市構想に対する県や市町村の議会、経済界、学界、県民などの賛否は分かれた。岡山市長の寺田熊雄は、賛成の立場を示した。倉敷市長の高橋は、合併には消極的な姿勢を示していた。小規模な町村は、水島からの税収などの理由から賛成の立場が多かった[9]。経済界では、岡山経済同友会が1962年４月に賛成を表明し、その翌月には岡山商工会議所も賛成を表明した。水島に立地する企業の関係者、山陽放送社長の谷口久吉、岡山大学学長の服部静夫なども賛成を表明した。倉敷商工会議所は、大合併よりも高梁川下流域の市町村合併を推進すべきとの独自案を提示した。倉敷市商店街振興連盟は、岡山市が中心の構想であって倉敷市の商店街振興策が提示されていないことなどを理由に反対を表明した。また、農協、婦人協議会、労働組合も反対を表明していた。1962年４月には、合併の時期、規模、行政サービス低下などに対する疑心がつのり、倉敷市で社会党、共産党、倉敷市労協、水島地区労協を中心とした百万都市対策倉敷市民会議が発足した。岡山市でも1962年９月に百万都市対策岡山市民会議が発足した。

　県主導の百万都市構想に対する反対意見が高まるなかで、当初は賛成していた岡山市長の寺田、倉敷市長の高橋、児島市長の中塚元太郎が、1962年ごろから明確に反対を表明するようになる。寺田は、合併の日程や財政負担に関する具体的説明がないこと、県の考え方は水島が中心であり岡山市が背後地域とされていることに対する不満などから反対を表明するようになった[10]。倉敷市長の高橋は、市民の反対意見に押される格好で、寺田よりも遅れて明確な反対を表明するようになった。それまで明確な立場を示すことができなかったのは、

市民の反対意見が高まる一方、三木とは10年近く一緒に水島の開発を進めてきたこともあり、苦渋の決断を迫られていたからであろう（倉敷市史研究会 2005）。各市町村の議会でも、賛否を問う議決が行われた。岡山県議会、岡山市議会、倉敷市議会は、いずれも反対票が賛成票を上回っていた。そうした議会に対する姿勢から、岡山市と倉敷市などでは議会に対するリコールが提出された。倉敷市の場合、議決の１週間後という合併問題としては異例の早さで市議会に対するリコールが提出された。倉敷市は、革新的な土地柄ではなかったが、大合併構想には強い反対を示す市民感情があった。そこには、倉敷市民の岡山市に対する感情があったのかもしれない（倉敷市史研究会 2005、猪木 2012）。

　さまざまな議論がなされていた1962年11月、岡山市長の寺田と倉敷市長の高橋は、県南広域都市建設協議会に脱退届を提出し、児島市長の中塚は会議への出席を拒むようになった。しかし、県と３市以外の30市町村は百万都市構想の実現を強引に進めようとした。また、県議会や市町村議会は、寺田や高橋が議会政治を無視しているなどと責めるようになった。三木は、寺田や高橋に対して強固な姿勢を執りながらも、水島の開発を共に進めてきた高橋が最終的には調印してくれると信じていた。また高橋が調印すれば、寺田も調印してくれると信じていた。しかし、その願いは叶うことはなかった。高橋は身の危険が迫る状況となり、公印を持って東京へ避難する事態に発展した。そしてついに、３市の市長から合併申請は出されなかった。これによって、1963年１月13日に百万都市構想は事実上破断したのである[11]。

３．三市合併の経緯と新・倉敷市の誕生

　こうした状況に対して、自治省事務次官の小林与三次は1963年１月に事態を収拾するために、岡山市を中心とする備前、倉敷市を中心とする備中の２ブロックで合併する調停案を提示した。岡山県副知事の曽我与三郎は、当初はこの調停案に消極的であったが、合併が困難な状況になると、事態収束を図る最善の方法として、自治省案を受け入れた[12]（竹下 1978b、岡山県 1990）。その後、経済企画庁開発計画課と岡山県企画部が主体となり、岡山市と倉敷市の両市による広域行政が推進されるようになる。なお、この年に予定されていた倉敷市長選挙および議会選挙は、延期案も出されたが、予定通り実施された。市長は高橋が圧倒的多数で当選したが、議会は合併賛成派の半数以上が落選する結果

となった。また、県知事選挙も予定通り行われ、三木が4期目の当選を果たした。このとき、三木は百万都市構想を諦めておらず、その実現に向けて尽力することを考えていた。一方、百万都市構想の実現に向けた動きが加速した1960年ごろから、三木はそれ以前と比べて周囲の話を聞かなくなったと言われるようになった。それが、合併に対する急速な動きと強固な姿勢という態度で現れたのかもしれない。

　小林は、1964年4月の統一地方選挙までに倉敷市、児島市、玉島市、総社市の四市合併が実現するよう各市の市長や議会に求めていた。児島市長の中塚は、1963年3月に自治省案を受け入れる姿勢を示していた。しかし1964年4月に、三市合併へと方針を転換した。そこには、統一地方選挙を控えていたことや1月に水島を中心とした岡山県南地区が新産業都市に指定されたことが背景にあると考えられる。一方、倉敷市長の高橋は、1961年から倉敷市、児島市、玉島市の三市による臨海工業基地造成推進協議会を結成した経緯を踏まえて、倉敷市、児島市、玉島市による三市合併を模索していた。しかし自治省案を無視することはできなかったため、議会に意見を求めたが、四市合併の機運が高まることはなかった。またこの時期は、百万都市構想が破断した直後であり、岡山県と倉敷市の関係は悪化しており、住民生活などにも影響が現れていた。例えば、1962年秋に水島に建設が予定されていた機械金属団地は用地買収が進んでいたにもかかわらず、急遽、総社市に建設されることになった。高橋は1964年9月25日午前に、自治省案を実現できないことを理由に辞任を表明した。このとき、三木は病に倒れ、岡山市内の病院に入院していた[13]。その知らせを聞いた三木は病床の上で絶句したという。その夜、三木は心筋梗塞のため逝去した。

　高橋の辞任に伴う倉敷市長選挙は、1964年10月に投開票が行われ、元県議会議員の大山茂樹が初当選した。大山は、県議会時代から大企業誘致に尽力し、大企業の支援を受けて当選した。それまで倉敷市の市長や議員は、倉敷紡績や倉敷レイヨンの関係者が多かった。しかしこのころから、それら関係者が後退するようになった（横倉 1980）。また三木の死去に伴う岡山県知事選挙は1964年10月に投開票が行われ、元参議院議員で自民党の加藤武徳が初当選した。

　倉敷市長に就任した大山は、すぐに合併問題に取り組んだ。百万都市構想の破談後、最初に合併が提起されたのは、倉敷市と玉島市の合併であった。1965年11月13日、玉島市議会議長は倉敷市議会議長に対して、合併に関する調査を

申し入れた。玉島市では、1965年9月下旬ごろから、倉敷市に立ち後れている現状や厳しい財政事情を踏まえて、倉敷市との合併を模索していた。玉島市長の滝澤義夫も百万都市構想の事例などから慎重な姿勢であったが、基本的には賛成の立場であった。打診を受けた倉敷市では、市長の大山が玉島市との合併に積極的な態度を示した。一方、市議会は慎重論が多く、住民の意向、時期、条件などを調査する必要があるとの結論に至った。そのため、この時点では両者の合併の機運は高まらなかったのである。合併の機運は低下したかのようにみえた。しかし、川崎製鉄の敷地である水島コンビナートD地区の帰属問題が生じるようになると、その解決策として倉敷市、児島市、玉島市の三市合併が現実味を帯びてくる。1966年9月2日、倉敷市、児島市、玉島市の三市長はD地区の帰属問題の調停策を県に依頼した。県は、境界線を判断することは困難との見解を示したが、一方では三市合併を支持し、自治省の意向を伺うとした。それを受けた自治省は、三市の住民の意向を踏まえることが重要とした上で、円滑な解決策として三市合併案を提示した。これによって、三市合併向けた動きが本格化した。

　この合併に関しても賛否が分かれた。倉敷市では、社会党倉敷支部が1966年9月の支部大会でD地区帰属問題だけを焦点とした合併には反対するが、住民の盛り上がりや住民福祉の増進につながる可能性があるならば賛成するとの見解を示した。しかし、倉敷市と水島の労働組合協議会が三市合併に対する反対を表明すると、社会党倉敷支部も反対を表明するようになった。そして最終的には、倉敷市議会の場で、水島コンビナートと同じ経済圏に属する児島市と玉島市との合併を歓迎するムードが高まり、賛成27票、反対5票で三市合併案は議決された。児島市では、1966年10月24日に児島市労協や自治労児島支部、社会党児島支部、共産党児島市委員会によって、「三市合併反対児島市を守る会」が結成された。児島市議会は当初、慎重論が多かった。しかし、1966年9月に賛成多数で三市合併案を議決した。最も混乱したのは玉島市であった。玉島市議会でも満場一致で賛成だった。玉島市では、1966年11月7日に「三市二月合併反対玉島市民会議」が結成された。玉島商工会議所は、市内の商工業者の意向を十分に参考にして欲しいとの見解を示した。玉島市役所職員組合、玉島市労協、玉島旅館組合、調理師会なども反対の立場を表明した。また、玉島市商店会も、合併すれば商店街の死活問題につながるとして反対の立場を示し

た。合併反対運動の高まりもあって、玉島市議会は混乱した。三市の合併案を議決する際には、市庁舎に500人ほどの反対派が押しかけて押し問答となり、機動隊が出動し怪我人が出る騒ぎとなった。しかし結局は、ヤジと怒号のなかで議決された。反対派は、議決後も無効を訴え署名活動などを展開し議会に対して陳情を行った。しかし、1966年末に三市の合併が正式決定する。

　そして1967年2月1日に、旧・倉敷市、児島市、玉島市は合併し、新・倉敷市が誕生したのである。新・倉敷市で1967年3月5日に第1回市長選挙が行われ、大山茂樹が新・倉敷市長に当選した。大山は、旧・児島市長の中塚と旧・玉島市長の滝澤を助役に任命した。なお、この選挙の投票率は倉敷市全体で36.59％、地区別では倉敷で40.67％、児島で32.92％、玉島で30.47％と戦後最低の記録となった。この投票率の低さが物語るように、新・倉敷市が発足した当初は、新市に対する市民の関心は低かったのである。それは、ある意味において市民による無言の抗議とみることができる。それでは、反対意見が根強かったにもかかわらず、なぜ短期間のうちに三市合併に至ったのであろうか。その背景には、政治的な問題が潜んでいる。そのひとつは、大山に直結した自民党国会議員による水島コンビナートの開発を目に据えた三市合併論によって、児島市や玉島市の有力者達も説得されていたことである。もうひとつは、財政の問題である。当初、県や倉敷市はコンビナートからの税収によって財政を強化することができると予測していた。しかし現実には、1967年時点において、水島に投下された資金は、国が180億円、県が330億円、市が188億円であった。それに対して、税収は国が735億円、県が29億円、市が45億円であった。しかも、県と倉敷市は、この税収のなかから誘致企業に対して産業奨励金という名目で税金を還付していたのである。また、この時期には誘致企業による事故などの問題が生じていた。さらに、市には、生活用インフラに加えて、工業用インフラや防災体制の強化などの負担が生じていたのである。三市合併の議論は、基本的な問題について深く議論されなかったとされている。そのため、合併後に明らかになった問題点も多くあったようである。それは、1968年に元・児島市長の中塚が側近にもらした「児島にとって合併は失敗だった。何のメリットもない。倉敷に欺された」という発言から裏付けることができる（本間 1975：261）。

　大山は就任後から、自治省案に沿うような形で備中ブロックの市町村へ合併

を打診した。1969年7月下旬に都窪郡庄村、8月に総社市、都窪郡茶屋町、都窪郡早島町、都窪郡清音村、都窪郡山手村、浅口郡船穂町に対して合併を打診した[14]。これは、「岡山市を中心とした岡山県南広域都市（岡山都市圏）建設構想に基づく市町村合併の動きに刺激されたものであった」とされる[15]（岡山県1992：166-167）。庄村は岡山市と倉敷市の中間に位置していた。そのため、両者から合併を打診されており難しい結論を迫られていた。しかし1970年5月25日に村長が倉敷市と合併の意向を表明すると、議会においても倉敷市との合併が議決された。その様子をみていた、隣接する都窪郡茶屋町は1971年12月24日に倉敷市との合併を議決する。しかし都窪郡茶屋町では、倉敷市との合併に対して反対意見が多くあり、町長のリコールが請求される事態となった。その後、町長と反対派が話し合い、リコールは取り下げられ、1972年5月1日に倉敷市と合併したのである。

おわりに

これまでみてきたように、水島コンビナートの開発によって、岡山県の産業の中心は重化学工業となった。三木が想定していたように、1950年代後半〜1970年代にかけて、大企業の進出によって雇用が生まれ、倉敷市などでは労働者やその家族の流入によって人口や世帯が増加した。また、製造品出荷額等が右肩上がりの状況が続き、県内の製造品出荷額の約半分は水島コンビナートが占めるようになった。三木は、この変化に対応すべく百万都市構想を提唱したが結果として破談した。しかしその後、水島コンビナートの帰属問題に端を発し、旧・倉敷市、児島市、玉島市が合併して現在の倉敷市が誕生した。すなわち、産業の変化に伴って倉敷市の都市構造も変化したのである。1965年に市町村の合併の特例に関する法律（合併特例法）が制定され、全国各地で市町村合併が加速したとはいえ、三市の合併は水島という巨大コンビナートに端を発するという特徴をみることができる。

他方、新・倉敷市が誕生したころから、さまざまな問題が生じるようになった。それは第一に、行政都市と生活都市の乖離である。異なる性格をもった倉敷、児島、玉島、水島の四地区を擁する倉敷市は、行政都市は一体化したが、四地区は全く異なった顔をもっている。倉敷は、中心地であり文化・芸術の街

である。児島は、繊維の街である。玉島は、歴史・文化の街である。そして水島は重化学工業の街である。このように、多核型都市が形成されたのである。
　第二に、雇用、中小企業、地場産業への影響である。確かに、水島コンビナートの企業は雇用創出や地元の中小企業との取引拡大に貢献した。しかし、コンビナートに立地する企業の多くは、輸入した原材料をオートメーション化された設備で製品化して輸出していた。そのため、雇用や地元の中小企業との取引は、想定よりも少なかったのである。これによって、県内では産業間格差や地域間格差が生じるようになった。第三に、財政問題である。自治省は1964年9月、岡山県と倉敷市など7市の財政調査を行い、県と各市に財政不安が残るという見解を示した。当初の考えでは、工場誘致によって税収が増えることが見込まれていた。しかし実際には、奨励金として企業へ返還していたことや減価償却率が高いことなどが要因となり、税収は想定以上に少なかったのである。これに関して自治省は、高額の奨励金が財政悪化を招いていると指摘した。第四に、公害問題の発生である。コンビナートが開発され工場がふえるなかで、騒音、水質汚濁、大気汚染などの公害問題が生じるようになった。水島やその周辺では、公害問題で苦しむ人や失業する人が現れるようなった。

　このように、岡山県の産業の変遷を基に倉敷市の成り立ちをみると、それが日本の縮図のようにも思える。この街をみることで、雇用・労働・生活、環境・産業・企業、医療・福祉など現代日本が抱える諸問題を解決するヒントが得られるかもしれない。

注
1）総務省（2012）「経済センサス――活動調査」のデータに基づく。
2）厚生労働省（2012）「医師・歯科医師・薬剤師調査（平成24年）」のデータに基づく。なお、岡山県の医師数は、人口10万人あたり290.2人で全国第7位である。
3）大原孫三郎は「わしの眼には十年先が見える」という発言を繰り返していた。
4）備前焼は、古くは古墳時代からの伝統産業であるが、明治期には西洋化の影響によって生産が低迷していた。
5）工場建設やインフラ整備には、朝鮮人が強制就労させられた。
6）三木の様子について、山崎始男（元・衆院議員、三木の選挙協力者）や信朝寛（三木の秘書）は、三木が時間さえあれば水島の図面を見たり、視察をしたりしていたと証言している。詳細は、故岡山県知事三木行治顕彰会（1966）、朝日新聞2014年3月8日、朝日新聞2014年3月16日を参照されたい。

7）高橋と大原は学生時代からの友人であり、三木と大原は学生時代からの先輩・後輩の間柄にあった。
8）このスケジュールは選挙日程と関係していたようである。
9）当時、水島の税収は「金の卵」といわれていた。これが大合併の誘因のひとつでもあった。しかし実際には、水島からの収入は想定以上に少なかった。
10）寺田は社会党員であった。新市が誕生した場合に、社会党が負ける可能性があるという政治的な思惑もあった。
11）竹下（1975）、竹下（1976a）、竹下（1976b）、竹下（1976c）、竹下（1978a）、竹下（1978b）、故岡山県知事三木行治顕彰会（1966）、三木（1963）、朝日新聞2014年4月6日には、百万都市構想に関係した人々の貴重な証言がまとめられている。合わせて参照されたい。
12）曽我氏の表記は「曾我」と表記されている文献と「曽我」と表記されている文献があるが、本章では「曽我」に統一して表記した。
13）三木は、1964年8月31日に地域振興の功績が称えられ、日本人として初めてマグサイサイ賞を受賞した。しかし、フィリピンでの授賞式から帰国後に過労で入院し、帰らぬ人となった。
14）総社市、都窪郡清音村、都窪郡山手村は2005年に合併し新・総社市となった。また、浅口郡船穂町は2005年に倉敷市へ編入合併した。
15）他方、岡山市では1963年に寺田を破って初当選した元市職員の岡崎平夫が市長に就任した。岡崎は、新・倉敷市の誕生を契機に、合併に関する議論を深め、1969年2月18日に隣接する西大寺市と合併した。またその後も周辺町村を取り込み、市域を拡大していった。

文献

朝日新聞（2014）「（激動の岡山県政　三木知事と歩んだ11年）水島開発（上）」2014年3月8日。

朝日新聞（2014）「（激動の岡山県政　三木知事と歩んだ11年）水島開発（下）」2014年3月16日。

朝日新聞（2014）「（激動の岡山県政　三木知事と歩んだ11年）33市町村合併構想」2014年4月6日。

猪木正実（2012）『三木行治の世界――桃太郎知事の奮闘記（岡山文庫）』日本文教出版。

岡山県（1958）『岡山県県勢振興計画書』。

岡山県（1971）『水島のあゆみ』。

岡山県（1990）『岡山県史（第14巻）現代Ⅱ』山陽新聞社。

岡山県（2011）『岡山県の繊維産業』。

兼田麗子（2012）『大原孫三郎――善意と戦略の経営者』中公新書。

唐澤克樹（2015）「岡山県の産業発展と水島コンビナート――三木行治県知事時代の政策」『持続可能な地域における社会政策策定にむけての事例研究（Vol.5）――岡山県の産業政策と介護、倉敷市の地域医療調査報告』pp.4-40、法政大学大原社会問題研究所。

倉敷市（各年）『倉敷市統計書』。

倉敷市史研究会 編（2004）『新修倉敷市史（第6巻）近代（下）』。
倉敷市史研究会 編（2005）『新修倉敷市史（第7巻）現代』。
久留島陽三（2013）『現代岡山経済論』山陽新聞社。
故岡山県知事三木行治顕彰会（1966）『私なき献身――三木行治の生涯』。
小森甫（1992）「戦後日本資本主義の発展と水島臨海工業地帯の展開」布施鉄治編『倉敷・水島／日本資本主義の展開と都市社会――繊維工業段階から重化学工業段階へ；社会構造と生活様式変動の論理（第1分冊）』東信堂。
酒井恵真（1992）「地域四極構造――重化学工業の定置と地場産業」布施鉄治編『倉敷・水島／日本資本主義の展開と都市社会――繊維工業段階から重化学工業段階へ；社会構造と生活様式変動の論理（第1分冊）』東信堂。
佐野浩祥、十代田朗（2007）「岡山・倉敷地域における広域計画「百万都市構想」の淵源とその展開」『都市計画論文集』第42号、69-74頁、日本都市計画学会。
山陽新聞「大岡山市設計図」1957年6月5日。
島崎稔（1978）「戦後日本の都市と農村」島崎稔 編『現代日本の都市と農村』大月書店。
総務省（各年）『国勢調査』。
　http://www.stat.go.jp/data/kokusei/2010/users-g/kako.htm（2015年9月28日リンク確認）。
高塚暁（1961）「躍進する水島工業地帯の教育をさぐる（ルポタージュ）」『教育調査』通号42号、68-73頁、ぎょうせい。
竹下昌三（1973）「産業立地と地域開発――水島の場合について」『岡山大学経済学会雑誌』第5巻1号、1-26頁、岡山大学経済学会。
竹下昌三（1975）「地域開発と広域都市圏（Ⅰ）――岡山県南広域都市圏――」『岡山大学経済学会雑誌』第7巻2号、1-20頁、岡山大学。
竹下昌三（1976a）「地域開発と広域都市圏（Ⅱ）――岡山県南広域都市圏――」『岡山大学経済学会雑誌』第7巻3・4号、76-94頁、岡山大学。
竹下昌三（1976b）「地域開発と広域都市圏（Ⅲ）――岡山県南広域都市圏――」『岡山大学経済学会雑誌』第8巻1号、16-51頁、岡山大学。
竹下昌三（1976c）「地域開発と広域都市圏（Ⅳ）――岡山県南広域都市圏――」『岡山大学経済学会雑誌』第8巻3・4号、55-76頁、岡山大学。
竹下昌三（1978a）「地域開発と広域都市圏（Ⅴ）――岡山県南広域都市圏――」『岡山大学経済学会雑誌』第9巻3号、42-64頁、岡山大学。
竹下昌三（1978b）「地域開発と広域都市圏（Ⅵ）――岡山県南広域都市圏――」『岡山大学経済学会雑誌』第9巻4号、35-66頁、岡山大学。
竹久順一 編、石田寛 監修（1978）『岡山県の地理』福武書店。
通商産業省（各年）『工業統計調査』。
内閣府（各年）『県民経済計算』
　http://www.esri.cao.go.jp/jp/sna/data/data_list/kenmin/files/files_kenmin.html（2015年9月28日リンク確認）。
藤岡幹恭（1965）「水島・岡山のこの一年――前途暗い新産業都市」『エコノミスト』第43巻4号、62-69頁、毎日新聞社。
藤井学・狩野久 他（2012）『岡山県の歴史（第2版）』山川出版。
布施鉄治（1992）「地域社会と生活様式変動過程と地域社会変動過程」布施鉄治編『倉敷・水島／日本資本主義の展開と都市社会――繊維工業段階から重化学工業段階へ；社

会構造と生活様式変動の論理（第1分冊）』東信堂。
本間義人（1975）「ふるさと残酷物語-5——コンビナードに呑まれた倉敷」『現代の眼』第16巻7号、252-261頁。
三木行治（1963）「百万都市を経営する——岡山県知事の計画と計算をきく」『論争』第5巻4号（通巻第24号）、38-48頁、論争社。
水之江季彦・竹下昌三（1971）『水島工業地帯の生成と発展』風間書房。
横倉節夫（1980）「主導企業の交替と地域社会の再編成——岡山県倉敷市、川崎製鉄・三菱自工」北川隆吉編『日本の経営・地域・労働者』大月書店。
吉田義光（1980）『岡山の経済散歩（岡山文庫）』日本文教出版。

第二章　倉敷市における産業の変化と地域社会

唐澤　克樹

はじめに

　本章は、1970年代以降における岡山県の重化学工業化に着眼し、それによる倉敷市の産業の変化と地域社会の変化について考察することが目的である。
　第一章でみたように、1950年代から1960年代にかけての水島コンビナートの開発によって、岡山県の産業の中心は農業から重化学工業へと変化した。重化学工業の拠点である水島コンビナートを擁する倉敷市では、人口や世帯が増加する一方、自治組織の機能不全や生活インフラの不足などの問題が生じるようになった。当時の三木行治岡山県知事は、こうした変化に対応した都市計画が必要になると考え、1960年に岡山市や倉敷市などの33市町村をひとつの都市とする『(岡山)百万都市構想』を提唱した。しかし、岡山市長などの理解を得ることができず1963年に『百万都市構想』は事実上破断することとなった。その後、1966年ごろから、水島コンビナートD地区の帰属問題を発端に、旧・倉敷市、児島市、玉島市の三市合併に関する議論が国、県、各市の市長や議会を中心に沸き起こった。これに対して、三市の住民、労働組合、商工団体などからは反対意見が相次いだ。とりわけ、玉島市ではそれに端を発した大規模な反対運動に発展した。しかし各市の議会は、そうした住民らの意向を軽視し、また、基本的な問題に触れることはなく、1966年末に三市合併が正式決定した。こうして、1967年２月１日に旧・倉敷市、児島市、玉島市の三市は合併し、新・倉敷市として発足したのである。その後、倉敷市は1971年に都窪郡庄村、1972年に都窪郡茶屋町、そして2005年には浅口郡船穂町と吉備郡真備町を取り込み、現在の市域を形成している。

図2-1　倉敷市の地区別マップ

出所：倉敷市ホームページ　http://www.city.kurashiki.okayama.jp/gaiyo/　［2015年10月１日リンク確認］。

　このような経緯によって発足した倉敷市は、現在、倉敷地区、水島地区、児島地区、玉島地区、庄地区、茶屋町地区、真備地区、船穂地区の８つの地区から構成される[1]（図2-1）。ただし、比較的規模が小さな庄地区と茶屋町地区は、倉敷地区に含まれることがある。同様に、真備地区と船穂地区は真備・船穂地区として区分されることがある。そこで本章では、規模と地域性の観点から考察することを踏まえて、特に断りがない限り、倉敷地区、児島地区、玉島地区、水島地区、真備・船穂地区の５つの地区に区分してみたい。

第二章　倉敷市における産業の変化と地域社会

　布施鉄治らの研究によって明らかなように、行政都市としての倉敷市はひとつでありながら、それぞれの地区は社会的にも経済的にも異なる性格を有している（布施 1992、酒井 1992）。こうした各地区の特徴を踏まえながら、1970年代以降における倉敷市の産業や地域社会の変化をみていこう。

第1節　岡山県における地域問題

　1950年代から1960年代にかけての水島コンビナートの開発によって、岡山県は「農業県から工業県」へと変化した。岡山県の重化学工業段階が明確になったのは、1970年のことである。この年、製造品出荷額に占める重化学工業の比率（64.6%）が軽工業（35.4%）を上回り、さらに全国の製造品出荷額に占める重化学工業の比率（62.2%）を凌駕したのである（久留島 2013）。一方、急速な重化学工業化の進展は、人口の過密化と過疎化、地域間格差、産業間格差、公害などの地域問題を引き起こし、生活に歪みをもたらした[2]（岡山県 1992、久留島 2013）。表2-1は県内を圏域別にみた1965年から1975年にかけての人口増減率を示した表である。ここから明らかなように、県南圏域では人口が増加している一方、それ以外の圏域では人口が減少している[3]。また県全体の人口が増加していることから、おおまかにみて県北地域では人口が減少し、県南地域で

表2-1　圏域別人口の増減

	1965年		1975年		増減率
	人口数	構成比	人口数	構成比	
県南圏域	966	58.72%	1,190	65.60%	23.19%
津山圏域	179	10.88%	167	9.21%	－6.70%
英田圏域	48	2.92%	41	2.26%	－14.58%
真庭圏域	70	4.26%	62	3.42%	－11.43%
阿新圏域	55	3.34%	47	2.59%	－14.55%
高梁圏域	72	4.38%	58	3.20%	－19.44%
井笠圏域	172	10.46%	167	9.21%	－2.91%
東備圏域	83	5.05%	82	4.52%	－1.20%
岡山県合計	1,645	100.00%	1,814	100.00%	10.27%

注1）人口の単位は千人。
注2）人口のデータは国勢調査に基づく。
出所：岡山県（1978）『統計からみた岡山県』p.56を加筆修正。

表2-2 圏域別にみた一人当たり分配所得と個人所得（1968年度）

	一人当たり分配所得		一人当たり個人所得	
	実額	指数	実額	指数
県南圏域	418.5	110.63	382.2	106.64
津山圏域	301.5	79.70	314.0	87.61
英田圏域	275.2	72.75	294.6	82.20
真庭圏域	288.2	76.18	302.8	84.49
阿新圏域	276.4	73.06	285.6	79.69
高梁圏域	285.9	75.57	290.5	81.05
井笠圏域	323.7	85.57	335.4	93.58
岡山県合計	378.3	100.00	358.4	100.00

注1）人口は岡山県『毎月流動人口調査』、総理府『都道府県人口の推計』などに基づく。
注2）指数は岡山県を100とした場合の値である。
出所：岡山県（1978）『統計からみた岡山県』を加筆修正。

は人口が集中していることがわかる。表2-2は圏域別の一人当たり所得を示した表である。ここから明らかなように、岡山県を100とした場合、県南圏域では100を超える一方、それ以外の圏域ではいずれも100を下回っている。このように、コンビナートが形成され、重化学工業化が進展するとともに、県内ではさまざまな地域問題が生じるようになったのである[4]。

　これらの地域問題は、「大資本に対する奉仕」「農業や中小企業の軽視」「南北格差の拡大、県北地域の冷遇」「自然環境の破壊」などといった県政への批判につながった。そうした批判に対して三木は在職中に、「ひとにぎりの資本家のために努力しているということをいわれますけれども、私どもはそこに雇用の安定ができる就職口があり、そして所得がだんだんと増していく、いい安定した職場であることを願っている」と反論している（三木 1963：47）。また、三木県政時代の副知事だった曽我与三郎は、「水島開発は、農業と中小企業の近代化から生まれ出たもので、水島ばかりに力をいれているとの批判は新しい建設の槌音に目をうばわれ、地道な農業の近代化、中小企業の体質改善に対する三木さんの意中を知らない人々の批判」と反論している[5]（故岡山県知事三木行治顕彰会 1966：256）。しかし現実には、こうした反論とは裏腹に、時間の経過とともに岡山県内での産業間格差、地域間格差、公害問題などの地域問題は深刻になっていったのである。

こうした状況のなか、1972年には自治省事務次官を務めた長野士郎が、社会党や共産党などからの支持を得て、自民党の現職・加藤徳武を破り知事に就任した。長野県政が誕生したのは、「『経済優先』から、県民の健康、生活環境など『福祉優先』へと変化し、そのため安全で快適な生活環境を求める声となって表れ、それが県政への最大の要求となった」ことが背景にあった（久留島 2013：209）。さらに1970年代は、オイルショックを契機としたインフレーションなど生活問題が深刻な時期であった。したがって、長野県政には地域問題や生活問題などを解決することが求められていたのである。長野は、こうした課題に応えるべく、1973年3月に国に先駆けて、無秩序な乱開発や地価の高騰などを防止することを目的とした「岡山県県土保全条例」を制定した。また、1974年4月には、国に先駆けて、良好な生活環境のなかで安定的で豊かな生活を営むことを目的とした「岡山県総合福祉計画」を立案したのである。ここでいう『総合福祉』について長野は「住民自身も自立する責任を負わなきゃいけない。だから他人にぶら下がって『あれをしろ、これをしろ』『あれをくれ、これをくれ』と言うだけの福祉というのは、真の福祉とは考えない。（中略）そこで私は、単なる福祉計画ではなく総合福祉計画にしたのです。「総合」という言葉に意味を持たせたのです。」と述べている（長野 2013：41-42）。このようにして、1970年代から岡山県の政策の柱は、『経済優先』から『福祉優先』へと、大きく転換されたのである。

第2節　倉敷市における地域問題

1967年に誕生した新・倉敷市でも、市民の生活問題や福祉問題が重要な政策課題となっていた（倉敷市史研究会編 2005）。そこで、当時の大山茂樹倉敷市長は、1967年12月に、「福祉都市宣言」を発表し、積極的な福祉政策を推し進める政策を打ち出したのである。この時期、倉敷市内では、重化学工業化や新市の発足によって地域社会の構造が変化していた。また、水島コンビナートに立地する企業に端を発した大気汚染や水質汚染などによって、農作物や水産物への被害、さらには、住民の健康が損なわれる被害が生じるようになった。こうした地域問題は多岐にわたり、そのすべてを本章で考察することは困難である。そこで本章では、地場産業とりわけ水島コンビナートが開発されるまでの主要

表2-3　倉敷市における農家数の推移（1950年〜1980年）

	1950年	1960年	1970年	1980年	増減率
倉敷地区	6,892	6,885	6,117	5,433	−26.85%
水島地区	3,080	2,930	2,437	2,066	−49.08%
児島地区	3,551	3,123	2,199	1,617	−119.60%
玉島地区	5,161	4,737	4,103	3,719	−38.77%
倉敷市全域	18,684	17,675	14,856	12,835	−45.57%
岡山県全域	177,078	172,533	154,081	134,799	−31.36%

注1）合併前の町村を含んでいる。
注2）真備・船穂地区を除く。
注3）単位は戸である。
資料：農林省『農林業センサス』。
出所：倉敷市史研究会 編（2005）『新修倉敷市史（第7巻）現代』、p.368を加筆修正。

産業であった農業と繊維産業の変化についてみていこう。

1．農業

　戦前からの倉敷市の主要産業であった農業は、水島コンビナートの開発によって、1950年代からその地位を後退させていた。表2-3は1950年から1980年にかけての農家の推移を示した表である。ここから明らかなように、倉敷市全域において農家の戸数は減少しており、その減少率は岡山県全域を上回っている。地区別にみると、児島地区の減少率が著しいことがわかる。これは、児島地区に平地が少ないことや兼業化が進んでいたためである（倉敷市史研究会編 2005）。

　倉敷市内で栽培されていた農作物は、果樹、米、綿花、イ草などであった。綿花やイ草は繊維産業の発展にも寄与した工芸作物である。しかし、水島コンビナートが造成され、工場が操業を開始したころから、農家の減少とともに農作物の生産量も減少していった。とりわけ、大きな変化があったのはイ草の栽培である。1971年に水島地区で、イ草の先枯れ被害がわかり、その後、水島地区を中心に同様の被害が拡大していった。1974年に、岡山県農業試験場の調査によって、イ草の先枯れの原因が水島コンビナートから排出された硫黄酸化物であることがわかった。すなわち、これは大気汚染による公害被害だったのである。また、水島コンビナートの開発によって賃金が上昇していたこともあって、それが労働集約型のイ草農家の生産費を上昇させており、この時期には、

「既に産地としての競争力を失っていたのである」(倉敷市史研究会編 2005：376)。

　一方、農業から移動した労働力は重化学工業へ集中した。すなわち、水島コンビナートが発展できたのは、倉敷市内を含め県内各地から、通勤、出稼ぎ、転入などによって大量の労働力を確保できたためである。しかし、それまで岡山県の主要産業であった農業は、兼業化が進み、また農業所得は減少していったのである。国は1961年に農業基本法を制定し、倉敷市でも農業構造改善事業が始まっていた。しかし、この時期は1964年の新産業都市指定を控えていたこともあって、土地改良事業が頓挫した地域もあった。このように、岡山県の産業政策は重化学工業が中心だったことがわかる。

２．繊維産業

　倉敷市の繊維産業は、紡績業や織物業などを中心に発達していた。それに関する歴史は第一章で述べた通りである。水島コンビナートの開発が始まると、これらの産業にも変化が生じるようになった。表2-4は倉敷市における製造業の事業所数、従業者数、製造品出荷額等を示した表である。ここから明らかなように、1970年から1980年にかけては重化学工業の量的地位が高まっている。一方、繊維工業（紡績や織物など）および衣服その他の繊維製品の事業所数と従業者数は減少しているが、製造品出荷額等は増加している。そこには、事業所の廃業や労働力の移動などさまざまな要因があるものと考えられる。

　繊維産業の中心は児島であった。そして、その担い手のほとんどは中小企業であった。水島コンビナートの開発が本格化した時期と同じ1952年ごろから学生服の素材は合成繊維に取って代わるようになった。それによって、大手の合成繊維メーカーによる学生服メーカーの系列化が進んだ。そうした系列化が進むと、地域内での一貫した生産体制は徐々に姿を変化させていった。これは、学生服素材の染色業者にとって、生産体制の変化は経営を揺るがしかねない問題であった。しかし、ワーキング・ウェアの染色などに事業転換を図るなどして新たな活路を開拓した。また、合成繊維の系列に入ることができなかった学生服メーカーなどは、ジーンズという新たな製品に着目するようになった。1965年にマルオ被服（現・株式会社ビッグジョン）がアメリカからデニム生地を輸入し、ジーンズの製造販売を開始した。これが日本で初めてのジーンズの製

表2-4　倉敷市における事業所数、従業者数、

産業名（中分類）	1970年			
	事業所数		従業者数	
	箇所	構成比	人	構成比
（1）化学工業	46	1.04%	7,646	10.19%
（2）石油製品、石炭製品製造業	5	0.11%	1,940	2.59%
（3）ゴム製品製造業	9	0.20%	809	1.08%
（4）鉄鋼業	22	0.50%	13,279	17.70%
（5）非金属製造業	5	0.11%	70	0.09%
（6）金属製品製造業	82	1.85%	1,583	2.11%
（7）一般機械器具製造業	95	2.14%	1,957	2.61%
（8）電気機械器具製造業	4	0.09%	75	0.10%
（9）輸送用機械器具製造業	83	1.87%	10,660	14.21%
（10）精密機器具製造業	2	0.05%	x	x
（A）重化学工業計（(1)～(10)合計）	353	7.96%	38,019	50.67%
（11）食品製造工業	280	6.32%	3,908	5.21%
（12）繊維工業	736	16.60%	9,924	13.23%
（13）衣服、その他の繊維製品製造業	1,812	40.88%	14,882	19.83%
（14）木材、木製品製造業	49	1.11%	538	0.72%
（15）家具、装備品製造業	76	1.71%	902	1.20%
（16）パルプ、紙、紙加工品製造業	39	0.88%	621	0.83%
（17）出版、印刷、同関連産業	53	1.20%	494	0.66%
（18）なめしかわ、同製品、毛皮製造業	3	0.07%	x	x
（19）窯業、土石製品製造業	75	1.69%	1491	1.99%
（20）その他の製造業	957	21.59%	4,258	5.67%
（B）軽工業計（(11)～(20)合計）	4,080	92.0%	37,018	49.33%
総計（A）＋（B）	4,433	100.0%	75,037	100.00%

注1）xは秘匿とされている数値である。
注2）xがある項目の合計値は、ここに記載されている数値を足し合せたものとは合致しない。
注3）重化学工業と軽工業の分類は『岡山県史　現代Ⅱ（第14巻）』を参考にしている。産業分類はそれ
出所：通商産業省『工業統計調査』、岡山県（1990）『岡山県史　現代Ⅱ（第14巻）』p.213、222、223、倉

造販売だといわれている。

　このように市場環境が大きく変化し、企業経営を揺るがしかねない状況に直面しながらも、企業は製品の多角化を図ることによって、新たな活路を見出したのである。また労働力に関していえば、地域内の労働力のほかに九州地方や山陰地方などからの集団就職による労働力にも大きく依存していた。その多くは女性労働者もしくは組縫（くにゅう）層といわれる労働力であった。このように、児島の繊維産業は、水島コンビナートの開発が進む一方で、市場環境の変化に柔軟に対応しながら、独自に進化し現代に至るのである[6]。

第二章　倉敷市における産業の変化と地域社会

製造品出荷額等の推移（1970年と1980年）

製造品出荷額等		1980年					
		事業所数		従業者数		製造品出荷額等	
百万円	構成比	箇所	構成比	人	構成比	百万円	構成比
153,699	19.25%	43	1.25%	559	0.86%	887,262	27.07%
172,678	21.63%	8	0.23%	7,231	11.16%	1,221,233	37.25%
2,577	0.32%	24	0.70%	2,804	4.33%	25,143	0.77%
188,123	23.56%	38	1.10%	1,576	2.43%	725,039	22.12%
410	0.05%	15	0.43%	214	0.33%	2,921	0.09%
9,846	1.23%	113	3.28%	1,156	1.78%	15,382	0.47%
8,570	1.07%	133	3.86%	1,398	2.16%	14,723	0.45%
89	0.01%	15	0.43%	881	1.36%	7,366	0.22%
102,344	12.82%	114	3.30%	x	x	x	x
x	x	2	0.06%	x	x	x	x
638,336	79.96%	505	14.64%	35,518	24.42%	2,899,069	88.43%
42,882	5.37%	289	8.38%	4,575	7.06%	100,699	3.07%
28,625	3.59%	595	17.25%	6,039	9.32%	57,405	1.75%
53,166	6.66%	1,021	29.59%	10,916	16.85%	142,174	4.34%
2,211	0.28%	49	1.42%	362	0.56%	7,832	0.24%
3,604	0.45%	101	2.93%	568	0.88%	4,739	0.14%
2,398	0.30%	41	1.19%	524	0.81%	5,955	0.18%
1,017	0.13%	79	2.29%	559	0.86%	3,428	0.10%
x	x	10	0.29%	87	0.13%	632	0.02%
10,477	1.31%	72	2.09%	1,259	1.94%	30,631	0.93%
15,640	x	688	19.94%	2,788	4.30%	25,677	0.78%
160,020	18.08%	2,945	85.36%	27,677	42.73%	379,172	11.57%
798,356	100.00%	3,450	100.00%	64,771	100.00%	3,278,241	100.00%

に準拠している。
敷市史研究会（2005）『新修倉敷市史（第7巻）現代』pp.390-391を基に筆者作成。

第3節　倉敷市の地域構造と現在

1．倉敷市の地域構造

　これまでみてきたように、倉敷市は重化学工業の拠点である水島を取り込み、また、1972年には児島市と玉島市と合併し、新・倉敷市を発足させた。旧三市は、いずれも独自の文化、伝統、産業を有しており、住民はそこで生活を築いてきた。新・倉敷市の発足によって行政都市としてはひとつになった。しかし

生活都市としての倉敷市は、社会的にも経済的にも異なる性格を有する倉敷、水島、児島、玉島という四つの地域によって、多核型都市が形成されたとみることができよう（酒井 1992）。また、それに加えて2000年代には合併によって真備・船穂という新たな地区が誕生した。ここでは、それぞれの地区の性格についてみていこう。

　倉敷地区は、市の中心部である。この地区には、倉敷市役所、観光地として有名な美観地区、文化・芸術の拠点である大原美術館、地域医療の拠点である倉敷中央病院などが立地している。大原美術館や倉敷中央病院は、大原孫三郎の功績であり、長い年月が経過した今も現存している。水島地区は、コンビナートの街である。この地区は、工業用地と住宅地・商業地が隣接した距離に面していることが特徴である。児島地区は、繊維産業の街である。この地区には、ジーンズや学生服などの工場が点在している。また近年は、街全体をジーンズで盛り上げようと、ジーンズ・バスやジーンズ・タクシーを運行したり、商店街全体をジーンズのコンセプトに合せたジーンズ・ストリートを整備したりするなど、まちづくりと産業振興を一体化させた試みが行われている。玉島地区は、山陽新幹線新倉敷駅が立地するとともに、古い街並みが残されている港町である。この地区では、街並みを生かしたまちづくりや、地域の食材を活用し食文化を後世に伝える人の駅・カフェなど新しい取り組みも始まっている。真備・船穂地区は、文学と農業の街である。この地区では、文学の歴史を生かしたまちづくりや農産物を活用したワインなどの加工品の販売が行われている。このように、同じ倉敷市とはいえ、それぞれの地区は全く異なった性格をもっているのである。

２．倉敷市の現在

　こうした倉敷市の性格について、現在の状況を踏まえながら詳しくみていこう。図2-2は倉敷市の地区別人口の推移を示したグラフである。ここから明らかなように、倉敷地区の人口は増加しており、その他の地域ではおおむね横ばいである。なお、2015年9月末時点における倉敷市の総人口は約48万人である。表2-5は倉敷市の地区別年齢区分を示した表である。ここから明らかなように、倉敷市全域では老年人口の比率が25.02％であるが、児島地区（29.69％）、玉島地区（27.87％）、真備・船穂地区（30.12％）では、その比率を上回っている。

第二章　倉敷市における産業の変化と地域社会

図2-2　倉敷市の地区別人口推移（1967年～2015年）

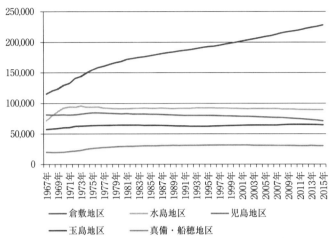

注）各年3月31日時点のデータに基づく。ただし、2015年は9月30日時点である。
出所：倉敷市（各年版）『倉敷市統計書』、岡山県（各年版）『岡山県統計年報』より筆者作成。

表2-5　倉敷市における地区別年齢区分

	倉敷市全域	倉敷地区	水島地区	児島地区	玉島地区	真備・船穂地区
年少人口	14.55%	15.80%	14.32%	12.15%	13.84%	13.20%
生産年齢人口	60.43%	61.58%	62.16%	58.16%	58.30%	56.68%
老年人口	25.02%	22.62%	23.52%	29.69%	27.87%	30.12%

注1）2014年9月末時点の住民基本台帳に基づく。
注2）分母は倉敷市ないし各地区の総人口である。
出所：倉敷市（2015）『倉敷市統計書　平成26年度版』より筆者作成。

このことから、児島、玉島、真備・船穂では高齢化が進んでいることがわかる。
　表2-6は地区ごとの産業別事業所比率である。各地区ともに、「卸売、小売業」や「生活関連サービス業、娯楽業」が多いことは共通している。それ以外の比率をみると、倉敷地区では「宿泊業、飲食サービス業」「不動産業、物品賃貸業」、水島地区では「建設業」、児島地区では「製造業」、玉島地区では「建設業」、真備・船穂地区では「建設業」の比率が多くなっている。表2-7は地区ごとの産業別従業者比率を示したグラフである。ここで明らかなように、

表2-6 地区ごとにみた産業別事業所比率

	倉敷地区	水島地区	児島地区	玉島地区	真備・船穂地区
農林漁業	0.21%	0.23%	0.05%	0.48%	0.24%
鉱業、採石業、砂利採取業	―	―	0.05%	―	0.12%
建設業	9.24%	15.21%	10.53%	11.10%	14.90%
製造業	6.49%	7.72%	19.73%	10.09%	13.23%
電気・ガス・熱供給・水道業	0.13%	0.23%	0.14%	0.20%	0.12%
情報通信業	0.98%	0.58%	0.41%	1.13%	0.24%
運輸業、郵便業	1.59%	5.45%	1.99%	3.27%	2.03%
卸売業、小売業	27.17%	24.02%	25.55%	27.21%	25.98%
金融業、保険業	1.77%	1.39%	1.53%	1.21%	1.19%
不動産業、物品賃貸業	8.31%	8.02%	5.16%	7.95%	2.38%
学術研究、専門・技術サービス業	3.91%	2.90%	2.27%	2.99%	2.62%
宿泊業、飲食サービス業	12.77%	12.10%	8.65%	7.99%	5.01%
生活関連サービス業、娯楽業	9.94%	7.91%	7.67%	8.48%	10.97%
教育、学習支援業	3.89%	2.43%	2.57%	3.79%	5.96%
医療、福祉	6.76%	4.29%	5.40%	6.90%	6.67%
複合サービス事業	0.53%	0.44%	0.57%	0.61%	0.95%
サービス業（他に分類されないもの）	5.90%	6.86%	7.12%	6.06%	6.79%
公務（他に分類されるものを除く）	0.41%	0.21%	0.60%	0.52%	0.60%
総数	100.00%	100.00%	100.00%	100.00%	100.00%

注）マーカーの箇所は、各地区で比率が高い上位5業種である。
出所：総務省（2009）「経済センサス──活動調査」より筆者作成。

　各地区ともに、「製造業」「卸売、小売業」の従事者が多いことは共通している。とりわけ、水島、児島、真備・船穂で多くなっている。それ以外の比率をみると、倉敷、児島、玉島、真備・船穂では「医療、福祉」が多くなっている。また、倉敷では「宿泊業、飲食サービス業」、水島では「運輸、郵便業」が多くなっている。このように地区ごとに主要な産業が異なっている。

　ここまで、人口と産業についてみてきた。これらのデータを確認してみると、倉敷市の各地区は性格が異なることがわかる。したがって、これまでの研究で指摘されてきた行政都市と生活都市としての差異は、現在においても存在しているといえよう。それは第一章で述べたような、筆者らが見聞きして感じ取ったものに加えて、データによっても裏付けることができるのである。

第二章　倉敷市における産業の変化と地域社会

表2-7　地区ごとにみた産業別従業者比率

	倉敷地区	水島地区	児島地区	玉島地区	真備・船穂地区
農林漁業	0.10%	0.11%	0.04%	0.73%	0.11%
鉱業、採石業、砂利採取業	―	―	0.05%	―	0.05%
建設業	6.69%	11.64%	7.70%	7.81%	9.88%
製造業	10.16%	31.84%	29.17%	17.80%	31.16%
電気・ガス・熱供給・水道業	0.83%	0.56%	0.20%	0.50%	0.03%
情報通信業	1.24%	0.69%	0.29%	0.78%	0.04%
運輸業、郵便業	3.83%	11.83%	5.47%	7.89%	4.70%
卸売業、小売業	22.81%	12.56%	19.09%	20.01%	20.28%
金融業、保険業	2.46%	1.19%	1.51%	2.00%	1.16%
不動産業、物品賃貸業	2.60%	2.27%	1.58%	1.93%	0.87%
学術研究、専門・技術サービス業	2.09%	3.80%	1.14%	1.46%	0.81%
宿泊業、飲食サービス業	10.70%	5.40%	7.55%	7.11%	3.14%
生活関連サービス業、娯楽業	4.46%	2.44%	4.64%	4.57%	3.23%
教育、学習支援業	5.65%	1.97%	3.23%	4.93%	5.69%
医療、福祉	16.64%	6.11%	10.59%	14.18%	13.58%
複合サービス事業	0.73%	0.29%	0.49%	0.58%	0.93%
サービス業（他に分類されないもの）	6.17%	6.65%	6.00%	6.23%	3.15%
公務（他に分類されるものを除く）	2.85%	0.65%	1.26%	1.49%	1.21%
総数	100.00%	100.00%	100.00%	100.00%	100.00%

注）マーカーの箇所は、各地区で比率が高い上位5業種である。
出所：総務省（2009）「経済センサス――活動調査」より筆者作成。

おわりに

これまでみてきたように、現在の倉敷市は、県が主導した水島コンビナートの開発によって生まれた街である。コンビナートとともに発展し、同時に、急速な重化学工業化の進展に伴って、さまざまな地域問題を抱えた街でもある。その意味において、倉敷市は日本の社会・経済の縮図としてみることができる。

倉敷市は、これまで水島コンビナートに依存してきた。しかしながら、水島コンビナートが誕生してから50年以上の月日が経過し、水島コンビナートの生産設備は大規模なリプレイスの時期を迎えている[7]。また、環境問題が深刻になるなかで、環境に優しい製品開発や自然エネルギーの利用など自然環境に配慮した研究開発や生産体制の構築が求められている。一方で、グローバル化が進むなかで、コンビナートに立地する大企業の経営戦略はグローバルな生産体

制へと転換している。水島コンビナートでの生産が、そうしたグローバルな生産体制における企業の経営課題になっている。また雇用形態が多様化するなかで、コンビナートでの働き方も変化している。それは、従来のように大規模な工場の立地が必ずしも地域の雇用の吸引力にはなっていないことを意味する。

　こうした状況を踏まえれば、倉敷市としてもコンビナートに依存しない新たな活路を見出す必要があるだろう。そこで求められることは、コンビナートや大企業からの依存体質の脱却と地域の中小企業重視への政策転換である。倉敷市内には、児島の繊維産業をはじめ、商業、工業、農業などに携わる中小企業が多く存立し、そこで多くの人達が働いている。また、そうした中小企業は地域経済の担い手でもある。本稿で、詳しく触れることはできなかったが、児島のジーンズ・ストリートや玉島の人の駅の企画・運営を担っているのは地域の中小企業の経営者や労働者である。そうした中小企業の社会的・経済的な意義や役割を、中小企業、金融機関、大企業、行政、住民などが広く理解する必要があるのではないだろうか。そのために必要なことは、全国150以上の都道府県や市町村で制定されている「中小企業振興条例」を制定することである。これは、従来のような助成金に関する条例とは異なり、地域における中小企業の役割を明確化させた条例である。岡山県内では、2011年に県と総社市が制定している。倉敷市では、2015年議会において一部の議員から提案がなされており、今後より深い議論がなされた上で、倉敷市にとって必要な条例の整備が望まれる。なお、これは大企業の存立意義を否定することではない。地域と大企業との共存を考える上でも、「中小企業振興条例」の策定は欠かせないのである。それは全国の先行事例が証明している。

注
1 ）行政区分に基づく。
2 ）人口の過疎・過密問題や公害問題などの地域問題は、高度経済成長期の重化学工業化の発展とともに全国各地で発生した問題である。なお、本章ではあくまで岡山県および倉敷市の状況についてみていきたい。
3 ）圏域は、岡山県（1978）に準拠し、1975年10月１日時点の分類を使用している。各圏域を構成する市町村は以下の通りである。県南圏域を構成するのは、岡山市、倉敷市、玉野市、総社市、御津町、建部町、加茂川町、瀬戸町、山陽町、赤坂町、牛窓町、邑久町、長船町、灘崎町、早島町、山手村、清音村、船穂町、金光町、真備町である。津山

圏域を構成するのは、津山市、加茂町、富村、奥津町、上斉原村、阿波村、鏡野町、勝央町、奈義町、勝北町、中央町、旭町、久米南町、久米町、柵原町である。英田圏域を構成するのは、大原町、東粟倉村、西粟倉村、美作町、作東町、英田町、勝田町である。真庭圏域を構成するのは、勝山町、落合町、湯原町、久世町、美甘村、新庄村、川上村、八束村、中和村、北房町である。阿新圏域を構成するのは、新見市、大佐町、神郷町、哲多町、哲西町である。高梁圏域を構成するのは、高梁市、有漢町、賀陽町、成羽町、川上町、備中町である。井笠圏域を構成するのは、笠岡市、井原市、矢掛町、美星町、芳井町、鴨方町、寄島町、里庄町である。東備圏域を構成するのは、備前市、熊山町、吉井町、日生町、吉永町、佐伯町、和気町である。

4）産業間格差については第一章を、公害問題については第五章を参照されたい。

5）曽我氏の表記は「曾我」と表記されている文献と「曽我」と表記されている文献があるが、本章では「曽我」に統一して表記した。

6）児島の繊維産業の現状については、第四章を参照されたい。組縫層についても、第四章で詳しく解説している。

7）水島コンビナートの現状については、第六章を参照されたい。

文献

岡山県（1978）『統計からみた岡山県』。
岡山県（1990）『岡山県史（第14巻）現代Ⅱ』山陽新聞社。
岡山県（2011）『岡山県の繊維産業』。
大谷壽文（2001）『児島の歴史散歩』。
唐澤克樹（2015）「岡山県の産業発展と水島コンビナート――三木行治県知事時代の政策」『持続可能な地域における社会政策策定にむけての事例研究（Vol. 5）――岡山県の産業政策と介護、倉敷市の地域医療調査報告』pp.4-40、法政大学大原社会問題研究所。
倉敷市（各年）『倉敷市統計書』。
倉敷市史研究会編（2004）『新修倉敷市史（第6巻）近代（下）』。
倉敷市史研究会編（2005）『新修倉敷市史（第7巻）現代』。
久留島陽三（2013）『現代岡山経済論』山陽新聞社。
故岡山県知事三木行治顕彰会（1966）『私なき献身――三木行治の生涯』。
酒井恵真（1992）「地域四極構造――重化学工業の定着と地場産業」布施鉄治編『倉敷・水島／日本資本主義の展開と都市社会――繊維工業段階から重化学工業段階へ；社会構造と生活様式変動の論理（第1分冊）』東信堂。
総務省（各年）『国勢調査』
　　http://www.stat.go.jp/data/kokusei/2010/users-g/kako.htm（2015年9月28日リンク確認）。
竹久順一編、石田寛監修（1978）『岡山県の地理』福武書店。
通商産業省（各年）『工業統計調査』。
長野士郎著、長野士郎「岡山県政回顧」刊行会編（2014）『長野士郎岡山県政回顧』山陽新聞。
布施鉄治（1992）「地域社会と生活様式変動過程と地域社会変動過程」布施鉄治編『倉敷・水島／日本資本主義の展開と都市社会――繊維工業段階から重化学工業段階へ；社会構造と生活様式変動の論理（第1分冊）』東信堂。

本間義人(1975)「ふるさと残酷物語-5——コンビナードに呑まれた倉敷」『現代の眼』第16巻7号、252-261頁。

三木行治(1963)「百万都市を経営する——岡山県知事の計画と計算をきく」『論争』第5巻4号(通巻第24号)、38-48頁、論争社。

横倉節夫(1980)「主導企業の交替と地域社会の再編成——岡山県倉敷市、川崎製鉄・三菱自工」北川隆吉編『日本の経営・地域・労働者』大月書店。

吉田敬一・井内尚樹編著(2010)『地域振興と中小企業——持続可能な循環型地域づくり』ミネルヴァ書房。

吉田義光(1980)『岡山の経済散歩(岡山文庫)』日本文教出版。

第三章　繊維産業政策の変遷と
　　　基礎自治体による産業政策の可能性
　　　　──倉敷市の「縫製事業者育成事業」を中心に──

高橋　啓

はじめに

　現在、日本には約40の繊維産地が存在する。繊維産業は、明治以降の日本の近代化の中心となってきた産業であった。第2次大戦後の復興期においても輸出産業の中心として貴重な外貨を獲得してきた。当時の輸出品の中心は綿糸・綿織物であったが、合成繊維の工業化に取り組み、高度経済成長期には合繊織物がアメリカをはじめとする先進国の繊維産業を脅かすまでになった。その後、円高による交易条件の悪化、新興国、特に、中国における繊維製品の生産拡大の影響を受け、繊維産業の国内生産は1990年代以降急速に減少した。近年、生産の国内回帰の動きが顕在化し、繊維産業の製造品出荷額は下げ止まりから横ばい状態となっているが、今後、新興国製品との国際競争を勝ち抜いて国内の繊維産地が存続していけるかどうかは予断を許さない。

　繊維産業振興を目的とした産業政策は、これまで、主に国が主導的役割を果たしてきた。同時に、繊維産業の構成員である中小企業に対しては、中小企業政策としての取り組みも行われてきた。加えて、国の立地政策・産業集積政策も地方の産業集積の動向に大きな影響を与えてきた。これまで国が中心的に取り組んできた各種産業政策の変遷を概観し、今後、国に代って自治体、特に基礎自治体である市町村が取り組むべき地域産業政策分野を検討することが本章の目的である。具体的には、繊維産地を有する自治体として倉敷市が繊維産業の活性化にどのように取り組んでいるのかを分析対象とするものであるが、その中でも、最近の事例として、「縫製事業者育成事業」に焦点を当て、地域産業政策としてどのような意義と課題を有しているのかを整理することを目的と

している。

　第1節および第2節では、地域産業政策や繊維産業政策などの変遷を整理する。第3節では、岡山県と倉敷市が2000年の分権改革以降、地域の繊維産業に対してどのような政策対応を行ってきたのかを概観する。第4節では、地域産業の人材育成の新たな取組として倉敷市の縫製技術者育成事業を紹介し、第5節で、同事業の実績を基に、地域産業の人材育成を基礎自治体が取り組む意義と課題を検討し、今後の方向性について提言を行っている。

第1節　国による地域産業政策の変遷

1．地域における製造業としての繊維産業

　東京への人口集中の進行が日本の人口減少に拍車をかけるとして、「地方創生」のスローガンの下、新たな地方振興政策の立案作業が進められている。一方、2008年のリーマンショック以降急激に進行した円高を背景として地方の中小企業までもが生産拠点の海外移転を進めてきたことから、地方の産業構造、就業構造は大幅に変化している。このため、地方の活性化においては、各地の実情に合わせた産業振興が、ますます重要となってくると考えられる。特に、地域住民の雇用の場として、あるいは、地域の多様な経済活動の源として、製造業の活性化が急務である。

　その中で、筆者は繊維産業に注目した。繊維産業は、明治維新以降の日本の近代化の過程における中心産業の一つであった。先ごろ世界遺産に指定された富岡製糸場に代表される近代製糸技術の導入により、生糸の生産性の向上、品質向上が達成され、明治期以降、外貨獲得の主力は生糸輸出であった。また、第2次大戦後の物不足時代に、綿糸および綿織物は貴重な生活資材であった。高度経済成長期は合成繊維製品が輸出の中心であった。その後2度のオイル・ショックを経て、円高による生産拠点の海外移転や海外製品の輸入増加などの影響で繊維製品の製造品出荷額等も減少し、現在は全産業の1.2％を占めるにとどまり、国内における繊維産業のウェイトは小さくなっている。

　しかしながら、現在でも全国に40のテキスタイル・ニット産地があると言われており（表3-1参照）、減少が続いていた製造品出荷額等も、2009年以降は、高度経済成長初期の水準である3兆5千億円前後の水準で概ね横ばいで推移し

第三章　繊維産業政策の変遷と基礎自治体による産業政策の可能性

表3-1　日本のテキスタイル・ニット産地

県名	番号	産地名	主要製品	県名	番号	産地名	主要製品
山形県	1	山形産地	ニット	愛知県	21	愛知(尾州)産地	毛・スフ合繊織物
	2	米沢産地	絹・化合繊織物	岐阜県	22	岐阜(尾州)産地	毛・スフ合繊織物
福島県	3	福島産地	ニット	富山県	23	富山産地	化合繊織物、ニット
新潟県	4	新潟(五泉)産地	絹織物、ニット	石川県	24	石川産地	絹・化合繊織物
	5	十日町産地	絹織物		25	加賀産地	絹・化合繊織物
	6	見附、亀田産地	綿・スフ合繊織物		26	小松産地	絹・化合繊織物
	7	栃尾産地	化合繊織物	福井県	27	福井産地	絹・化合繊織物、ニット
栃木県	8	足利産地	ニット	滋賀県	28	長浜産地	絹・化合繊織物
群馬県	9	桐生産地	絹・化合繊織物		29	高島産地	綿・スフ合繊織物
	10	太田産地	ニット	京都府	30	丹後産地	絹織物
東京都	11	東京産地	ニット		31	京都友禅、西陣産地	絹織物
	12	八王子産地	絹・毛織物	大阪府	32	大阪産地	ニット
山梨県	13	山梨(富士吉田)産地	絹・化合繊織物、ニット		33	大阪泉北(泉州)産地	綿・スフ合繊織物
長野県	14	諏訪産地	ニット		34	大阪泉南(泉州)産地	綿・スフ合繊織物
静岡県	15	福田(天竜)産地	綿・スフ合繊織物	和歌山県	35	和歌山産地	ニット
	16	浜松(遠州)産地	綿・スフ合繊織物	兵庫県	36	西脇(播州)産地	綿・スフ合繊織物
愛知県	17	蒲郡(三河)産地	綿・スフ合繊織物	岡山県	37	岡山(備前)産地	綿・スフ合繊織物
	18	西尾産地	綿・スフ合繊織物		38	岡山(備中)産地	綿・スフ合繊織物
	19	知多産地	綿・スフ合繊織物	広島県	39	福山(備後)産地	綿・スフ合繊織物
	20	愛知産地	ニット	愛媛県	40	今治産地	タオル

資料：繊維ファッション産学協議会HPを基に作成（原資料は、文化出版局「ファッションビジネス用語辞典改訂版」文化出版局）。

ている（表3-6参照）。従業者数の減少は現在も続いているが、まだまだ主要製造業の一つとして、地域で一定規模の生産活動が継続されているとみることができる。

　これらの産地で継続されている繊維産業の多くは、現時点では、残念ながら外貨獲得につながる産業とは言えないし、今後の成長産業と呼ぶことも難しい。しかし、イタリアの例にみる通り、繊維産業が十分国際競争力を持つ国もある。また、地域経済という視点からみれば、繊維産業は地域住民の雇用の場であり、地域経済を支える製造業の一つである。

　繊維産地と呼ばれる地域の自治体は、地域の重要産業の一つとして、繊維産業に対して何らの支援も必要ないのであろうか。産業の維持・発展のためには、個々の企業や業界団体などの自助努力がまず必要であることは言うまでもない。

しかし、自助努力では限界がある分野などについては、地域の活力を維持していくという観点から、自治体によるサポートや支援が検討されても良いであろう。地域の産業活動の成果は地域住民に様々な形で還元されることから、地域の産業を支援する地域産業政策が自治体、特に基礎自治体と呼ばれる市町村にとっては必要であり、地域の経営資源を有効に活用して地域の活性化を図るという地域経営という観点からも、地域産業政策の重要性は是認されるであろう。そこで、本章では、倉敷市が実施した「縫製事業者育成事業」に焦点を当て、地域産業政策としてどのような意義と課題を有しているのかを検討することにした。

2．成長産業の誘致による地域産業の振興

地域産業政策は、「地域」の視点と「産業」の視点の両用の視点から検討する必要があるが、まず、「地域」の視点から、地域産業集積の促進や地域産業の活性化に関してどのような政策が行われてきたのか、米田（1992）および鈴木（2012）を基に概略の整理を行ってみたい。

鈴木（2012）によれば、「日本においては中央政府（国）が地域産業政策の基本的な枠組みを設定し、それに対応する形で地方自治体が地域産業政策を立案・実施している」（鈴木 2012：259）としている。その「基本的な枠組み」は、高度経済成長期から1990年代までは「地方分散」であり、2000年代以降は「新事業創出」というキーワードで表すことができる。「地方分散」の時代、国は、「成長産業の地方への適正な分散」（米田 1992：21）を図り、他方、地方は、地域に存在しない成長産業を域外から誘致することよって地域の産業活性化を図るというものであった。これに対して、「新事業創出」の時代は、地域に存在する技術シーズなどを活用して、域内に新たな成長産業を創出しようとするものである。いずれも「成長産業」を梃子に地域産業の振興・活性化を図ろうとするものである。

「地方分散」の時代に分散の対象となった成長産業は経済環境の変化とともに変化している。高度経済成長前期の成長産業は、鉄鋼、非鉄金属、石油化学、石油精製等など、重化学工業と呼ばれる基礎素材産業であった。1962年（昭和37年）に成立した「新産業都市建設促進法」に基づき、全国に15の新産業都市が指定され、臨海工業団地の整備と港湾・道路などのインフラ整備が行われた。

第三章　繊維産業政策の変遷と基礎自治体による産業政策の可能性

表3-2　1990年代までの国による地域産業政策

時代区分	名称	性格	対象産業
1960年代後半～1970年代前半	新産業都市政策	成長産業の地方分散	基礎素材産業（鉄鋼、非鉄金属、石油化学、石油精製等）
1980年代	テクノポリス政策	ハイテク産業の地方分散	ハイテク産業（エレクトロニクス、メカトロニクス、新素材、バイオテクノロジー等）
1990年代	頭脳立地政策	産業の頭脳部分の地方分散	ソフトウェア業、自然科学研究所、デザイン業、総合リース業等

資料：鈴木（2012）、米田（1992）を基に作成。

　これは臨海工業団地に各種の工場がパイプラインで結ばれたコンビナート型の生産拠点を建設しようとするものであった。倉敷市の水島コンビナートはこの時に整備されたものであり、新産業都市のモデルと言われていた。水島コンビナートの整備に尽力した三木行治岡山県知事は、「農村の次男坊や三男坊が働けるように。農業県を工業県にするんだ」と語ったという[1]。当時、岡山県の繊維産業は全国有数の規模であったが、三木知事には繊維産業は「工業」ではなく、重化学工業だけが「工業」だったのであろう。もっとも、合成繊維の原料は石油化学製品であり、クラレや旭化成などが水島コンビナートの中で合成繊維原料のプラントを建設・運営を開始している。従来の綿紡績・綿織物に代わる、繊維産業の中での成長分野である合成繊維関連分野の誘致をめざし、成功したということになろう。

　1973年と1979年2度にわたるオイル・ショックによりエネルギー価格は高騰し、エネルギー多消費型の基礎素材産業の成長力は急激に低下した。これまで能力増強が行われてきた合成繊維産業などが、構造不況業種に指定され、過剰能力の処理が行われることとなった。代わって、省エネルギー型の製品開発、プロセス開発に成功した自動車・電気機械・精密機械などの加工組立型産業が新たな成長産業として地方分散の対象となった。

　加工組立型産業は臨海立地の基礎素材産業とは立地特性を異にすることから、新たに加工組立型産業の立地拠点の整備を行うこととなった。これがテクノポリス政策である。テクノポリス政策は、1980年に通商産業省が策定した「80年代の通商政策ビジョン」の中で提唱されたもので、半導体をはじめエレクトロ

ニクス、メカトロニクス、新素材、バイオテクノロジー等の加工組立型のハイテク産業を重点的に育成する「テクノポリス」を地方圏に整備し、地域の開発や地域産業の振興を行おうとするものである。1983年（昭和58年）に「高度技術工業集積地域開発促進法（テクノポリス法）」が制定され、26地域の開発計画が承認されている。

テクノポリス政策について、鈴木（2012）は、「一種の『工場再配置計画』であり、大都市圏に集積したハイテク産業の一部を産業集積の低い地方圏に移転を促進するものであった。（中略）圏域に立地したのはハイテク産業の『分工場』であり、（中略）基礎研究から応用・開発研究に至る研究開発機能の全体が集積したわけではなかった」（鈴木 2012：263）と、その限界を指摘している。

さらに、1985年のプラザ合意による急激な円高から、円高不況を懸念する声があがったことから、「地域に産業の頭脳部分を集積させ、テクノポリス開発政策を補強・補完する『頭脳立地』政策が推進された」（鈴木 2012：264）。具体的には、1988年に制定された「地域産業の高度化に寄与する特定事業の集積の促進に関する法律（頭脳立地法）」に基づき、ソフトウェア業、自然科学研究所、デザイン業、総合リース業等16業種が特定事業として指定され、それらの立地を促進する集積促進地域として全国26地域の計画を承認している。これは、製造業の海外進出に対応して、地方圏の産業の高度化・高付加価値化を目指すものであるが、ある意味、「地方分散政策を工業から『産業の頭脳部分』に拡大したもの」（米田 1992：35）と評することができる。

第2次大戦後から1990年代に至る、国が基本的な枠組みを決めた地域産業政策は、各地域の特色ある既存産業の継承・発展を図るというよりも、その時々の成長産業を地方圏へ分散、再配置するという地方分散政策としての性格を持つものであり、地方の側においては、それら成長産業の受け皿を整備し、その誘致を図ることが中心となったということができるであろう。

3．成長産業の創出による地域産業の振興

2000年代以降の地域産業政策の特徴は「新事業創出」を目指したものと言うことができる。

1990年代を通じて円高による企業の海外進出が本格化し、大企業だけでなく中小企業も生産拠点の海外移転を行うようになった。同時に、バブル経済の崩

第三章　繊維産業政策の変遷と基礎自治体による産業政策の可能性

壊により1991年2月に始まる景気後退は、「平成不況」とか「失われた10年」などと呼ばれる長期的な経済の低迷期となった。国内から地方へ分散するべき成長産業がなくなってしまったため、「日本列島全体を対象とした地域産業振興策の構築を迫られることになった」（鈴木 2012：264）。1998年2月にテクノポリス法および頭脳立地法を廃止し、新たに「新事業創出促進法」を制定し、中小企業庁を中心としてベンチャー創業支援政策が推進されることとなった。

ベンチャー企業にリスクマネーを供給する主体として地方銀行を中心に各地でベンチャー・キャピタルが設立されたが、「リスクの高いベンチャー企業に対する投資のノウハウを蓄積していない。このため、新規性はあるがリスクの高い事業や創業間もないベンチャー企業よりも相対的に安全な事業に投資する傾向が強かった」（鈴木 2012：265）ことから、期待された成果を上げることができなかった。

その後、地域の大学の持つ技術シーズを事業化する「大学発ベンチャー企業」の創出事業が推進された。同時に、地域の中堅中小企業・ベンチャー企業が大学・研究機関等の技術シーズを活用して産業クラスターを形成する、クラスター事業が推進されている。

地方銀行の資金や地域の大学・研究機関の技術シーズなどの地域の経営資源を活用するものであるが、その指向するところは、技術競争力を背景とした新産業の創出であるとともに、成長産業の創出ということができるだろう。

第2節　繊維産業政策の変遷

1．繊維産業の特徴

次に、「産業」の視点から、繊維産業に関する個別産業政策の変遷について概略をみてみたい。

繊維産業、あるいは繊維業界は、3種の多様性を有する産業と言うことができるであろう。最初に挙げることができるのは製品の多様性である。我々が身につける衣服をはじめ、タオルのような生活用品、シーツや布団のような寝装品、カーテン、絨毯のような住宅用衣料品など幅広い分野の多種多様な製品を扱っている。2番目は素材の多様性である。天然繊維（綿、麻、絹、羊毛等）、再生繊維（レーヨン等）、半合成繊維（アセテート）、合成繊維（ポリエステル、

ナイロン、アクリル等）などの多種多様な素材が、製品に要求される性質や機能、特性に応じて使い分けられている。そして最後が企業の多様性である。繊維製品の生産、流通、販売においては、多様な企業が分業体制で参画している。繊維原料から糸を作り、布を織り、染色し、裁断、縫製を経て最終製品となり、さらに消費者の手元に届けられるまで、それぞれの工程毎に異なる企業が分担している。これらの分業体制のオーガナイザーとして、原糸メーカー、生地メーカー、商社、テキスタイルメーカーやアパレルメーカーなども活動している。最近は、小売企業が、糸の機能設計段階から参画し、最終製品のデザインや縫製加工を自社の責任で行う「ＳＰＡ（＝specialty store retailer of private lavel appalel：自社企画プラン衣料の専門店）」と呼ばれる業態も出現している。これらの繊維産業の工程別の分業体制を川の流れにたとえて、繊維原料をもとに糸を生産・加工する「川上部門」、その糸を織ったり染めたりして織物を生産・加工する「川中部門」、織物などを衣服などの最終製品へと生産・加工する「川下部門」と呼び慣らわされてきた（伊丹 2001：28）。川上部門は、合繊メーカーや紡績会社などの比較的大企業が担当してきた。川上部門に比べて相対的に設備負担の少ない川中部門や川下部門の企業は、多くが中小・零細企業で占められている。そして、これら川中部門、川下部門の中小・零細企業が、工程別ないし製品別に協力して生産を行うため、一定の地域内に集中的に立地する「産地」を形成している。

このように、繊維産業は、最終製品の範囲も広範であると同時に、生産・流通の分業体制を構成する企業の業態も多彩で、企業規模も様々である。このため、繊維産業を対象とする国の産業政策は、時代の変化に合わせて、対象分野や政策手段を見直すとともに、通商政策、中小企業政策などとも関係しながら展開されてきた。

本章では、第2次大戦後の繊維産業の中心となった繊維素材である綿と合成繊維を中心に、通商産業省および経済産業省がどのような振興政策を展開してきたのかを概観することとしたい。

2．天然繊維の設備調整と合成繊維工業の育成

第2次大戦の終了後、連合国の占領下にあった1952年4月までの間は、連合国最高司令官総司令部（ＧＨＱ）が繊維産業政策を主導していた。阿部

第三章　繊維産業政策の変遷と基礎自治体による産業政策の可能性

表3-3　川中・川下分野を中心とした繊維産業政策の変遷

	繊維産業政策根拠法	中小企業政策関連法	川中・川下部門に対する施策	合成繊維関連の動向
1950年代〜1960年代前半	繊維旧法	中小企業安定法	生産調整・設備調整	合成繊維の企業化、川中・川下部門系列化
1960年代後半〜1970年代前半	繊維新法 特繊法	中小企業近代化促進法	構造改善 水平的統合による近代化 （共同化による規模拡大）	官民協調による設備調整
1970年代後半〜1990年代	繊工法 繊産法	中小企業近代化促進法	構造改善 垂直方向のグループ化による知識集約化（高度化）	特定不況産業安定臨時措置法に基づく設備処理
2000年代〜		中小企業経営革新支援法 中小企業新事業活動促進法	ファッション産業化、ブランド化	

資料：鈴木（1991）、渡辺（2010）、松島（2012）、高橋（2013）を基に作成。

(1998)によれば、ＧＨＱは、当初、絹製品を戦略的な輸出品とするため、製糸業の復興を急いだと言われている。しかし、合成繊維のナイロンの出現によりアメリカ市場への輸出を思うように伸ばすことができず、絹製品の繊維産業中での重要度は著しく低下した。一方、綿糸・綿製品に関しては、原料の原綿の確保が困難であったことから、1949年までは復興は容易に進まなかったが、1950年に入ると繊維関連の統制の解除や朝鮮戦争の勃発などにより、綿紡績の既存事業者の能力拡張や新規事業者の参入が相次ぎ、世界第１位の綿布輸出国としての地位を回復するまでになった（阿部 1998：7）。

1950年代以降の、産地を形成している川中・川下部門に対する繊維産業政策の変遷を整理すれば、大きく４つに区分することができるであろう。①天然繊維から合成繊維への転換に合わせて、過剰設備能力の調整を行っていた高度経済成長期（1950年代〜1960年代前半）、②新興国の追い上げに対応して国際競争力の強化を図った構造改善前期（1960年代後半〜1970年代前半）、③オイル・ショックや円高に対応して、国内市場にシフトした構造改善後期（1970年代〜1990年代）、④円高の進行による繊維製品輸入の増加に対応してファッション産業としての国際競争力強化を目指している2000年代以降の４時期である。それぞれの時期の産業政策の特徴をみていこう。

1952年４月のサンフランシスコ講和条約の発効により日本は独立を回復し、

繊維産業政策は通商産業省が主導することになる。渡辺（2010）によれば、1970年頃までの繊維産業政策の中心は、合成繊維工業の育成を図ると同時に、能力過剰となる綿・スフ・人絹など既存繊維製品の設備調整を行うものであった。

朝鮮戦争ブームの終了とともに繊維製品の設備過剰問題が顕在化し、いわゆる「繊維不況」に直面することとなった。このため、1952年2月からの綿紡績の勧告操短に始まる市況の立て直しに取り組むことになった。綿糸・綿織物の過剰能力が輸出ドライブの原因となり、ダンピング輸出問題・貿易摩擦問題を深刻化させるということで、綿製品の安定的な輸出を通じた輸出振興のためにも、生産調整・設備調整が必要とされた。同時に、原綿を輸入に頼っている綿製品よりも効率的に外貨が獲得できる合成繊維工業の育成も同時並行的に行われた。このため、合成繊維の生産量の増加が既存繊維製品の「繊維不況」の原因ともなった（渡辺 2010：195-198）。

綿紡績などの川上部門における生産調整や設備調整は1956年6月に制定された「繊維工業設備臨時措置法（繊維旧法）」に基づき、合成繊維以外のほぼ全業種の精紡機を対象として、設備登録を実施して新増設を抑制するとともに、過剰設備の処理（格納等）が行われた（高橋 2013：4）。一方、中小企業が中心で、産地を形成していた織布部門における生産調整や設備調整は、1952年8月に議員立法によって成立した「特定中小企業の安定に関する臨時措置法」に基づき、独占禁止法適用除外の不況カルテルが実施された。その後同法が1953年8月に「中小企業安定法」に改正されて恒久法になるとともに、同法に基づき、綿・スフ織物、絹・人絹織物などの設備登録が1954年から順次実施され、1956年6月の繊維旧法に基づく設備規制に引き継がれることになる。

その後、精紡機の規制は1964年6月に制定された「繊維工業設備等臨時措置法（繊維新法）」に引き継がれたが、織布部門の設備規制は1963年3月に成立した「中小企業近代化促進法（近促法）」を適用して行うこととなった。中小企業比率の高い川中部門は、繊維産業政策と連携をとりつつ、中小企業の近代化を図るという中小企業政策の枠組みの中で行われることとなった。

一方、合成繊維工業の育成政策の内容を鈴木（1991）および松島（2012）を基に整理すると、次のように要約することができる。

まず、連合国による占領時代の1949年6月に経済安定本部資源調査会から

「合成繊維工業の育成」と題する勧告書が政府に提出されている。当時の日本の輸入の多くは繊維原料と食料品であったことから、合成繊維で天然繊維を代替することにより繊維原料の輸入を減らすことができ、また、合成繊維で丈夫な漁網を生産することにより蛋白源としての漁業資源を拡大し、同じく食料の輸入を減らせるという期待があった。この勧告を受けて、当時の商工省において「合成繊維工業の急速確立に関する件」を決定し、同時に、東レはナイロンの工業化を、クラレはビニロンの工業化の最終的意思決定を行っている。その後、合成繊維は重要物産に指定され、法人税の免除（1950年3月）、高率（25％）輸入関税の設定（1951年4月）、固定資産の短期償却（1951年5月）などの税制上の支援措置が講じられることとなった。さらに、1953年3月に、「合成繊維産業育成対策（合成繊維産業育成5カ年計画）」を省議決定し、ビニロン、ナイロン、塩化ビニリデンを対象に、設備投資に対して日本開発銀行が融資を行うとともに、「政府・政府機関の使用する繊維類は合成繊維およびその混紡品に限る」との閣議決定がなされ（1955年1月）、市場の創造と需要の開拓を国が直接的に支援することとなった。

　その後、1957年に東レと帝人がＩＣＩからの技術導入によりポリエステルの工業化に着手、アクリルについても1957年に鐘淵化学、1959年に旭化成と三菱レイヨンがそれぞれ生産を開始し、1950年代末にはナイロン、ポリエステル、アクリルの3大合繊の国内生産が始まった。同時に、原糸メーカーは、合成繊維の染色、加工技術などを川中部門のメーカーと共同で開発し、系列化と販路の開拓を行っていった。1960年代に入ると、各合繊の先発メーカーの設備拡張が行われるとともに、クラレや日本レーヨンのような化繊メーカーのみならず、呉羽紡、東洋紡などの綿紡績メーカーが後発メーカーとして3大合繊事業に参入し、染色企業、織布企業などの先発企業系列化を切り崩して自社の系列を形成する系列再編が行われた。また、この頃、国際競争力を確保する観点から、官民協調による設備調整によって過当競争を回避することが検討され、1964年10月に「化学繊維工業協調懇談会」が設置された。この懇談会により、1969年まで設備の急激な増加が抑制されることになった。

3．国際競争力の強化を目指した構造改善前期と川上部門の過剰設備処理

　繊維産業の国際競争力強化の観点から、1967年に「特定繊維産業構造改善臨

時措置法（特繊法）」が制定され、紡績業と織布業を対象とする構造改善事業がスタートした。「構造改善」とは、「単に過剰設備の処理を行うことによって需給のバランスを回復するだけにとどまらず、設備の近代化、企業規模の適正化等総合的な政策を講ずることによって、国際競争に耐えられる強靱な産業にしていくという政策意図」（松島 2012：16）を表す言葉である。

　特繊法に基づく構造改善事業は、工程別の分業構造を前提として、川上部門の紡績業と川中部門の織布業が、それぞれ水平的統合により適正規模の確保と近代化を図るものである。特に、特定織布業については、産地の特性に応じて産地毎に構造改善を進めることとし、産地毎に組織した「特定織布業商工組合」が「特定織布業構造改善事業計画」を作成し、通産大臣の承認を得て、企業の集約化、過剰設備処理と近代化、取引秩序の確保などを行うこととされ（通商産業省・通商産業政策史編纂委員会 1990：415-417、松島 2012：17-19）、産地単位での取り組みが行われることとなった。

　1973年の第1次オイル・ショックによりエネルギー価格が上昇し、インフレ対策として行われた総需要抑制策の結果、1974年には大幅な景気後退を余儀なくされた。加えて、途上国からの繊維製品の輸入が増加し、輸入規制問題が生じるとともに過剰設備問題が再燃することとなった。設備過剰問題に関しては、1977年9月に決定された「総合経済対策」の中で、「構造不況対策」として不況が長期化している業種について、生産・価格調整の実施、過剰設備対策、事業転換対策を実施することになり、繊維産業でも、綿紡績等短繊維紡績糸、合成繊維4品目や綿スフ織物業等で生産調整や設備廃棄が実施された。しかしながら、生産調整等の対策の効果が十分にあがらないことから、過剰設備を処理して長期的観点から業界の構造改善を進めることが必要とされ、過剰設備処理のための新たなスキームとして、1978年5月に特定不況産業安定臨時措置法（「特安法」）が制定された。同法に基づき、繊維関係では、ナイロン長繊維製造業、ポリアクリルニトリル短繊維製造業、ポリエステル長繊維製造業およびポリエステル短繊維製造業の合成繊維4業種が1978年7月に、梳毛等紡績業および綿等紡績業が1978年12月に特定不況業種に政令指定され、6％～20％の設備処理が行われた。これまで設備調整と異なり、はじめて合成繊維製造業が設備処理の対象となるとともに、これら特定不況業種には繊維産業に限らず、アルミニウム精錬や造船業なども含まれ、業種横断的な産業構造調整政策として

実施されている点が特徴である（松島 2012：44-49）。

4．国内消費市場を主眼とした構造改善事業――垂直的連携による知識集約化

　1971年8月のニクソンショックによる円の切り上げにより、日本の繊維製品の輸出競争力が大幅に低下した。一方で国内においてアパレル製造業が順調に発展していることから、国内消費市場への商品供給を主眼に、アパレル産業の振興を図ることを目指して、1974年5月に「繊維工業構造改善臨時措置法（繊工法）」が制定された。繊工法では、構造改善事業の事業主体を、これまでの産地組合主体から、異業種による知識集約グループに改め、アパレル産業も対象とした異業種の垂直的グループ化によって、高度化する国内市場ニーズに応えることを目指すとともに、繊維工業以外の事業分野への事業転換についても資金面で援助を行うことが定められた。

　特繊法に基づく構造改善と繊工法に基づく構造改善との違いは、目指す市場の違いと同時に、グループ化の方向の違いでもある。特繊法では水平的統合により適正規模の確保と近代化を図るものであったが、繊工法では、工程別の分業構造のもとで情報が遮断され、高度化する国内繊維製品のニーズに川上・川中部門が的確に対応できないことが問題とされ、それへの対応として、紡績、縫製、販売までを含んだ異業種による垂直的なグループ化が企図されている。繊工法では、「水平」から「垂直」へグループ化の方向が90度転換している。

　1974年に制定された繊工法は、1979年、1984年、1989年と5年の時限に合わせて改正・期限延長がなされ、1994年に「繊維産業構造改善臨時措置法（繊産法）」に名称変更して1999年まで存続した。この間、工程別の壁を越えて消費者のニーズを共有する方法としての垂直的連携・グループ化を推進する政策は継続されている。1974年の繊工法制定の基になった「70年代繊維ビジョン」では知識の集約化により新商品の開発力を強化することが求められたが、「88年繊維ビジョン」では、生産システム面での効率化を図る「実需対応型補完連携」、さらに、その5年後の1993年12月の「新繊維ビジョン」においては、「マーケット・イン」と「クリエーション」の発想というマーケティング機能を中核とした垂直的連携が推進されている。これは、繊維産業が大量生産型の工業から消費者の嗜好にきめ細かに対応するファッション産業へとその重点を移していることに対応したものと言うことができる。

なお、「88年繊維ビジョン」に基づき、繊維製品需要のファッション化へ対応するため、全国 6 カ所（東京都墨田区、浜松市、泉大津市、金沢市、倉敷市、今治市）に「繊維リソースセンター」が産・官の協力により設立されている。繊維リソースセンターは、①繊維製品や繊維素材に関する内外の情報収集と繊維事業者・デザイナーなどへの情報提供、②キュレーターによる調査研究とその成果の普及、③デザイナーと織物事業者との交流など各部門間の交流のための企画と運営、④デザイナーやマーチャンダイザー等専門家の交流などを通じて、繊維産業の商品企画機能の強化や、繊維産地の情報発信機能の強化に取り組むこととなった（富澤 2003：209-210）。

5．ファッション産業の輸出振興を図る

　繊維産業政策を実施するに当たっての根拠法として1994年 3 月に制定された繊産法は、1999年 6 月の時限になると同時に廃止された（時限の延長を行わなかった）。これは、1999年 6 月の繊産法の期限を控えて、1998年12月に策定された「21世紀繊維産業ビジョン」において、今後、日本の繊維産業が目指すべき諸改革は、「市場における個別の企業行動によって相当程度実現するはず」であり、繊維産業だけを特別の対象とするスキームによって繊維産業政策を実施するのではなく、一般的な政策手法により実施するべきで、繊産法は、「更なる延長をせず廃止することが適当である」としたことによるものである（松島 2012：120-124）。

　ちょうどこの時、中小企業基本法の抜本改正も検討されていた。中小企業政策のバックボーンとなる中小企業基本法は1963年 7 月に制定されたが、その目的は、貿易・為替自由化への対応と、高度経済成長期に生れた大企業と中小企業の生産性格差・所得格差問題の解決であった。具体的には、①生産性の向上を図るために、業種別の近代化を図ること、②取引条件の向上を図るため、過当競争防止を図ることであった（松島 2014：440）。これらは、いずれも「同業団体の形成」を促し、地域別の業種単位で近代化を図るものであり、特繊法時代の構造改善の考え方に共通するものである。

　それに対して、1999年の中小企業基本法の抜本改正では、個々の企業の経営革新を促進するという考え方を明確にし、政府の役割は企業活動のための環境整備として位置づけられている。これは、「21世紀繊維産業ビジョン」におい

第三章　繊維産業政策の変遷と基礎自治体による産業政策の可能性

図3-1　繊維産業政策・中小企業政策関連年表

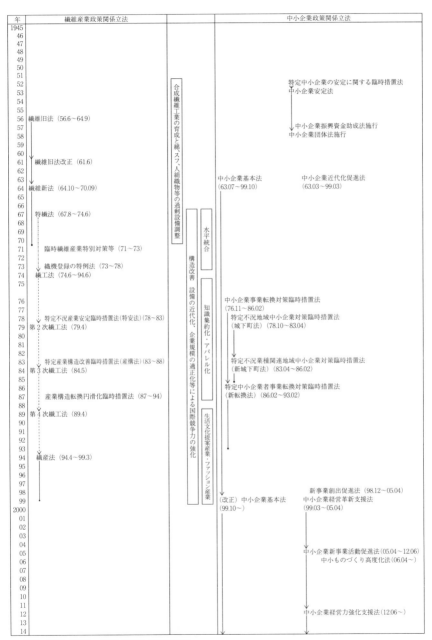

資料：高橋（2013）、伊藤（2011）を基に作成。

て示された、自らリスクをとって企業規模の拡大を図る中小企業グループの支援を行うという考え方と軌を一にするものと言えよう。

「21世紀繊維産業ビジョン」において示された方向性は、産地の中小企業は、「規模の小ささを活かして小回りのきく機動的な生産体制を構築し、自社の得意分野を徹底的に開発し、顧客の高度な要求に対応できるエクセレント企業・企業グループを目指す」（松島 2012：120）というものであった。2003年度〜2007年度において実施された中小繊維事業者自立事業では、流通構造を含めた抜本的な構造改革を推進するとして、繊維産業関連の基金を活用して、主に川中部門の中小製造事業者が、自ら商品の企画・開発・マーケティングを行い、より最終ユーザーに近いところで販売することを目指して、生産・流通の効率化を推進する事業に対して助成を行っている。対象となった事業者は、各種織物製造業、ニット生地・製品製造業がメインであるが、染色・整理業や縫製業事業者も採択されている。事業内容は、展示会への出展や店舗の開設、通信販売の開始などを通じて、自社ブランド商品の開発・販売、製造小売への進出、他分野展開などが過半を占めている（経済産業省製造産業局繊維課編 2007）。また、中小繊維製造事業者の自立支援の観点から、素材から小売の売り場までを総合的に把握するコーディネーター人材の育成支援が各地の繊維リソースセンターなどでほぼ同時期に行われている。これらの施策は、中小繊維事業者がブランドを持って自立化することを促す観点から、マーケティング活動面で支援を行ったものとみることができる。

マーケティング活動面の支援としては、ファッション産業の輸出振興を目的とした海外展示会への出展支援や国内展示会・ファッションショーの開催支援等が行われた。2008年の繊維ビジョンにおいても、「東京発日本ファッション・ウィーク（ＪＦＷ）」を拠点として、一層のクリエーション力や情報発信力の強化に努めることやファッションデザイナー、テキスタイルデザイナー、パタンナー、モデリスト、マーチャンダイザー、セールスマネージャーなどのファッション人材の育成に努めることなどが提言されており（経済産業省製造産業局繊維課編 2009：59）、中小企業の自助努力だけでは足りない部分を国が支援するとしている。

第3節　地域産業の空洞化と人材育成
――岡山県の繊維産業政策を中心に――

1．産地における技能者育成

　繊維産業の国内での製造品出荷額は、バブル経済と言われた1991年がピークで、その後の円高による生産拠点の海外移転や輸入品の増加により急激に減少している。最近はやや下げ止まりの傾向がみられ、概ね高度経済成長初期の水準である3兆5千億円前後の水準で推移している（表3-5参照）。まだまだ主要産業の一つとして、地域で一定規模の生産活動が継続されているとみることができるものの、従業者数の減少は続いており、国内の繊維産地が存続していけるかどうかは予断を許さない。

　加護野（2007）は伝統産業、地場産業に必要とされる人材を、直接仕事に携わる「技能者」と、技能者を動かし事業を経営する「経営人材」の2種類に分け、伝統産業、地場産業は、その両者を育成するための独特の制度や慣行を生みだしているとしている。産地を形成する繊維産業は、伝統産業などと異なる点もあろうが、その存続のためには人材の育成は重要である。

　第1節にみるとおり、国が基本的な枠組みをつくった地域産業政策は産業分散政策であり、地域の側からみれば産業誘致戦略であるため、地域産業の人材育成に対する配慮は多くない。また、第2節にみるとおり、国の繊維産業政策は中小企業政策と連携しつつ、川中・川下部門の産地を形成する中小繊維企業に対して、地域単位・業種単位での共同化による規模拡大や、近代化・高度化投資を行うことに対する支援、他の業種への事業転換の支援などを構造改善事業として行ってきたが、設備投資などのハード面の支援が中心であり、人材育成に対する配慮は多くない。その後、繊維工業からファッション産業へ事業領域を転換ないし拡大するために、コーディネーター人材やファッション人材の育成が必要であるとして、各地の繊維リソースセンターで人材育成事業が行われている。これは、既存の地域産業には少ない人材であり、新たに育成する必要があることから国が取り組んだものであり、加護野（2007）で言うところの技能者の育成（＝再生産）とは異なる取組ということができる。

　これまで、国は技能者の育成（＝再生産）は個々の企業ないし業界の自助努

力で行うものという認識であったように感じられる。しかし、近年の円高により国内の製造拠点が空洞化し、国内事業所では技能者の育成が困難になりつつあるという事態に直面し、2006年4月に、「中小企業のものづくり基盤技術の高度化に関する法律（中小ものづくり高度化法）」を制定し、中小企業が担っている基盤技術分野22分野を選定し（2013年に見直しが行われ、11分野に再編）、その高度化の支援を行うこととなった。この法律制定の背景には製造業の海外生産の加速化により、都市部周辺の機械工業系の産業集積が空洞化する懸念が大きくなったことが挙げられており、対象となる基盤技術も機械工業系の技術が中心である。また、法律の名称が示すとおり、基盤技術の高度化の支援であり、それぞれに高度化目標を設定して行う研究開発が支援対象となるもので、いわば、技能者の育成（＝再生産）の代替策への取り組みということができるであろう。

地域産業の人材育成、特に技能者育成はこれまでの国の政策の枠組みの中には入っていないと言わざるを得ないが、国内の製造拠点が縮小する中にあっては、個々の企業任せにはもはやできなくなっている。産地などの産業集積の維持・存続のためには、技能者の育成に関して自治体が何らかの支援をする必要性が高いと言えよう。後述する倉敷市による「縫製事業者育成事業」は、自治体が地域産業の技能者育成に取り組んだ貴重な事例と評することができるが、その内容を紹介する前に、岡山県や倉敷市がこれまで、地域の繊維産業政策としてどのような取り組みをしてきたのか概観してみたい。

2．岡山県の繊維産業政策

岡山県の繊維工業は明治以降の殖産興業政策の中で綿紡績を中心に形成されてきた。現在でも岡山県の繊維工業の製造品出荷額等は愛知県、大阪府に次いで全国第3位である。「繊維王国おかやま」とも呼ばれ、その「王国」の中心地は倉敷市児島地区であるとされている（猪木 2013：7）。倉敷市児島地区や井原市などの繊維産地が形成された経緯については、富澤（1998）、立見（2004）、藤井など（2007）で詳しく述べられている。明治期に地元有志により綿紡績業が始められ、江戸期の真田紐を改良した韓人紐等の輸出から足袋の生産に転換し、足袋が洋装化の進展により第1次世界大戦後に不振となると、大正末から昭和初めに学童服・学生服へ転換した。さらに、第2次大戦後、合成繊維の登

表3-4 都道府県別繊維工業製造品出荷額等上位10府県（2013年 従業者4人以上の事業所）

順位	都道府県名	事業所数	従業者数 （人）	製造品出荷額等 （億円）	1事業所当たり 従業者数 （人／事業所）
1	愛知	1,162	21,096	4,084	18.2
2	大阪	1,226	17,787	3,065	14.5
3	岡山	553	14,105	2,628	25.5
4	福井	594	15,668	2,347	26.4
5	滋賀	300	7,215	1,933	24.1
6	石川	528	10,318	1,930	19.5
7	愛媛	323	8,110	1,600	25.1
8	岐阜	613	9,730	1,456	15.9
9	兵庫	400	7,697	1,104	19.2
10	京都	811	9,142	1,022	11.3

資料：平成25年工業統計調査結果を基に作成。

場とともに合繊メーカーによる学生服メーカーの系列化が進むと、この系列に入れなかった企業により1960年代の半ばにワーキングウェアとジーンズの生産が始められたと言われている。経営環境の変化に対応して、その時々の経営者が果敢に新規分野に展開することによって繊維産地が形成・発展してきたものであり、経営人材の育成の成功事例ということができる。

　明治期の県は国の出先機関として殖産興業政策を実施していた。第2次大戦後、都道府県は普通地方公共団体として再編されたが、同時に、その業務の多くは国の事務の「機関委任事務」とされ、「地方は『国の出先機関』で、国家権力の末端機構という従来の位置づけ」（久保 2002：155）のままであったと言われている。2000年の地方分権推進一括法の施行により機関委任事務が廃止され、産業政策を含む地域政策の主体としての地方自治体の役割は飛躍的に高まったものの、その直後は、「分権改革が不徹底で財源、権限が不十分なため有効な政策が打ち出し難いこと、産業政策を企画、推進する人材が十分育っておらず、いぜん国の産業政策の下請けに留まっている自治体が多い」（久保 2002：158）という声もあった。しかしながら、前述のように、1990年代以降、円高により生産拠点の海外移転や輸入品の増加により、繊維産地の生産の減少が続いており、繊維産地が立地する自治体にとっては、それぞれの地域の状況

に即した産地支援策の必要性・重要性が増してきたと言える。

　岡山県では、2007年12月に「繊維産業ルネサンスプロジェクト実施計画～繊維産業のルネサンスを目指して」と題する県内の繊維産業の振興計画を策定している。同計画においては、岡山の繊維産業の目指すべき姿として、「良いものを着実に売る産業」「人が育ち技が伝わる産業」「自立し連携する産業」の3点をかかげ、①高品質・高付加価値・高機能の繊維製品の開発、②新たな販路拡大策の展開、人材育成等による販売力の強化、③企画から製品化、販売まで一貫して対応できる人材の育成、④産地一体となったＰＲによる若くて能力のある人材の確保、⑤企業の経営力、情報力の強化などのための事業を実施するとしている（岡山県繊維産業ルネサンスプロジェクト検討委員会 2008）。

　この中で人材の確保・育成について何か所か言及があるが、意識している人材としては、販売企画や製品企画、デザイナーなどの専門的な人材である。これは、経済産業省の繊維ビジョンで提言している、商品の企画・開発・マーケティングに取り組むためのコーディネーター人材や、ファッション人材などの育成方針に合致するもので、国の策定した基本的枠組みの中での取り組みとみることもできる。縫製などの技能人材の育成に関しては、「岡山県の繊維産業を支えてきた伝統を踏まえた技術の継承を内容とする研修を実施する」と書かれているが、具体的な研修内容に関する言及はなく、詳細は不明である。

　また、岡山県の繊維製品として有名なデニムに関しては、「岡山デニム世界進出支援事業」が行われている。これは、「デニム・ジーンズなど高付加価値繊維製品を製造する県内繊維企業が海外マーケットへの売り込みを目指して海外の展示商談会へ出展する取組に要する経費等に対し、予算の範囲内で補助することにより、デニム・ジーンズなどを製造する県内繊維企業の海外市場での販路拡大を目的とする」（同事業平成26年度募集要綱）もので、国が主導するファッション産業の国際競争力強化や中小企業の海外進出支援政策を岡山県の代表的な繊維製品であるデニム・ジーンズに適用するものと言ってよいであろう。

　2014年3月に策定された岡山県の総合計画「晴れの国おかやま生き生きプラン」においては、「地域を支える産業の振興」を重点戦略の一つとしてかかげており、同戦略の行動計画のうちの「企業支援プログラム」の推進施策として「産業人材の育成」施策をあげている。これは、「ものづくり企業を支える従業員個々の技術力を高めるために、企業ニーズに応じた在職者訓練を実施すると

ともに、次代を担う若年者に熟練技能者の技を承継していく取組を支援」する（岡山県 2014：28）ものであり、雇用施策（職業訓練）の一部として取り組まれている。「在職者訓練」は岡山県の県立高等技術専門校で設備工事、電気工事などのコースを受講するもので、「熟練技能者の技の承継」は厚生労働省の「若年技能者人材育成支援等事業」を行うもので、「ものづくりマイスター」として登録された熟練技能者が中小企業や教育訓練機関で若年技能者へ技術指導を行うものである。繊維産地で必要とされる技能が体系的、継続的に指導される体制となっていれば技能者の人材育成に有効であると思われるが、「ものづくりマイスター」が登録制であり、短期間のポイント毎の指導にとどまる可能性があり、産地のニーズにどこまで対応できるのか、疑問の点もある。

一方、倉敷市のこれまでの総合計画をみると、繊維産業を正面からとらえた産業政策はみあたらず、中小企業支援策や創業支援施策の対象として繊維メーカーが存在するというものであった。また、街づくり、都市内観光資源の一つとして繊維産業を位置づけるという施策もあった。そのような中で、2013年度〜2014年度にかけて国の緊急雇用創出事業交付金を活用した事業として「縫製技術者育成事業」が実施されている。次節以降でこの事業の概要を紹介するとともに、その意義と課題を検討してみたい。

第4節　倉敷市の「縫製技術者育成事業」の概要

倉敷市は2013年10月より「縫製技術者育成事業」を開始した。これは、「縫製未経験者を雇用し実務を通して縫製技術者を育成するプロジェクト」（倉敷市ＨＰ）であり、倉敷市児島の縫製工場3社が各1名ずつ、未経験の縫製技術者を雇用して約1年間かけてその技術の育成に当たるものである。

「縫製技術者育成事業」が行われる背景として、若年労働者が縫製工場に集まらず、倉敷市児島地区の縫製業は中国人等の外国人実習生により担われてきた結果、地元に縫製技術が伝承されなくなる可能性が生じたことがあげられている。この事業のプロジェクトマネージャーである堀田聖文氏はこの事業を紹介するブログで次のように書いている。

「今の若い人達に実際の現場で働いて貰う事により、技術向上とともに裁断

品が製品へと変わる縫製業のやりがいや楽しさを体験して貰えたらと思います。そしてネット環境や知人への口コミを通して新規雇用者が感じた繊維産業の良いイメージを広く告知してもらい縫製工場へ入社を希望する若者が増える事を期待し地場産業の活性化に繋げたいと思います。」

　技術向上はもちろん重要であるが、この事業を通じて、「縫製業のやりがいや楽しさ」を感じてもらい、「縫製工場へ入社を希望する若者が増える事を期待」しているのである。若年労働者の新規就労がなければ、技能者の育成（＝再生産）は不可能であり、この事業の目的が若年労働者に縫製業へ興味を持つ契機となることであることがわかる。

　研修は縫製技術の習得がメインではあるが、表3-5の研修実績をみると、ジーンズ縫製の前工程（染色）や後工程（洗い加工）の体験、流通過程（商社や小売店）での研修、地域の繊維産業の歴史（畳縁や学生服工場の見学）、ジーンズだけでなくシャツやGジャンの縫製など、ジーンズの縫製に関連する事柄を幅広く体験、学習している。また、「裁断品が製品へと変わる縫製業のやりがいや楽しさ」を体験するため、ジーンズやシャツの裁断から最終製品の完成まで一人ですべて手がけるようになっている。

　プロジェクトマネージャー自身が縫製技術者であり、縫製技術習得の「勘所」を押さえていたことが、研修メニューの作成に役立っていると思われる。例えば、パターンの作成に関する研修に時間を割いている。これは、ちゃんとしたパターンがないとちゃんとした縫製ができないというプロジェクトマネージャーの経験に基づくカリキュラム編成であったように感じる。そして、プロジェクトマネージャーはそのブログで次のような感想を書き込んでいる。

「パターン講座を開講し気付いたのは、形になれば良いレベルならどうにか成りますが、商業レベルのジーンズパターンは教えて貰って出来る物ではないと言うことです。縫い手順とミシン特性を知りつくしたパターンナーさんが、何度も失敗し何十何百と製図して経験値を積み重ね完成させて行くものだということです。長年縫製業に関わり色々なメーカーさんから型紙が送られてきて縫製しましたが、地元児島のパターン屋さん以外から送られて来るパターンで手直しの要らないマトモなジーパンのパターンに出会った事は殆

第三章 繊維産業政策の変遷と基礎自治体による産業政策の可能性

表3-5 縫製技術者育成事業研修実績

日時			研修内容	講師	場所
2013年	10月	1日 火	顔合わせ		倉敷市児島産業振興センター
		3日 木	ミシン基本操作講習会	地元ミシン屋菊井講師	地場産センター
		9日 水	生地メーカー見学と藍染研修	㈱ショーワ片山会長	㈱ショーワ、有限会社藍布屋
		15日 火	3社合同ミシン練習		倉敷市児島産業振興センター
		22日 火	パターンメイキング初級講座-1		倉敷市児島産業振興センター
		24日 木	生地商社で実習(生地スワッチ作成)	㈱コレクト営業担当小野氏	生地商社「コレクト」
		29日 火	パターンメイキング初級講座-2		倉敷市児島産業振興センター
		31日 木	シャツ縫製指導	「ProStudioＫＡＳＥＩ」社代表	倉敷市児島産業振興センター
	11月	5日 火	パターンメイキング初級講座-3		倉敷市児島産業振興センター
		6日 水	ジーンズ縫製練習		㈱WHOVAL
		7日 木	パターンの見方と縫製講習会	パターン屋坂井氏	㈱WHOVAL
		13日 水	菅公学生服㈱インターンシップ		菅公学生服㈱
		19日 火	3社合同ミシン練習		倉敷市児島産業振興センター
		26日 火	シャツ縫製練習	「ProStudioＫＡＳＥＩ」社代表	倉敷市児島産業振興センター
	12月	3日 火	ジーンズ生地裁断		倉敷市児島産業振興センター
		5日 木	ジーンズ縫製基礎講座	㈲エムアンドティー戸田氏	倉敷市児島産業振興センター
		26日 木	㈱ＷＨＯＶＡＬ 本社工場体験実習(ジーンズ洗い加工等)	㈱ＷＨＯＶＡＬ 石橋社長	㈱ＷＨＯＶＡＬ
2014年	1月	14日 火	角南被服有限会社箕島工場実習		角南被服㈲箕島工場
		21日 火	スラックス縫製講座	㈲エムアンドティー戸田氏	倉敷市児島産業振興センター
	2月	6日 木	裁断工場・検品修理場の研修		木下カッティングセンター、角南被服㈱本社工場
		13日 木	縫製サンプル工場研修		㈲エムアンドティー
	4月	16日 水	ショップ実習	ダニアジャパン 高田責任者	ダニアジャパン
		23日 水	ワークシャツ縫製講座1回目	㈲エムアンドティー戸田氏	倉敷市児島産業振興センター
	5月	12日 月	児島学生服会館＆ジーンズミュージアム		日本被服㈱、㈱ベティ・スミス
		13日 火	ワークシャツ縫製講座2回目	㈲エムアンドティー戸田氏	倉敷市児島産業振興センター
		28日 水	高田織物工場見学とミニ畳製作	高田織物㈱水船部長	高田織物㈱
	6月	10日 火	ジーンズパターン講座1回目(ジーンズからのパターン起こし)	イーブンＫＯＫＯ代表日野氏	倉敷市児島産業振興センター
		11日 水	ジーンズパターン講座2回目(ジーンズからのパターン起こし)	イーブンＫＯＫＯ代表日野氏	倉敷市児島産業振興センター
		12日 木	ジーンズパターン講座3回目(ジーンズからのパターン起こし)	イーブンＫＯＫＯ代表日野氏	倉敷市児島産業振興センター
		13日 金	ジーンズパターン講座4回目(ジーンズからのパターン起こし)	イーブンＫＯＫＯ代表日野氏	倉敷市児島産業振興センター
		16日 月	ジーンズパターン講座5回目(ジーンズからのパターン起こし)	イーブンＫＯＫＯ代表日野氏	倉敷市児島産業振興センター
		17日 火	ジーンズパターン講座6回目(ジーンズからのパターン起こし)	イーブンＫＯＫＯ代表日野氏	倉敷市児島産業振興センター
		18日 水	アジト社実習(ジーンズ縫製：生地裁断、前身縫製)	アジト社 村山社長、斉藤工場長	アジト社
		19日 木	アジト社実習(ジーンズ縫製：後ろ身縫製、特殊)	アジト社 村山社長、斉藤工場長	アジト社
		20日 金	ジーンズパターン講座7回目(スカートの原型パターン作成)	イーブンＫＯＫＯ代表日野氏	倉敷市児島産業振興センター
		23日 月	ジーンズパターン講座8回目(スカートの原型パターン作成)	イーブンＫＯＫＯ代表日野氏	倉敷市児島産業振興センター
		26日 木	ジーンズ縫製最終講座(5ポケットジーンズ縫製の最終見極め)	㈲エムアンドティー戸田氏	倉敷市児島産業振興センター
	7月	15日 火	シャツ・ジャケットなどのパーツ縫製技術講座	㈲エムアンドティー戸田氏	倉敷市児島産業振興センター
		30日 水	㈱WHOVAL植松工場実習(Gジャンの裁断⇒縫製)	㈱ＷＨＯＶＡＬ藤森工場長	㈱ＷＨＯＶＡＬ植松工場
		31日 木	㈱WHOVAL植松工場実習(Gジャンの裁断⇒縫製)	㈱ＷＨＯＶＡＬ藤森工場長	㈱ＷＨＯＶＡＬ植松工場
	8月	21日 木	㈱WHOVAL植松工場実習(Gジャンの裁断⇒縫製)	㈱ＷＨＯＶＡＬ藤森工場長	㈱ＷＨＯＶＡＬ植松工場

資料：堀田プロジェクトマネージャーのブログを基に作成。

どありませんでした。ジーンズって簡素だからこそ、理詰め考え抜かれた型紙が必要なのだと改めて感じた今回の講座でした。」

　研修は主に倉敷市児島産業振興センターで行われている。アジト社や㈱WHOVAL植松工場などでの作業もＯＪＴ的に組み込まれているが、基本的に、これは普段の職場を離れて、Ｏｆｆ-ＪＴとして行われたと言ってよいであろう。パターンナーが縫製に習熟していないとちゃんとしたパターンができないという、パターンと縫製技術の関係をプロジェクトマネージャー自身が改めて認識したように、縫製工場内でのＯＪＴでは通常目がいかないような関連事項を幅広く体験、実習できたところに、ＯＪＴではない本研修の意義があるとも言える。また、ジーンズ産地としての振興を図る観点からは、パターンナーの育成も重要性を持つことを、本研修は明らかにしたとも言えるであろう。

第5節　考察　「縫製技術者育成事業」の意義と課題

　倉敷市の「縫製技術者育成事業」は、これまでの地域産業政策や個別産業政策において正面から取り上げることのなかった技能者としての「縫製技術者」の育成を主眼としたところに大きな意味がある。これまで、技能者の育成は個々の企業に任されていた部分が大きいが、中小企業においても生産拠点の海外移転は進んでおり、ＯＪＴでの技能者の育成は難しくなってきている。また、縫製業のように若年労働者の人気がない現場では、外国人の技能実習生が生産の実際を担っているところもある。最近、「日本品質」を標榜して、国内生産品に着目する動きがあるが、実は外国人の技能実習生によって「日本品質」が保たれているという可能性もある。縫製業という「ものづくり」のやりがいや楽しさを伝えることにより、この事業が若者を縫製業に興味・関心を持たせる機会となれば、産地の存続を内部から支える効果を持つことになろう。さらに、地域の主要産業である繊維産業・縫製業の維持、活性化に成功すれば、地域経済に大きなプラス効果をもたらすことになる。その意味では、基礎自治体である倉敷市が取り組む意義のある事業だと評価できるものである。

　ただし、「縫製技術者育成事業」がこのような形で実施できた背景には、①ジーンズの生産に関して、生地、染色、縫製、特殊加工など製造各工程の事業

第三章　繊維産業政策の変遷と基礎自治体による産業政策の可能性

表3-6　国内繊維産業の事業所数、従業者数、製造品出荷額等推移

(単位：事業所、人、億円)

		1991年(A)	1995	2000	2005	2006	2007	2008	2009	2010	2011	2012	2013年(B)	B／A
紡績業	事業所数	736	603	566	375	363	355	388	385	355	421	457	408	0.554
	従業者数	52,774	30,635	16,956	10,610	9,294	8,632	7,742	6,798	6,694	6,827	6,194	5,950	0.113
	製造品出荷額	8,744	4,767	2,630	1,488	1,277	1,239	1,072	814	864	939	1,008	977	0.112
撚糸・仮撚業	事業所数	7,474	6,150	4,243	2,642	2,636	2,505	2,126	2,131	2,015	1,636	1,809	1,732	0.232
	従業者数	31,722	25,666	17,756	11,098	10,811	10,363	9,189	8,503	8,241	8,192	7,721	7,384	0.233
	製造品出荷額	2,672	2,170	1,480	957	874	911	879	717	706	830	765	703	0.263
川上部門	事業所数	8,210	6,753	4,809	3,017	2,999	2,860	2,514	2,516	2,370	2,057	2,266	2,140	0.261
	従業者数	84,496	56,301	34,712	21,708	20,105	18,995	16,931	15,301	14,935	15,019	13,915	13,334	0.158
	製造品出荷額	11,416	6,937	4,110	2,445	2,151	2,150	1,952	1,531	1,570	1,768	1,772	1,680	0.147
織物業	事業所数	29,602	21,686	14,607	10,219	10,258	9,675	8,895	8,919	8,366	6,914	7,627	7,136	0.241
	従業者数	133,314	93,170	61,476	43,305	42,507	40,298	40,955	36,702	34,475	33,377	32,471	30,909	0.232
	製造品出荷額	17,675	11,524	7,384	4,959	4,850	4,810	5,046	3,695	3,545	4,018	3,703	3,538	0.200
染色整理業	事業所数	7,737	6,474	5,247	3,880	4,046	3,922	3,328	3,516	3,386	2,668	3,059	2,928	0.378
	従業者数	102,130	83,988	59,411	42,880	41,386	39,602	36,381	33,811	31,818	28,941	28,848	28,282	0.277
	製造品出荷額	15,350	11,152	7,858	5,397	5,162	5,168	4,781	3,895	3,700	3,760	3,618	3,521	0.229
綱・網・その他繊維粗製品	事業所数	12,562	9,820	7,875	5,711	5,757	5,586	3,679	3,690	3,473	2,803	3,051	2,910	0.232
	従業者数	98,078	77,425	61,902	50,544	49,938	50,166	33,000	30,295	28,673	24,832	26,609	25,865	0.264
	製造品出荷額	16,505	12,306	10,385	9,060	9,040	9,426	6,192	4,985	4,926	4,377	4,997	4,890	0.296
川中部門	事業所数	49,901	37,980	27,729	19,810	20,061	19,183	15,902	16,125	15,225	12,385	13,737	12,974	0.260
	従業者数	333,522	254,583	182,789	136,729	133,831	130,066	110,338	100,808	94,966	87,150	87,928	85,056	0.255
	製造品出荷額	49,530	34,982	25,627	19,415	19,052	19,405	16,019	12,576	12,171	12,155	12,318	11,948	0.241
川下部門 (衣服・その他繊維製品製造業)	事業所数	68,816	59,655	47,740	30,736	31,221	30,749	27,411	27,994	26,669	23,971	26,002	24,640	0.358
	従業者数	819,091	660,358	444,926	282,293	271,112	266,436	259,090	241,396	230,922	223,323	224,605	216,449	0.264
	製造品出荷額	73,013	56,309	38,627	23,675	22,508	23,155	25,160	21,724	20,612	22,672	21,774	20,581	0.282
合計	事業所数	126,927	104,388	80,278	53,563	54,281	52,792	45,827	46,635	44,264	38,413	42,005	39,754	0.313
	従業者数	1,237,109	971,242	662,427	440,730	425,048	415,497	386,359	357,505	340,823	325,492	326,448	314,839	0.254
	製造品出荷額	133,959	98,228	68,364	45,536	43,710	44,710	43,131	35,830	34,354	36,595	35,864	34,209	0.255

注1）繊維工業全事業所調査。ただし、西暦末尾0、3、5、8年以外は従業員3人以下の事業所は除く。
注2）標準産業分類変更により、2008年以降の工業統計調査では、化学繊維および炭素繊維製造業を繊維工業に含めているが、本表では連続性に配慮して、両者は除いて表示している。
注3）製は本来川上部門であるが、資料によって扱いが異なっていたため、本表では「綱・網・その他繊維粗製品」に含む。
注4）ニット衣料およびニット生地製造業は「衣服・その他繊維製造業」に含む。
資料：中小企業基盤整備機構「全国繊維産地概況（平成19年度）」および経済産業省「工業統計調査 産業編」（各年版）を基に作成。

者がすべて児島地区およびその周辺地区に存在していたこと、②分業関係にある各種事業者の同業者団体が加盟する繊維リソースセンターがあり、各業種間の連絡が比較的容易であったこと、③倉敷市児島産業振興センターというインキュベート機能を持った研修施設や、縫製事業に詳しいプロジェクトマネージャーなどのネットワークがあったことなどの諸要因があったと思われる。今後、このような事業を継続的に実施するためには、講師陣を確保し、企業にインターンシップの受入に関して協力してもらう必要がある。また、これらの企業や講師陣をコーディネートする人材ないし組織体制の存在が不可欠である。日本のどこの産地でも同じような枠組みで研修事業ができるとは限らないであろう。

　また、今回の「縫製技術者育成事業」の財源は、国の緊急雇用対策事業という臨時予算であり、倉敷市の恒久財源から出たものではない。加えて対象者は3名であり、地域産業のサステイナビリティ確保のための事業としてはいささか少数にすぎるのではないかという印象もある。

　今後、地域産業の存続、発展のために継続的事業として実施するのであれば、地域の教育機関、例えば高校、専門学校、短期大学などにおけるインターンシップ型の職業教育・訓練として実施することが現実的であると思われる。この場合、短期のインターンシップではなく、半年ないし1年間程度の長期間をかけて、現場での長期実習と学校での講義を組み合わせて、「ものづくり」のやりがいや楽しさを伝えるとともに技能修得を図り、場合によっては当該業界で起業しようとする若者を生み出す機会とすることが必要であろう。

注
1）2013年10月26日朝日新聞（夕刊）記事「昭和史再訪　昭和37年10月　全国総合開発計画」に掲載された、三木岡山県知事の秘書をしていた信朝寛氏の回想談。

文献
阿部武司（1998）『ＧＨＱ占領史　49　繊維工業』日本図書センター。
伊丹敬之（2001）『日本の繊維産業　なぜ、これほど弱くなってしまったのか』ＮＴＴ出版。
猪木正実（2013）『繊維王国おかやま今昔――綿花・学生服そしてジーンズ――』日本文教出版。

宇沢弘文・武田晴人編（2009）『日本の政策金融Ⅰ　高成長経済と日本開発銀行』東京大学出版会。
岡山県（2014）『晴れの国おかやま生き生きプラン』岡山県。
岡山県繊維産業ルネサンスプロジェクト検討委員会（2008）『繊維産業ルネサンスプロジェクト実施計画〜繊維産業のルネサンスを目指して』岡山県。
加護野忠男（2007）「取引の文化：地域産業の制度的叡智」『国民経済雑誌』196（1）、109-118頁。
久保孝雄（2002）「地域産業政策の再編」『岩波講座　自治体の構想3　政策』岩波書店、151-172頁。
経済産業省製造産業局繊維課編（2007）『平成15年策定の繊維ビジョンを踏まえた施策の評価』通商産業省生活産業局繊維製品課（産業構造審議会繊維産業分科会基本政策小委員会第1回委員会資料）。
経済産業省製造産業局繊維課編（2009）『繊維産業の展望と課題　技術と感性で世界に飛躍するために――先端素材からファッションまで――（繊維ビジョン）』時事画報社。
鈴木茂（2012）「第9章　地域産業政策の展開と課題」『産業集積の変貌と地域政策――グローカル時代の地域産業研究』ミネルヴァ書房、259-282頁。
鈴木恒夫（1991）「第3章　合成繊維」『戦後日本経営史　第Ⅰ巻』東洋経済新報社、117-184頁。
高橋啓（2013）「繊維産業政策の変遷――繊維工業から繊維・ファッション産業へ」『大原社会問題研究所雑誌』No.652、3-14頁。
立見淳哉（2004）「第5章　岡山県児島アパレル産地の発展メカニズム――産地の集合表象を中心に」『「縮小」時代の産業集積』創風社、127-151頁。
通商産業省・通商産業政策史編纂委員会（1990）『通商産業政策史　第10巻――第Ⅲ期　高度成長期（3）』通商産業調査会。
富澤修身（1998）「構造調整の産業分析」、1998年10月、創風社。
富澤修身（2003）『ファッション産業論――衣服ファッションの消費文化と産業システム』創風社。
藤井大児・戸前壽夫・山本智之・井上治郎（2007）「産地力の持続メカニズムの探求　ジーンズ製販ネットワークのフィールド調査（1）」『岡山大学経済学会雑誌』39（2）、1-20頁。
松島茂（2012）『通商産業政策史　1980-2000　第8巻　生活産業政策』通商産業調査会。
松島茂（2014）「企業家活動における官と民　中小企業政策の変遷」『企業家学のすすめ』有斐閣、432-446頁。
米田建三（1992）「地方産業振興政策の流れ」『地域の産業振興』㈱ぎょうせい、21-39頁。
渡辺純子（2010）「第7章　繊維産業における需給調整政策」『高度成長始動期の日本経済』日本経済評論社、187-223頁。

電子情報
繊維ファッション産学協議会：http://www.fashionbiznavi.org/　2015年9月30日最終アクセス。
倉敷市縫製技術者育成事業：http://kojima.kasei-k.net/　2015年9月30日最終アクセス。

第四章　児島繊維産業における人材育成の課題
　　　──技能実習生活用のジレンマ──

永田　瞬

はじめに

　日本の繊維産業の衰退が著しい。日本繊維輸入組合によれば、日本の繊維産業の2014年の輸入浸透率（国内供給量に占める輸入品の割合）は、97.0％で、過去最高を更新した。輸入浸透率は2002年の89％を最後に、90％台の数字が定着しており、国内生産量は3％にすぎない（『繊研新聞』2015年4月28日付）。帝国データバンクの調査によれば、2014年度のアパレル関連倒産は292件で、4年ぶりに増加した。2014年4月の消費税5％から8％への引き上げの影響で、原材料や輸入価格が高騰し、利益が圧迫されている。その結果小売業で毎月10軒以上が倒産し続けている（『繊研新聞』2015年5月25日付）。

　円安に伴う訪日外国人の増加は、一部のアウトレットモールや百貨店での売上げを伸ばしている。2015年1～12月の訪日客数は1,973万人で前年比47.1％増加したが、2014年度百貨店調査によれば、全国店舗の8割以上で売上高が前年比減少している（『日本経済新聞』2015年8月19日付）。訪日外国人の増加は、首都圏の大手百貨店には恩恵を与えているが、それが地方都市の百貨店に及ぼす影響は限定的である。かくして、全国の繊維産地は安価な輸入品の流入と円安による原材料費の高騰、消費税増税による消費支出の減少で、大きな打撃を受けている。

　本章では、繊維産業における人材育成の課題を検討する。対象とするのは岡山県倉敷市の繊維産業である。倉敷市児島地区は、学生服やジーンズの産地として全国的に知られている。繊維産業のメイド・イン・ジャパン戦略を象徴する地域でもある。他方で、児島地区でも内職労働者の減少や縫製労働者の離職

率の高まりで、人材確保上の困難にぶつかっている。労働力不足対策として外国人技能実習生を活用しているが、その問題点も顕在化しつつある。それは、当該産地において長期的な縫製工程の担い手をいかにして育成するのか、という課題を提起している。本章で検討する主要な課題は次の2点である。第1に、かつて児島地区で貴重な労働力として機能してきた女性の縫製労働者や内職労働者は、なぜ外国人技能実習生によって補完されたのか、その理由・背景を検討する。第2に、技能実習生を活用することの問題点を、日中間の経済的格差の縮小と労働者の権利制限という点から分析する。

　第1節では、倉敷市の繊維産業と調査内容を概観し、第2節で縫製労働者と技能実習生の共通性、異質性を検討する。第3節で技能実習生を活用することのジレンマを、第4節で労働力不足に陥る根本原因を整理する。

第1節　倉敷市の繊維産業と調査概要

1．倉敷市の繊維産業と技能実習生

　倉敷市の製造業は、自動車・鉄鋼など重化学工業と、繊維など軽工業が比較的バランスよく点在している。製造業の事業所数は918、従業者数は3万9,038人、製造品出荷額等が1,043.3億円である（2012年）。統計上は繊維工業に分類される繊維産業が、製造業に占める割合は、事業所数の29.6％（272事業所）、従業者数の14.3％（5,563人）である。重化学工業の従業者数は多い（輸送用機械器具製造業7,690人、鉄鋼業5,798人）とはいえ、繊維産業は依然として製造業の従業者数の3番目に位置する。また従業員規模別でみると、倉敷市の繊維産業は中小零細企業が多い。300人以上の事業所は2カ所にすぎず、10～299人の事業所が全体の52.2％（142事業所）を占める（表4-1）。倉敷市では高付加価値のジーンズ生産を行う新興自社ブランドメーカーが多数集積している。

　1990年代以降は、低価格ジーンズの流入で、産地が縮小している。1998年から2013年の間で、事業所数は1,424から553へと、おおよそ3分の1（38.8％）に、従業者数は2万7,374人から1万4,105人へと2分の1（51.5％）に減少している（経済産業省『工業統計調査』各年版、『平成24年経済センサス活動調査結果（確報）』）。ただし、倉敷市の場合には、1本1万円以上のプレミアムジーンズに焦点を当てることで、価格競争を回避する戦略をとっている。例えば、製造

第四章　児島繊維産業における人材育成の課題

表4-1　倉敷市の産業中分類別、事業所数、従業者数、製造品出荷額等（2012年）

倉敷市産業中分類（2012年）	事業所数 合計	事業所数 内従業者 10人～299人	事業所数 内従業者 300人以上	従業者数	製造品出荷額等（百万円）
製造業計	918	495	20	39,038	439,506,014
9　食料品製造業	80	48	4	3,816	10,632,254
10　飲料・たばこ・飼料製造業	15	7	―	246	4,058,583
11　繊維工業	272	142	2	5,563	10,433,295
12　木材・木製品製造業（家具を除く）	11	6	―	148	341,308
13　家具・装備品製造業	22	6	―	209	297,735
14　パルプ・紙・紙加工品製造業	18	9	―	281	467,255
15　印刷・同関連業	35	13	―	517	764,934
16　化学工業	32	25	4	4,824	76,632,285
17　石油製品・石炭製品製造業	5	1	1	1,029	158,100,771
18　プラスチック製品製造業（別掲を除く）	45	30	1	1,275	3,566,738
19　ゴム製品製造業	21	11	2	1,763	2,866,707
20　なめし革・同製品・毛皮製造業	2	2	―	43	X
21　窯業・土石製品製造業	28	17	―	577	3,434,263
22　鉄鋼業	33	19	3	5,798	99,001,024
23　非鉄金属製造業	6	2	―	168	1,509,137
24　金属製品製造業	74	41	―	1,444	3,301,515
25　はん用機械器具製造業	20	12	1	1,178	2,112,968
26　生産用機械器具製造業	73	34	―	1,175	1,695,620
27　業務用機械器具製造業	5	2	―	258	198,866
28　電子部品・デバイス・電子回路製造業	4	3	―	362	293,944
29　電気機械器具製造業	13	8	―	249	130,687
30　情報通信機械器具製造業	2	2	―	80	X
31　輸送用機械器具製造業	74	45	―	7,690	58,989,932
32　その他の製造業	28	10	―	345	453,094

注）従業者4人以上の事業所が対象。
出所：総務省統計局編『平成24年 経済センサス活動調査』より作成。

品出荷額等は1998年から2013年で全国平均が半減（1998年と比べると46.7％）しているのに対し、岡山県は3割程度の減少（同69.7％）にとどまっている（永田 2015b：28-30、図4-1）。縮小する産地の中で、広域的なネットワーク化を進めながら、自社ブランドメーカー、各種専門業者、内職労働者が歴史的に多数

図4-1 全国・岡山の繊維産業・製造品出荷額等の推移（1998年＝100）

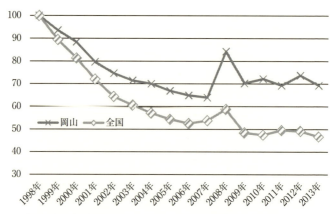

注）2007年以前は「繊維工業」と「衣服・そのほか繊維製品」の合計値。
出所：経済産業省『工業統計調査』各年版、『平成24年 経済センサス活動調査結果（確報）』より作成。1998年を100としたときの指数である。

表4-2 都道府県別にみた衣服・繊維製品製造業作業に従事する技能実習生（2012年）

岐阜県	1,489	15.3%
岡山県	698	7.2%
愛知県	632	6.5%
広島県	415	4.3%
愛媛県	413	4.2%
福井県	403	4.1%
都道府県合計	9,719	100.0%

注）ＪＩＴＣＯ支援技能実習生（1号）・研修生人数の合計値。
出所：国際研修協力機構（ＪＩＴＣＯ）ウェブサイト（https://www.jitco.or.jp/）より作成。

集積したことをいかして、高付加価値製品に活路を見出していることが分かる。

繊維産業で働く労働者の賃金は、製造業と比較して3割程度低い。月当たり現金給与額を、製造業平均と繊維産業で比較すると、2012年で製造業平均が30.2万円であるのに対し、繊維工業は26.6万円であり、3割弱の格差がある（岡山県総合政策局統計調査課編 2013：22）。そのため、若年層が職場に定着することが少なく、労働力不足状態に陥っている。この労働力不足に対して、外国人

技能実習生が一定程度活用されている。繊維産業（繊維・衣服製品製造作業者）の技能実習生を都道府県別にみると、2012年では岡山県は岐阜県（1,489人）に次いで、全国で2番目となる698人の技能実習生を受け入れている（表4-2）。

2．先行研究と本章の課題

　倉敷市児島地区の繊維産業を、内職労働者の存在形態や生活構造との関連で、体系的に分析したのは布施鉄治らの研究である。布施編（1992）は、倉敷市児島地区の内職労働者の実態分析を行ったが、1990年代以降制度化される研修生・技能実習生の存在を当然のことながら、観察していない。他方、外国人労働者問題として技能実習生を対象とし、かつ倉敷市に焦点を当てたものは、佐藤（2013）などの一部例外を除いて極めて少ない。倉敷市の繊維産業は、非価格競争を強化しつつ、労働力不足対策として技能実習生を活用しつつあるが、その構造を立体的に捉えた研究は多くないと言える。

　本章では、内職労働者が減少し、地域の技能継承が困難になる中で、いかにして繊維産業の人材育成が可能であるのかを検討する。倉敷市の学生服メーカーは、新年度を前に毎年2～3月になると、サイズの異なる大量の学生服を生産・販売する。個々のサイズでは多様性に富むが、総量としては大量に販売される学生服は、自社工場、協力工場の生産調整を必要とする。生産ロットが小さく、多品種の学生服の生産調整を担ったのは、各家庭に貸与されたミシンを用いて縫製する内職労働者、すなわち工縫層（くにゅうそう）であった[1]。1990年代以降深刻化する自社工場や協力工場における縫製労働者の減少は、内職労働者の高齢化と並行して進み、技能実習生の活用によって補完されている。ただし、縫製現場をみると、ローテーション型外国人労働力という性格から必然的に導かれる、技能継承上の問題点が浮かび上がっている。繊維産業はなぜ人手不足に陥るのか。本章ではこの点を検討する。

　用いるデータは主として2014年2月、同8月、2015年2月に行われた技能実習生の監理団体、受け入れ企業に対する合計10カ所の現地調査に基づく。受け入れ企業は、表4-3に示すように、学生服やジーンズ・カジュアルの自社ブランドメーカーのみならず、自社ブランドメーカーから発注を受ける縫製専門業者も含まれる。聞き取り調査は、経営者もしくは管理部門等の責任者に対し、外国人技能実習生を受け入れた経緯と現状の課題について事前に送付した質問

表4-3 聞き取り調査の概要

組織名	創業・設立	従業員数	実習生数	業務内容	聞き取り日
MR社	1988年創業	従業員10人	実習生3人	自動車シートの縫製専門業者	2014年2月7日
NH社	1868年創業	従業員60人（工場）	実習生10人	学生服の自社ブランドメーカー	2014年8月4日
BS社	1927年創業	従業員71人	実習生11人	ジーンズの自社ブランドメーカー	2014年8月4日
NJ社	1963年創業	従業員32人	実習生6人	ジーンズ・カジュアルの縫製専門業者	2014年8月5日
JB社	1952年創業	従業員217人	実習生8人	ジーンズ・カジュアルの自社ブランドメーカー	2014年8月5日
TS社	1972年創業	従業員3人	実習生9人	ジーンズ・カジュアルの縫製専門業者	2015年2月2日
HK社	1994年創業	従業員5人	実習生12人	ジーンズの縫製専門業者	2015年2月2日
TC社	2003年創業	従業員3人	実習生6人	ジーンズの縫製専門業者	2015年2月3日
S協同組合	不明	従業員3人	不明	衣服・その他繊維製造業	2014年2月7日
O協同組合	1955年設立	従業員2人	ピーク時307人受入	衣服・その他繊維製造業	2014年8月4日

注）HK社は、インタビューでは実習生12人としていたが、従業員規模との関係でこの数であるかどうかは確認できない。ただし、本章で紹介する事例では、実習生12人と記載する。
出所：聞き取り調査、各社ウェブサイトなどより筆者作成。

票に基づき行った。聞き取り当日は、自由に応答する形式をとり、調査内容は、事後的に確認を行っている（表4-3）。本章では、この調査以前に行った調査・研究の成果も踏まえつつ、上記の課題を検討する。

第2節　縫製の女性労働者と技能実習生──その共通性と異質性──

本節では、伝統的な日本人の縫製の女性労働者と技能実習生の働き方、属性などの特徴を整理し、その共通性が、農村部出身の若年女性であること、他方で、技能実習生には子育てや職場の異動などが制限されていること、その点が従来の縫製労働者と異なることを明らかにする。

1．伝統的な学生服産業における女性労働者[2]

第1は、生産工程別にみた内製・外注の有無と、男女間の職務割り当ての相

違である。1990年代以前の学生服メーカーの場合、技術を必要とする裁断工程は本社工場で、手工的技能に依存する縫製工程は、外注先企業に委託するケースが多かった。例えば、生産工程は、裁断、本縫い、検査、部分縫い、プレス、箱入れ、出荷の工程からなるが、裁断から本縫いの過程では、分工場5工場、下請13工場に、検査から部分縫いに至る過程では、内職（工縫）15人が活用されていた。工縫層が行う作業工程は、ボタンつけ、スナップ付け、糸つみ、裾まつり、上着まつり、その他ミシンでつけられないものに限られていた（小内 1992：630）。つまり、生産過程における仕事内容の相違が、本社工場、下請工場、外注先である内職労働者との間の分業関係を形成しているのである。

裁断工程は当時、手工的技能に依存する程度が高かった。長年にわたる経験的熟練を必要とするため、裁断工程の担い手は、裁断工として技術指導を受けてきた男性労働者である。それに対して、縫製工程の中では、部分縫製とプレス作業、仕上げ作業では、番号記入や検査・箱詰めなどの作業は、技能の習得が相対的に容易である。このため、この作業の大半は就労経験4年未満の若年女性が担っていた。ただし、縫製工程の中でも仕事の習熟には差がある。縫製工程の仕上げよりもボタンつけや特殊縫製工程の方が、難易度がより高いのである（浅野 1992：670-671）。かくして、学生服の場合、生産工程順に内製・外注の基準があり、縫製工程の中では相対的に手間のかかる作業が外注されていた。工縫層はまさにこうした繊維産業の社会的分業構造の中に埋め込まれていたといってよい。

第2に、女性労働者の中では既婚女性と未婚女性では、就労意識に差異が認められるという点である。既婚女性層は、自らの仕事内容について「一生懸命やって実力を試せる」「縫製の仕事はおもしろいし、若い人が多いので若返る」というように、前職の工縫時代に培った技術を生かすことのできる現在の仕事にやりがいを感じている。彼女たちが就労する目的は、経済的なゆとりや住宅ローンの返済にあり、突き詰めて言えば、家族生活の経済的な充足にある。ただし、彼女たちは家事や育児をほぼすべて一人で担っているため、仕事と家庭の両立にも苦労している。「子供の病気やＰＴＡのときに困る」「子供と一緒にいる時間がもっとほしい」などという指摘がそれに該当する。それに対し、高校卒業の未婚女性層は、県外の遠隔地出身者が多い。入社した動機そのものが、会社の就学援助による短大進学にある。職業生活の意義は、「短大で保育

資格をとり、故郷に戻って保母になる」「短大の勉強」などにあり、数年後には退社して故郷に戻ることを希望している。その意味で、未婚女性層は、県外からの出稼ぎ労働者である（浅野 1992：675-684）。

かくして、学生服生産においては、生産工程別に男女間の職務配置が異なる。1990年代以前の学生服生産では、裁断工程が手工的技能に依存する割合が高く、その担い手は裁断工として訓練を積んだ男子労働者であった。縫製工程の中では、ボタンつけなどの特殊縫製と、仕上げ工程では、作業内容、習熟期間に相違があるが、女性労働者の多くは、裁断工程に比べ、相対的に訓練期間が短くてすむ縫製工程に従事していた。そうした、女性労働者の中では、既婚女性層はかつて内職労働者として働いた経験を持ちながら、家族の生活安定という目的から工場労働に従事する。児島という地域社会への定着も想定される。それに対して、未婚女性層は、縫製の仕事自体にやりがいはあまり持てず、短大に進学することで資格を取得することが目的である。そのため、ゆくゆくは県外の故郷に戻ることが将来設計の中に組み込まれている。既婚・未婚いずれの女性労働者も、主な稼ぎ主が他にいることが想定されている。家計補助的な就労を行うという点で、伝統的な家族モデルに依拠した就労スタイルだと言える。

2．制限された労働者——技能実習生の生活と就労[3]

こうした状況に対して、縫製労働者の人手不足を補う形で登場してきた技能実習生は、いかなる働き方、生活の仕方の特徴を持つものだろうか。そのポイントは、若年女性が多いこと、家族呼び寄せの権利を持っていないこと、職場を移動する自由が制限されていることの3点にある。

第1に、技能実習生は、若年の女性が多く、その出身階層は農村部が多い。この点は、伝統的な女性の縫製労働者とかなりの共通性が認められる。連合総研の2012年の技能実習生に対する調査によれば、調査対象の実習生50人のうち、20歳代は60％である。またその大半が女性である。他方、技能実習生の出身は、都心部もいるが農村部が多い。前職が無職ないし近代的な工場労働とは無縁の農村での就労者である。縫製工程に従事する女性の場合、農村部での無業者か、中国の国有企業である郷鎮企業の労働者などが多い。技能実習生の多くは、農村部からの出稼ぎ労働である。

なぜ若年層の農村部出身の女性労働者が多いのか。また学歴は低学歴が多い

のか。それは受け入れ側である日本企業が若年の女性労働者を選抜しているからである。日本の繊維産業は伝統的に、若年の女性労働力を農村部から確保してきた。その際にも「貧困農村のなかの最も裕福な家庭」の女性が選抜されることが多かった。それは、貧困地域の出身者の方が、同額の賃金水準でも満足度が高いからである。またその地域で裕福な家庭出身の方が義務教育を受けて、読み書きに不自由せず、基礎学力に信頼がおけるからである（上林 2015：164-172）。

　彼女たちの多くは、来日後に仕事に不自由はない程度に日本語を覚える。ただし、受け入れ側の事業所からすると、「日本語がわからないので困る。もっと仕事のときの言葉を教えてほしい」「日本語を早く覚えてもらいたい」など不満がある（佐藤 2013：60-62）。日本語は、来日前よりは向上するが、日常会話ができるレベルはそれほど多くない。さきの連合調査によれば、調査対象者50人のうち、日本語検定資格を持っているものは、女性2人だけである。

　第2に、技能実習生は家族を呼び寄せる権利を持っていない。移民は通常、生活維持、社会的役割の遂行、個性を作り上げるという、仕事の持つ3要素のうち、仕事を経済的機能にのみ特化して把握する。仕事に対しては、金銭獲得のための手段としてしか認めない。他方、生活条件をみると、技能実習生の場合は、家族を呼び寄せることはできない。移民一般は、母国から家族を呼び寄せる権利を有しているが、一時的労働力の受け入れである技能実習生は、滞在期間中は家族と会うことができない（上林 2015：187）。既婚者の場合、例えば、子供が小さくても、配偶者や両親に預けて来日する。当然、ホームシックの問題もある。経済的な動機づけに特化して就労をするという点では、伝統的な学生服産業の未婚女性労働者と共通点を持っている。

　出稼ぎ労働者は、就業地に住居がない。そのため、事業主が提供する寮や寄宿舎に生活する。技能実習生の生活は、寮生活とセットである。寮生活を事業主や受け入れ企業の立場からみると、朝から晩までの生活管理や労務管理が容易であること、事業主への反抗や逃亡を事前にある程度把握することが可能になること、集団生活を通じたホームシック対策になることなどが挙げられる。ただし、集団生活は一方では、実習生同士の相互監視にもなりやすく、寮生活に知人を連れてくることは難しいので、人間関係も限定されることになる。こうして技能実習生は、生活上の権利が制限されている。

　たしかに、県外から児島にやってきた女性の出稼ぎ労働者の多くも、寮に住

み、一定期間を経ると故郷に帰る出稼ぎ型の性格を持っていた。新たな家族ができれば、児島地区に定住し、内職労働者として生活するというケースも想定されているが、基本的には、両親とは離れた単身寮生活を送る。その点では、技能実習生と共通性を持つ。ただし、すでに子供がいる中国人女性が、配偶者や両親に子供を預けて来日する、というのは技能実習生の生活維持機能において特徴的な点である。

　第3は、労働者としての権利の制限である。現在の技能実習制度が始まる前は、研修生と実習生の待遇が異なり、実習生になると日本の労働基準法などの法規が適用された。しかし、時給300円や、時間外労働の不払労働などの人権問題が深刻化し、2010年以降現在に至るまで、技能実習生は、来日初年度から、労働基準法や最低賃金法などの労働関連法規が適用される。労働者であるので、社会保険や労働保険にも加入する。賃金は最低賃金を基準として支払われる。ただし、来日したあとは原則として受け入れ先を変更することはできない。つまり労働者として受け入れ先企業を変更する権利は認められていない。そして、しばしば、労働条件の不満、労働組合への加入、雇い主との労働条件の交渉などは、書面で制限される。それに加えて、無断外泊や外泊をしない、恋人を作ってはいけない、携帯電話を持たないなど、仕事以外のプライベートな空間まで制限されているケースも存在する。労働者の権利と、プライベートの権利がすべからく違反行為とみなされる場合には、労働者の権利擁護という発想は後退せざるをえない（上林 2015：211）。

　プライベートな空間も含めて、仕事の動機をすべて工場労働に集約するというのは、技能実習生の最大の特徴のひとつである。通常、労働者は24時間就労するわけではなく、家事や育児、介護も含めて家庭的責任との両立を図る。伝統的な児島の既婚女性層も、PTA活動や子育てとの両立を危惧していた。受け入れ事業主からすれば、技能実習生はそうした心配がない。子供が病気になったからと言って、欠勤することも少ない「計算できる労働力」である。この点が工縫層や内職労働者との相違である。

3．縫製労働者と技能実習生の共通性、異質性

　縫製労働者と技能実習生はいずれも20歳代から30歳代の女性労働者である点が共通している（表4-4）。日本人の縫製労働者の場合、賃金は家計補助型で、

表4-4　縫製労働者と技能実習生の共通点、相違点

	国籍	性	出身	年齢	賃金	住居	家族	職場異動
縫製労働者	日本	女性	県外（未婚）県内（既婚）	20～30歳代	家計補助型	寮（未婚）自宅（既婚）	単身（未婚）同居（既婚）	可能
技能実習生	中国	女性	大半が農村部	20～30歳代	最低賃金+α	寮	単身（同居不可）	原則不可

出所：浅野（1992）、小内（1992）、上林（2015）などをもとに筆者作成。

主な稼ぎ手が他にいることが想定されている。そのため、女性の縫製労働者は、男性の正規労働者と比べて低賃金である。他方、技能実習生は出身国の水準と比べればはるかに高い所得を得ることが可能であるが、日本の最低賃金をやや上回る水準にある。経営側からみて、人件費（コスト）が抜群に高いとは言えない。日本国内の他の雇用形態などと比較すれば、両者はいずれも相対的な低賃金である点が共通している。また住居については、縫製労働者の既婚女性の場合は自宅から通うことが想定されているが、未婚女性の場合、寮に住む。技能実習生は来日して生活する拠点がないので、基本的に寮や社宅に共同で生活する。縫製労働者の未婚女性層と、技能実習生は寮生活という点で共通点を持つ。

　それでは両者の違いは何か。最大の相違点は、既婚女性労働者と技能実習生の間に現れる。技能実習生は原則として来日した後に受け入れ先の事業所を変更することができない。来日してから3年間は同じ事業所で働くことが想定されている。また、家族を同伴して来日することもできない。それは既婚者で子供がいたとしても、同じである。それゆえ、技能実習生の最大の特徴は、一般的に女性であれば家庭的責任を果たすと想定される世代で、かりに子供がいたとしても、そうした家庭的責任を果たすことなく、一切の労力を労働に集中させることができる点にある。なぜなら、児島地区内の伝統的縫製の既婚女性層が不満としてあげていた「子供と一緒にいる時間がもっとほしい」という願いは、単身での来日を条件とする技能実習生にあっては、そもそも存在していない。仕事と家庭の両立という労働者が持つ当然の要望が、制度上取り除かれているのである。これは伝統的な縫製労働者と技能実習生とを区別する最大の要因である。逆に言えば、制度的には労働者を集中して労働に従事させることができる。これが技能実習生を活用する際、受け入れ事業主が享受する最大のメリットである。

第 3 節　技能実習生と労務管理──「計算できる労働力」の変容──

　外国人技能実習生は、従来、「計算できる労働力」として小零細企業では貴重な戦力として機能してきた。しかし、近年の日中関係の悪化や経済格差の縮小など様々な要因で、そうした性格が変化している。本節では、縫製業で働く技能実習生の労務管理の実態を検討する。実習生が「不確定な労働力」へと変容している事実を明らかにする。

1．技能実習を活用する意味──「計算できる労働力」、人件費の抑制
　外国人技能実習生は、人手不足の繊維産業において貴重な労働力として機能している。技能実習生は、最低賃金＋αの賃金水準で働くことが可能であり、また病気や失踪などの例外を除いては、原則 3 年間は欠勤することがないからである。それは「計算できる労働力」として表現できる。受け入れ先事業所では、技能実習生を利用する主な理由として、確実な労働力であること、人件費を抑えることができること、という 2 点が挙げられている。
　第 1 に、技能実習生は、「計算できる労働力」である。「実習生は子供に熱が出たと言って欠勤することはない」「急に追加の仕事があった場合でも、注文に間に合わせることができる」。あるいは、日本人の場合「人手が確保できても、辞めてしまうかもしれない」が、「実習生は病気でない限り 3 年間は滞在する」（従業員10人、実習生 3 人、自動車シート縫製の専門業者）という内容である。これは自動車シート縫製の 2 次下請けに該当する零細企業であるため、労働力不足対策に対しては中堅規模の企業よりも苦労している可能性がある。ただ、中堅規模の学生服メーカーの場合でも同様の回答を寄せている。「日本人の主婦層を採用することは難しい」が、「実習生は、外国から来て住み込みで働く」「一番いいのは、欠勤のないこと。日本人の主婦の場合、子供が熱を出すなど、本人以外の要因で休むことがある」（従業員工場勤務60人、実習生10人、学生服の自社ブランドメーカー）。学生服の場合、とりわけ繁忙期である 2 ～ 3 月に生産量の微調整などを行うため、この時期に安定した労働を供給できる実習生は貴重な存在となっている。
　第 2 は、人件費の抑制である。技能実習生が低賃金であるか否かは捉え方の

相違がある。最低賃金に社会保険料の事業主負担、さらには監理団体への手数料の支払いなども含めると、日本人のアルバイト・パート労働者の人件費の方が安いという捉え方もある。ただし、日本人の正規雇用が、年齢や勤続に伴い昇進・昇格し、賃金が年功的に上昇していくことと比べれば、技能実習生の賃金は上がっていくことはない。人件費は一定である。また当然のことながら賞与（ボーナス）も支給されない。こうした点について、日本人の正規雇用との労働条件の違いを明確に認識している事業所もある。「縫製工場の賃金は高い。それは総合職、事務職、販売職、すべてスタートは同じ賃金にしているから」。「実習生の場合、月12万2,000円からスタートする。賞与や退職金がないぶん、日本人より安くなる」（従業員217人、実習生6人、ジーンズ・カジュアルの自社ブランドメーカー）。当該企業は、児島地区では比較的有名なジーンズ・カジュアルの自社ブランドメーカーである。比較の対象が、伝統的な内職労働者や家計補助型の縫製労働者ではなく、正規労働者である点に留意が必要である。技能実習生は、アルバイトやパート労働者と比較して、人件費はそれほど安いとは言えないとの見方もあるが、正規雇用と比較すれば、それは相対的に安価な存在なのである。

2．ジーンズ・カジュアル生産と技能実習生の労務管理

外国人技能実習生が就労する場所は、児島地区では学生服関係かジーンズ・カジュアル関係が多い。ここでは、以下に述べる労務管理の変化を示すうえで必要な限り、ジーンズの生産過程における生産管理の特徴を整理しておこう。

第1に、ジーンズ製品は、生地が厚いために特殊なミシンを必要とする。ジーンズの縫製工程は、生地の厚さや糸の大きさに応じて特殊なミシンを使用する。通常の婦人服やシャツなどに使われているミシンでは縫製できない。また、高速の工業用ミシンで直線に縫いこんでいくため、パターン作りも直線的でありながら、身体にフィットさせる理論や技術が必要である。さらに、生地が破れたりほころびたりしないために、特殊な縫い合わせ構造を持っている。例えば、デニムなど2枚の生地の端を、片側は表側、もう片方は裏側に少し折り返して、巻き込むように縫い合わせる「巻き縫い」という作業がある。合計4枚分の生地を太い糸で縫い合わせる構造で、強度も非常に頑丈になる。また、デニムなど2枚の生地を縫い合わせるため、二重環縫いの縫製と、合わせられた

2枚の生地のほつれ止め(オーバーロック)を同時に行う「インターロック」という工程もある。これらはジーンズ製品に特徴的な縫製工程である(岡山県アパレル工業組合・倉敷ファッションセンター編 2014:50-52)。

　生産工程を詳しくみると、製造準備工程と縫製工程の2つに分かれる。前者は、素材、デザイン・スタイルなどの商品企画を行った後、パターンメーキング、サンプルメーキング、グレーディングなど設計と試作を行う。後者は、マーキング、延反、裁断、仕分けなどの縫製準備工程を経て、縫製に入る。縫製工程は、部品工程、後身工程、前身工程、組立工程からなる。前身部分は前身部分で縫い合わせて一本化する。左右がつながっている前側と左右がつながっている後側が、まず大股(インサイドシーム)を合わせて縫合し、次に左右両側脇(アウトサイドシーム)で2本の筒のように形を完成させ、最後に、ベルト部分を取り付ける。日本のようにファッション性が高いジーンズ製品を小ロットで生産する場合、より無駄なく、迅速に縫製をこなす必要がある。労働生産性を高めるため、ミシンとジーンズの仕掛品(生産中の途中在庫)、労働者の関係として次のシステムが採用されている(岡山県アパレル工業組合・倉敷ファッションセンター編 2014:59-60)。

　第2に、生産管理手法では、近年シンクロシステムが採用されている。伝統的には、一定量のジーンズをひとつのグループごとで流すバンドルシステムが採用されていた(図4-2)。労働者はひとまとまりの仕事を受け取り、その分量の仕事が終わると、まとめて次の工程の労働者に渡す。バンドルとは「たばねる」を意味するが、この方法では中間の仕掛品在庫が増加する。仕掛品在庫が多いと、スタートから終了までの時間がかかる。また労働者の能率の違いなどによって速い工程ははかどるが、その工程に合わせて仕事を投入していくと、在庫の量が増加する。

　それに対し、シンクロシステムは、生産工程を同期化する。ジーンズの縫製業者が、自分のミシン工程を1枚縫い終えると、次のミシン工程の労働者に渡していく。いわゆる一枚流しの方法である。理想的に流れた場合、最初から最後まで工程が同期化される。つまり縫製中のジーンズは、切れ目なく工程順に流れていく。システム編成の際には、各工程のタイムバランスに注意する必要がある(岡山県アパレル工業組合・倉敷ファッションセンター編 2014:72-73)[4]。あるいは、生産性が相対的に低い工程に対して、ミシン設備を増強させ、同期

第四章　児島繊維産業における人材育成の課題

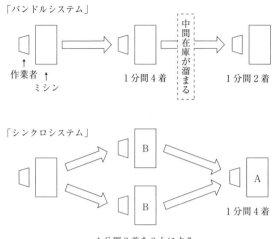

図4-2　バンドルシステムとシンクロシステム

出所：佐伯（2014下：5）。

化を図るという方法もある。いずれにせよ、こうして多品種のジーンズを無駄なく生産する上で、シンクロシステムが活用されている。外国人技能実習生が就労するのはこうした現場である。

　第3に、多品種生産に対応する立ちミシン作業である。縫製作業は労働者1人が着席しミシンに向き合う形が一般的であった。それに対し、立ちミシン方式では、労働者が立って左右に動くことで、1人が2～3台のミシンを受け持つ。能率は飛躍的に上昇し、仕掛品の数も減少する。短期間に小ロットのジーンズが縫製できるが、労働者の労働負荷が上昇するという問題もある[5]。

　このように、分業に基づくシンクロシステムや場合によっては立ちミシン作業も組み合わせて、技能実習生は縫製労働を行っている。制度的には従業員数20人以下の事業所では、実習生を1年間に3人を上限として受け入れることができる。3年間では、9人の実習生が在籍することになり、通常は3年生（3年目の実習生）が、2年生（1年目と2年目）の実技指導などを行う。「班長」となる3年生は、ジーンズ縫製に関わるおおよそすべての作業を担うことができることが多い。いわゆる「まるめ」である。班長は作業工程に習熟した労働者であるので、技能実習生の間での指導の中核を担う。こうした3年間体制の

下での班長を中核とする技能指導は、企業規模に関わりなく多くの事業所で共通している。「1本のジーンズを生産している。すべての工程で11パーツである。基本的には分業で縫製する。班長は1本すべてを縫製することができる人。通常は3年生が行う」「3年生が帰国すると、2年生の班長を選抜するという仕組み」（従業員3人、実習生9人、ジーンズ・カジュアルの縫製専門業者）。あるいは「3年生の班長が、教えていく。3年生になるとすべて縫製できる実習生もいる。2年生の頭ではおおよそ縫製できるようになる」（従業員3人、実習生6人、ジーンズの縫製専門業者）などがそれにあたる。実習生の間の意思疎通に関しては、中国人同士なので、ある程度うまくいっていると評価する経営者もいる。「実習生は1年生から3年生の間でよく意思疎通をしている。日本語も覚えており、当社ではうまくいっている」（従業員3人、実習生9人、ジーンズ・カジュアルの縫製専門業者）。

3．技能実習生の高齢化

　縫製工程の現場では、少なくない技能実習生が貴重な労働力として生産過程に組み込まれている。企業規模が零細になるほど、技能実習生は貴重な戦力として機能する傾向は強まる。縫製専門業者のように多品種の小ロットの製品を縫製する上では、技能実習生の存在は欠かすことができない。この技能実習生の実態が変容している。それは、技能実習生の高齢化と能力低下である。
　第1に、技能実習生の能力低下を懸念する声が強まっている。技能実習生が受け入れられた1990年代初頭は、若年層の女性が多く、来日後の働く意欲も旺盛であった。しかし、最近では中国人技能実習生のモチベーションが下がり、縫製作業も期待する水準に達していないとの認識が増えている。「実習生の受け入れ当初【1990年代初頭――引用者】は、パターンはできる、見本も縫える。びっくり仰天するほどの能力を持っていた。今は全然そんな感じではない。縫製ができないような実習生がたくさん来ている」（従業員63人、実習生6人、ジーンズ・カジュアルの縫製専門業者）。あるいは、もっと端的に中国から来日する実習生の能力が落ちたと嘆く声もある。「実習生の能力はとても悪い。腕も悪いし、性格も悪い。性格も悪いというといい方が適切かどうかは分からないが、中国の中でも質の悪い労働者が来日するようになった印象がある」（従業員5人、実習生12人、ジーンズ・カジュアルの縫製専門業者）。後者の意見は、家

族経営で実習生に依存しているがゆえに、彼女たちがやめてしまうことが経営上の大きな圧迫になっている事情を反映したものとみることができる。

　第２は、技能実習生の高齢化である。実習生は、かつて日本人の女性の縫製労働者がそうであったように、20歳から30歳代の若年層であることが期待されている。しかし、中国で経済規模が持続的に拡大している事情から、中国の現場でさえも縫製労働者が集まりにくくなっている。そのため、来日する技能実習生も、40歳から50歳という中高年齢層の女性が増えている。先にみた、同じ経営者は実習生の高齢化について次のような指摘を行っている。「46歳が２人いる。20歳代も２人いるが、30歳代と40歳代が中心である。以前は選抜をすると年齢などは自由に選ぶことができた。いまは集まらない」「動機づけも弱くなっている。従来は、実習生は寮生活で欠勤をしないので、日産何枚というものが計算できた。いまは幼稚な理由で喧嘩をして帰国することがある。最近ではごっそり３人帰国した」（従業員５人、実習生12人、ジーンズ・カジュアルの縫製専門業者）。また、別の経営者は実習生の高齢化に伴って、縫製工程でのトラブルが顕在化した点を指摘している。「現在の課題は、技能実習生の年齢構成のアンバランスである。１年生が40歳代で、３年生が20歳代だと、教わる技能実習生は面白くない。時にはけんかになったりする。これは10年前にはみられなかった新たな現象である」（従業員３人、実習生９人、ジーンズ・カジュアルの縫製専門業者）。技能実習生は、かつて、我慢してよく働く、優秀な存在だった。しかし、今では来日する実習生の高齢化が進み、また途中帰国するなど「計算できる労働力」でなくなっている。「計算できる労働力」が「不確定な労働力」となっている。これが技能実習生の最近の現状である。

４．ベトナム人技能実習生をめぐって分かれる対応

　中国人技能実習生の人手不足に対応して、倉敷市のある協同組合は2014年８月よりはじめてベトナム人技能実習生受け入れを開始した。それは、中国人技能実習生が高齢化することに伴う、産地での新たな労働力確保策である。それに対し、産地の受け入れ事業所では、積極的にベトナム人実習生を受け入れる方針と、言葉の壁や学力などを基準として慎重にみている事業所に分かれている。

　第１に、中国人技能実習生の高齢化に素早く対応し、従来の「計算できる労働力」としてベトナム人技能実習生をさっそく受け入れ始めている事業所は、

日本人労働者が3人前後、あるいは家族経営の下請縫製専門業者が多い。すでに混在している職場では、現時点での問題点は顕在化していないものの、将来にわたっての懸念も表明されている。「ベトナム人と中国人の実習生が混在している。受け入れはじめて半年たつが、今のところ問題は起こっていない。ただし、仕事の流れが詰まった時など、言い争いは起こるかもしれない」「ベトナム人は漢字が読めないので、研修センターで最低限の日本語の勉強をする」（従業員3人、実習生6人、ジーンズ・カジュアルの縫製専門業者）。他方、現時点ではベトナム人を受け入れていないが、近い将来に受け入れ開始を検討している事業所もある。「来年度はベトナムに行こうかと思っている。今までのように中国でうまくいくかは未知数である」「今は中国人の労務管理で頭を悩ませている。仕事の中身以外のトラブルが多く、それがストレスの原因になっている」（従業員5人、実習生12人、ジーンズ・カジュアルの縫製専門業者）。

　第2に、ベトナム人実習生の受け入れに慎重な事業所は、聞き取り調査の範囲では、従業員規模の大きいところが目立つ。あるいは小規模であっても、その問題点を気にかけている場合である。「ベトナム人の実習生受け入れは考えていない。中国人の知識レベルは高い。識字率も高い。ベトナム、カンボジア、ミャンマーなどは未知数である」「中国人の場合は、漢字ができるので、意思疎通も容易である」（従業員217人、実習生6人、ジーンズ・カジュアルの自社ブランドメーカー）。中国人が漢字を理解できるために、コミュニケーションが容易になることの利点を挙げる事業者は多い。同じような文脈で文化や食べ物の相違を懸念する声もある。「実習生は当面、中国で考えている。国が異なると、食べ物や文化が異なる。中国の技能実習生に募集をかけて、ゼロということであれば、対応を考えざるをえないが、現時点では続けていく方針である」（従業員3人、技能実習生9人、ジーンズ・カジュアルの縫製専門業者）。

第4節　縫製工程における労働力不足の背景
　　　　　――何が定着を妨げているのか――

　中国人技能実習生の高齢化と労働力不足に対応して、ベトナム人技能実習生の活用が検討されている。しかし、中国人とベトナム人の混在職場が、母国語の違いによる意思疎通の難しさなどの新たな問題も引き起こしている。こうし

た技能実習生の人手不足の根源にある、労働力不足の原因は何か。本節では縫製工程における労働力不足の背景を検討する。

1．労働条件の階層性と日中間における経済的格差の縮小

　第1に、日本人の縫製労働者の労働条件は、女性の就労が多いことにも規定されて相対的に低い。岡山県内の縫製労働者の状況をみると、常用労働者1人の平均月額現金給与額は、規模30人以上が33万5,758円で、賞与を除いた12カ月分の給与が402万9,096円となる（岡山労働局 2014：2）。賞与は2011年冬が44万2,924円、2012年夏が40万7,681円で、合計85万605円である（岡山労働局 2014：56-57）。現金給与総額と年間賞与額を足すと、岡山県の常用労働者の平均給与は487万9,701円となる。

　それに対して、岡山県内の職種別賃金をみると、ミシン縫製工の決まって支給する現金給与総額は、14万5,600円で、賞与を除いた12カ月分だと174万7,200円である。賞与は常用労働者平均よりぐっと減って、2万5,600円にすぎない。現金給与総額と賞与の合計値は、177万2,800円となる。ミシン縫製工は平均勤続年数が4.8年と短く、93.9％（1,680人）が女性である（岡山労働局 2014：50-53）。かくして、岡山県内の常用労働者平均（487万9,701円）と比較すると、ミシン縫製工の賃金水準（177万2,800円）は、半分以下の36.3％にすぎない（表4-5）。

　2012年の岡山県の最低賃金は691円である（岡山労働局 2014：79）。同年の常

表4-5　岡山県内の常用労働者、ミシン縫製工等の賃金水準（2012年、2013年）

	月額	賞与	年収（月額×12＋賞与）
常用労働者規模30人以上（2012年）	33万5,758円	85万605円	487万9,701円
			100.0%
ミシン縫製工男女（2012年）	14万5,600円	2万5,600円	177万2,800円
			36.3%
＊技能実習生　繊維・衣服（2013年、全国）	12万1,450円	なし	145万7,400円
			29.9%

注1）年収欄の下段は常用労働者の年収を100としたときの割合。常用労働者の賞与は2011年冬（44万2,924円）と2012年夏（40万7,681円）の合計。
注2）都道府県別にみた、職種別の技能実習生の賃金は公表されていない。そのため、本表では参考値として技能実習生、繊維・衣服の全国平均値を掲載した。
出所：岡山労働局（2014）、国際研修協力機構編（2014）より作成。

用労働者の年間総実労働時間1,848時間である（岡山労働局 2014：81）ので、最低賃金を基準としてフルタイムで働いた場合の年間収入は、おおよそ127万6,968円となる。他方、倉敷市の単身世帯の生活保護基準（1級地-2、18歳扶養家族なし）は、11〜3月（冬季）が11万9,620円、4〜10月が11万6,070円である（岡山労働局 2014：119）。最低生活費を12カ月分で計算すると年間所得が141万4,790円となる。ミシン縫製工の賃金水準は、最低賃金水準や単身世帯の生活保護基準に近い水準である。ミシン縫製労働者は、単独の収入で生活することが想定されていない働き方であると言えよう。

第2に、技能実習生の相対的に低い労働条件をカバーする経済的格差の縮小である。技能実習生の場合、ミシン縫製工の賃金水準とほぼ同じ人件費であるが、日本人ではなく、中国人が就労することが想定されている。そのため、技能実習生の母国と日本との間に広範な経済的格差が存在するとすれば、異国での単身就労を行う動機づけは高まる。都道府県別にみた職種別の技能実習生の賃金水準は公表されていない。そのため、全国平均値の繊維・衣服の技能実習生の平均給与をみると、月額12万1,450円で、12万〜13万円未満が全体の43.9％を占めている。12カ月分では、145万7,400円となる（国際研修協力機構編 2014：68、表4-5）。これ以外に、社会保険・労働保険料の負担や、寮費などを差し引くので、技能実習生の手元に残る賃金はもっと少なくなる。こうして、技能実習生の賃金（145万7,400円）は、日本人のミシン縫製工（177万2,800円）よりも安価で、かつ「計算できる労働力」であることが期待されている。

ところが、すでに検討したように、倉敷市児島地区の縫製工場では、中国人技能実習生の労働力不足状態が続いている。この現象をどのように把握したらいいのだろうか。技能実習生の制度設計は、経済的格差を根拠に、労働者としての権利の制限（家族呼び寄せの禁止、原則として職場移動不可）を受け入れるものとなっている。制限された労働者の存在を受け入れる基本的な条件は、母国での賃金水準をはるかに上回る、実習先の受け入れ国における高い賃金収入にある。実習先での収入が、母国への仕送り、借金の返済、さらには貯金をも可能にするものでなければ、来日することの動機づけは弱まるだろう。

日本輸出縫製品工業協同組合連合会は、2012年時点でのべ9,400人の中国人技能実習生を受け入れてきたが、すでにベトナム人実習生を受け入れ始めている。その理由として、業界新聞は中国の経済成長に伴い、縫製の仕事をする若

年層が減少したこと、尖閣諸島の国有化の影響で、親が訪日に反対することなどを挙げている(『アパレル工業新聞』2013年4月1日付)。全体として中国が経済成長する中で、労働者の賃金も上がっている。中国の深圳市、上海市、広州市、天津市、北京市の5都市は、2014年と比較して最低賃金が10％上昇した。深圳では、正規雇用の最低賃金が2010年の月額1,000元から2015年の2,030元へとおおよそ2倍に増加している(『日本経済新聞』2015年3月11日付)。こうして、依然として大きな経済格差はあるものの、中国の賃金水準が上がっている[6]。日系企業が、ベトナムなど中国以外の縫製工場に生産拠点を移転していく動きは、中国人技能実習生の人手不足と同じ背景を持っている。

２．多品種・国内生産に伴う経営コストの増大

　児島地区の繊維産業は価格競争を回避して、高付加価値製品の生産という非価格競争で勝負している。日本ファッション協議会は、2015年2月から日本のものづくりの価値を訴えるため、素材から縫製までの3工程を国内で行う新しい国産表示制度であるＪ∞ＱＵＡＬＩＴＹ（ジェイ・クオリティ）制度事業を開始した。2015年10月段階で、279社、320件が認証され、メイド・イン・ジャパンを業界としてバックアップしている。児島地区の繊維産業でも、訪日外国人の増加（インバウンド効果）を意識して国産ジーンズを強化している。例えば、あるジーンズ洗い加工の専門業者は、オゾンのブドウ糖でのエアウォッシュ加工などのレーザービーム加工を強化し、ジーンズの顔とも呼べる最終工程に磨きをかけている（『繊研新聞』2015年6月12日付）。また、ベティスミスは、児島地区でジーンズ製品に関わる製造工程を理解してもらうとの立場から、2003年にジーンズミュージアムを開設した。2014年秋には2号館もオープンし、年間の来場者数が4万人を超えている。このように、メイド・イン・ジャパン戦略の象徴とも言える児島地区でも、縫製工程の現場で工賃が下がり、長期的な視野での人材育成が難しくなっている現状がある。

　第1に、多品種生産に伴うコストの増大である。ジーンズ製品の付加価値を左右するのは、デニム生地そのものの品質、縫製加工が多品種であるか否か、洗い加工が示す製品の「顔」など多方面にわたる。その中でも、オリジナリティあふれる製品は、場合によっては販売店に1本しかないものなど、極端な小ロットとなる。縫製専門業者の工場長はその点について次のように述べてい

る。「ジーンズの左右は通常分けない。洗い加工などをする際、同じ生地で作っていないと具合がぶれる」「色の違いを出すために、1回ポケットを外してから洗いをかけている。ベルトも1本でつけている」。こうした作業工程は効率化するのにも限界があり、工賃との関係で折り合いをつけることが難しい。「自社ブランドメーカーからの工賃は平行線なので、実質的に賃金が下がるのと同じ」「8,000円のコストでやってくださいと言われて、実際には8,500円かかることもある」（従業員3人、実習生6人、ジーンズ・カジュアルの縫製専門業者）。

　第2は、縫製工賃と対応する労働条件の問題である。ある中堅のジーンズ自社ブランドメーカーの工場長は、技能実習生を活用しつつ、人件費が上がる状況に対して、その苦悩を次のように述べている。「縫製は1本縫ったら、1,000円というように値段が決まっている。実習生でも時間外労働や休日労働をすれば割増賃金を支払う」「人件費が上がると赤字になる。だから、結局1本の縫製工賃を上げていかなければならない。労働条件の問題に行きつく」（従業員71人、実習生11人、ジーンズの自社ブランドメーカー）。

　第3は、輸入価格の高騰による製品価格への影響である。2013年4月以降、日本銀行は、民間銀行から大量の国債を購入する方針を打ち出した。その結果、日銀当座預金は増え続けている[7]。他方、為替相場の円高是正が進み、輸入価格が高騰している。ジーンズ・カジュアル製品に利用されるボタンやリベットなどの付属品が輸入に依存している場合、それは原材料価格の高騰を意味する。当然のことながら、円安は地域中小企業や輸入企業の経営を圧迫する。その結果、児島地区の繊維産業の経営状況も悪化している。「2013年と比較して、原材料費が1.5倍くらいに値上がりしている。利益が全然取れなくなっている」「国として支援をしていかないと、国内でものをつくる基盤がなくなる。一生懸命、日本で作りたいと思っている」（従業員217人、実習生6人、ジーンズ・カジュアルの自社ブランドメーカー）。

3．生活構造の変化——家族総出で働く時代への突入

　そもそも日本人の縫製労働者が集まらず、定着率も悪いのはなぜか。そのことの背景には、当該職種の労働条件が周辺的な位置づけで、家計補助的なものを脱しきれていないという現状がある。

　1990年代以降、日本企業の本格的なグローバル展開は、国内生産基盤の縮小

と、労働市場における非正規雇用の増大、正規雇用における年功賃金カーブのフラット化などを伴って進行してきた（永田 2015a：148-149）。日本型雇用の中心部分だった大企業の正規雇用が縮小する中で、世帯収入の持続的低下が生じている。その結果、学生アルバイトや主婦パートの位置づけも家計補助型から生活自立型へ変化してきた。例えば、奨学金の有利子化や家計収入の低下によって、学生アルバイトの位置づけが、家計補助型から生活自立型へ変化している。「学生であることを尊重しないアルバイト」（大内・今野 2015：31）、すなわちブラックバイトの問題も、アルバイト収入がなければ、学費が支払えなかったり、将来の奨学金返済の不安があったりするという家計構造の変化で把握される必要がある[8]。同様に、女性の労働力率が上昇し、専業主婦のような存在が少なくなるという現象も、夫の収入が持続的に低下しているという文脈から把握することができる。女性の労働力化、あるいは男女平等社会の浸透にみえる現象は、企業社会時代の主婦パートと共通する外観を持ちながらも、広い意味での男性稼ぎ主の収入低下に、その根拠を持っている（蓑輪 2013：102-107）。

　このように、日本社会では「妻や子供のアルバイト・パート（労働）が家族の生活の維持にとって重要な役割を果たしている」という意味での家族や生活構造上の根本的な変化が生じている。それにもかかわらず、縫製労働者の賃金は、従来の家計補助型の水準を脱し切れていない。それは生活条件の維持という労働者側の要求からずれている可能性がある。縫製労働者の働き方や家庭的責任の果たし方が、いまだに伝統的な家族モデルに依拠し、相対的に低い賃金が正当化されている。そうだとしたら、縫製労働者の賃金は、家計収入が持続的に低下している今日の家族と労働者が希望する所得水準と大きくかけ離れうる。全国的な動向と比較して倉敷市児島地区特有の家族関係の変化がいかに生じているのかは、今後の研究を待たなければいけない。とはいえ、家族総出の働き方が広がっている状態で、縫製労働者の賃金水準が、単身では生活することが難しい水準にとどまっている点も、日本人縫製労働者が不足する１つの理由であると考えられる。

おわりに

　日本ファッション協会が推進するＪ∞ＱＵＡＬＩＴＹ制度事業に対して、日本の繊維業界の期待も厚い。Ｊ∞ＱＵＡＬＩＴＹ制度事業の認定を受けるために、東レでは北陸産地の企業を活用する「東レ合繊クラスター」を利用し、オンワード樫山では五大陸のブランドで日本製を追求する。帝人フロンティアもまた、子供服、アクティブシニア、インバウンド（訪日外国人）を主なターゲットに、国内素材、縫製による製品供給を充実させ、クラボウインターナショナルも複数の自社工場での国内生産体制を整備している（『日本経済新聞』2015年３月７日付、同2015年１月15日付、『繊研新聞』2015年６月10日付、同2015年６月９日付）。このようにして、百貨店、小売、大手アパレルなどではメイド・イン・ジャパンを戦略とし、ジャパンブランドとして売り出す方針を、明確化している。付加価値あるものづくりを強化することは、地域経済や地域中小企業の差別化戦略として、意味を持つものであるが、ものづくり基盤の労働者の労働条件が担保されているのかは慎重に見極める必要がある。

　外国人技能実習生は、仕事と家庭の両立や、相対的に賃金が低いという縫製労働者が抱えていた問題、それ自体を解決していない。むしろ、経済的格差があることを条件として、労働者としての権利を制限してきた。中小零細企業にとっては、技能実習生は「計算できる労働力」として機能してきたが、それは家庭的責任をいっさい果たすことが想定されていない労働者の存在を前提としていた。かりに、経済的な格差が広範に存在していれば、そうした制限された労働者も許容されうる。しかし、中国人技能実習生が人手不足に陥っている現状は、経済的格差が動機づけにならないほど中国経済が発展したことを意味している。

　Ｊ∞ＱＵＡＬＩＴＹ制度事業は、その趣旨の１つに縫製製品のトレーサビリティ（履歴管理）を明確化することを挙げている。それに加えて、繊維製品がいかなる労働力によって製造されているのかも、こうした製品の価値を裏づける上で重要な意味を持つだろう。諸外国からみて一種の強制労働とみなされるような労働力の形態を、メイド・イン・ジャパンの足元で活用することにはそれなりのリスクもある[9]。着目すべきは、縫製労働者の技能を評価し、適切な

賃金を支払うというあたりまえの事実である。もちろん、この作業は、当該産地や事業主だけでは解決できない問題も含まれている。地域産業政策や自営業者の生活保障の問題と並行して検討されるべき課題であろう。

　　＊本章は、平成26年度高崎経済大学研究奨励費（研究代表者・永田瞬）、および科学研究費補助金・若手研究（Ｂ）（研究代表者・永田瞬、研究課題番号：15K17116）に基づく調査・研究成果の一部である。

注

1）布施鉄治は、集団就職を経て倉敷市内に定着し、家庭内職労働者になった女性層を、現地の言葉を利用して工縫層と呼んでいる。布施（1992：596-597）によれば、工縫層とは「児島地域の産業・社会構造の底辺部分をなす広汎な層」である。現在児島地区で問題となっているのは、こうした内職労働者の高齢化である。
2）以下で展開する1990年代以前の児島学生服メーカーの労務管理と職場内分業の実態について、詳しくは浅野（1992）、小内（1992）を参照のこと。
3）以下の記述について、詳しくは上林（2015）を参照。外国人研修生・技能実習生の制度的背景と、その歴史的展開について整理した研究は多いが、労働者としてみた場合のその階層性や、性格づけを整理したものはそれほど多くない。上林（2015）は、設立当初の研修生・技能実習制度が、外国人労働者受け入れシステムに変容している点を踏まえながら、労働者としての性格を詳細に検討している。
4）あるジーンズの自社ブランドメーカーの縫製工場ではシンクロシステムを次のように説明していた。「労働者がＡＢＣいるとする。このときＡが１時間に５本、Ｂが１時間に８本、Ｃが１時間に10本縫製できる。１時間トータルで製品があがるのは、結局一番できない５本になる」。「５本を８本にしようとすると、10本の人が５本の人を補う。８本の人は自分の事だけをやる」「10本縫製できる人が10本を８本でやめてヘルプに回る」（従業員71人、実習生11人、ジーンズ・カジュアルの自社ブランドメーカー）。
5）あるジーンズ自社ブランドメーカーでは、技能実習生は立ちミシン方式で作業をしている。それに対して工場長は次のように説明をしている。「みなさんは、１日中立っていて辛くないかと聞く。２カ月くらいはしんどいけれど、徐々に慣れていくと、着席しながらミシン作業をするのが難しくなる」（従業員71人、実習生11人、ジーンズ・カジュアルの自社ブランドメーカー）。
6）製造業の工場労働者の賃金水準は、日本（東京）を100（2,523ドル）とした時、中国（上海）の水準は19.6（495ドル）である（長田 2015：44）。こうして依然として日中間の格差があるとはいえ、全体として中国の賃金水準は上がっている。そのため日本企業は中国生産を見直し、ベトナム、インドネシア、カンボジア、バングラデシュなどに生産工程を移行しつつある。例えば、東レは中国生産比率を2012年の72％から、2015年までに50～60％まで引き下げる。あるいは、帝人フロンティアもまた、数年間に85％から70％まで引き下げるとしている（『日本経済新聞』2012年11月17日付）。

7) 2013年3月末から2015年2月末の間で、日銀が保有する長期国債は、91.3兆円から、218.5兆円へと約2.4倍にふくれあがった。他方、マネーストック（Ｍ２）は同時期、834.4兆円から894.7兆円になっており、ほぼ横ばいである。日銀の供給した貨幣は市場に流れず、事実上日銀内につみあがったままである。
8) 正規労働者に求めた高い労働要請を、非正規労働者に対しても求めるのがブラック企業だとすれば、ブラックバイトとは、そうした高い労働要請を、学生アルバイトにも拡張していると捉えることができる。
9) 米国国務省は2014年の人身売買報告書の中で、日本の技能実習制度が技能を修得するという目的から乖離している事実を指摘するとともに、強制労働などへの加害者の取り締まりや、被害者の保護を求めている。

文献

浅野慎一（1992）「繊維・衣料製造業における労働者の生産・労働——生活諸過程」布施鉄治編『倉敷・水島／日本資本主義の展開と都市社会——繊維工業段階から重化学工業段階へ：社会構造と生活様式変動の論理——』東信堂、645-686頁。

大内裕和・今野晴貴（2015）「討議 ブラックバイトから考える教育の現在」『現代思想』43巻8号、28-51頁。

小内純子（1992）「地域企業体の経営とその構造的変質過程」布施鉄治編『倉敷・水島／日本資本主義の展開と都市社会——繊維工業段階から重化学工業段階へ：社会構造と生活様式変動の論理——』東信堂、614-644頁。

岡山県アパレル工業組合・倉敷ファッションセンター編（2014）『ジーンズソムリエ資格認定試験公式テキスト』。

岡山県総合政策局統計調査課編（2013）『平成24年岡山県毎月勤労統計調査地方調査年報』。

岡山労働局（2014）『平成24年岡山県内における賃金事情』。

上林千恵子（2015）『外国人労働者受け入れと日本社会 技能実習制度の展開とジレンマ』東京大学出版会。

国際研修協力機構編（2014）『2014年度版 外国人技能実習・研修事業実施状況報告（ＪＩＴＣＯ白書）』。

佐伯晃（2014）『デニムの耳（上）（下）』ダイセン。

佐藤忍（2013）「日本における縫製業と外国人労働者」『大原社会問題研究所雑誌』652号、46-62頁。

永田瞬（2015a）「なぜ賃金が下がり続けるのか？」柴田努・新井大輔・森原康仁編『図説 経済の論点』旬報社、148-151頁。

永田瞬（2015b）「繊維産業における外国人労働力の活用実態に関する調査報告」法政大学大原社会問題研究所ワーキングペーパーNo.53『持続可能な地域における社会政策策定にむけての事例研究Vol.4——倉敷市政と繊維産業調査および環境再生・まちづくり調査報告——』21-59頁。

長田華子（2015）「低価格の洋服と平和 バングラデシュの縫製工場で働く女性たち」堀芳枝編『学生のためのピース・ノート2』コモンズ、33-52頁。

布施鉄治（1992）「児島の企業・社会の史的・生活累重性と零細事業体」布施鉄治編『倉

敷・水島／日本資本主義の展開と都市社会——繊維工業段階から重化学工業段階へ：社会構造と生活様式変動の論理——』東信堂、596-613頁。
蓑輪明子（2013）「新自由主義時代における家族の多就業化と新しい家族主義の登場」『現代思想』41巻12号、94-109頁。

第五章　倉敷市水島地域の公害被害の経験
――倉敷公害訴訟の経験、公害被害者の生活、公害への想い・メッセージ――

江頭　説子

はじめに

　水島コンビナートに隣接する水島地域で、1960年代にコンビナートが建設されると同時に大気汚染公害が発生したことを覚えている人はどのくらいいるだろうか。

　高度経済成長期の急激な工業化、地域開発により公害が多発した1960年代から約50年が経過し、公害は身近な問題として感じられなくなっている。その背景には、公害問題は制度的に一定の解決をしたとされていること、公害防止技術の向上と対策が進展したこと、産業構造が転換したこと、公害問題に関する議論が地球全体の環境問題へと変化していることなどがあげられる。制度的には、1973年に公害健康被害補償制度が制定され、1967年に制定された公害対策基本法が1993年に環境基本法制定に伴い廃止されたことから一定の解決をみたとされている。企業は、大気汚染防止のために、集塵装置や排ガス脱硫、脱硝装置の他、燃料改善、燃焼管理、省エネルギー等の技術開発を実施し一定の効果をあげている。産業構造的には、公害の直接的な源である石油化学、製鉄を中心とする重化学工業が、1970年代の石油危機を契機として構造不況に陥り、情報産業、サービス産業へと転換したことにより公害の発生が沈静化した。1980年代後半から地球環境問題が国際政治の重要議題となり、公害問題に関する議論は、「地域再生」、「環境再生」へと視点をかえ、さらに地球全体の環境問題へと変化している。

　公害により被害を受けてきた地域では、1960年代から多数の被害者が立ち上

がり、公害発生源の差止め、公害被害者の救済を求めた訴訟を起こし、一連の裁判が長きにわたって争われてきた。そして、訴訟の多くが1990年代後半以降、和解による解決という一つの歴史的節目を迎えたことを受け、公害地域の「地域再生」、「環境再生」に向け、多様な取組がなされている。一方で、公害については発生した地域に暮らす公害被害者の生活の実態、抱える問題が見えにくくなるという問題も起きている。

本章ではまず、1960年代に起きた大気汚染公害に焦点をあて、公害が社会問題となり公害反対運動から大気汚染公害訴訟へと至った経緯について、可視化・共有化・不可視化の視点から概観する。そこから公害被害の経験を活かすためには、「公害による被害の全体を認識」し、時間と空間を隔てて暮らす我々が、「公害被害の経験、問いやメッセージの意味を読み取り、意味を確認していくこと」が必要であることを提議する（第1節）。次に、「公害による被害の全体を認識」することを目的として、水島地域に焦点をあて、水島地域における大気汚染公害の発生から倉敷公害訴訟までの経緯について述べていく（第2節）。さらに倉敷公害訴訟（以下、訴訟と記載する）に焦点をあて、訴訟に関わった人びとが何を経験したのかを明らかにし、訴訟を経験したことの意味について検討する（第3節）。また、公害被害者の生活について、筆者らが実施した聴き取り調査をもとに、「働き方の変容」、「生活の変化・家族への影響」に焦点をあて、和解後約20年が経過した現在から問い直していく（第4節）。最後に、訴訟に関わった人びとおよび被害の当事者である公害認定患者の想いやメッセージの意味を読み取り、確認する（第5節）。

その目的は、公害被害の経験を次世代に教訓として伝え、活かしていくことにあり、本章はその試みの端緒を開くものとして位置づけられる。

第1節　公害問題から公害被害の経験へ

そもそも公害とは何か。1960年代には辞書に「公害」という言葉はなかったという（庄司・宮本 1975：i）。公害とは「公益を害する」という意味であり、明治の初期から公衆に迷惑を与える行為一般に使われており、1920年代半ばに、公害問題の広がりとともに、主として産業活動に伴う環境汚染問題に限定して内務省社会局あたりが使い始めていた（小田 2008：6-7）。戦後日本の公害問題

は、戦前に大きな被害を出した地域で再発する形で鉱害、大気汚染や水汚染として問題化した（飯島 1998：8）。1950年代には、日本経済界の最重要課題として経済成長による発展があり、太平洋ベルト地帯における工業地帯の形成、なかでも石油化学工業の発展のために石油化学コンビナートが登場した。それは、同時に新たな公害問題の始まりでもあった。しかし、公害は被害が発生しただけでは公害問題にはならない。公害による被害（以下、公害被害と表記する）が可視化され、地域社会で問題が共有化されて初めて公害問題となるが、公害被害には見えにくさがある。

1．公害被害の見えにくさ

公害被害はまず、川や海の水質汚染は魚の状態の変化、大気汚染は稲やい草の先枯れや農作物・果実の生育の変化などとして、目に見える形で表出する。漁業や農業への被害は、その関係者による抗議により経済的な補償という形で決着する場合が多い。それに対して、人間への被害は体調の変化等、他者には分かりにくい形で表出する。さらに公害源と健康障害の因果関係を立証することは難しく、医学関係者や科学者らの研究により初めて可視化することが可能となる。また人体への被害は、病弱者、高齢者、年少者等の生物的弱者、専業主婦や貧困者等、社会的弱者に被害が集中する（宮本 1989［2007］：116-119）。生物的弱者や社会的弱者は雇用されていないため、その被害は企業にとって問題とはならず、被害が放置され可視化されにくい。

また、エネルギー源の変化により大気汚染物質も変化した。昭和に入り石炭を基礎とする工業化の始まりと同時に、石炭使用料の増加に伴うばいじん汚染による大気汚染公害が発生した。ばいじんは黒い煙、黒い煤として目に見えるものであった。しかし、石油を基礎とする重化学工業化が始まると、大気汚染公害は大気中の亜硫酸ガス、硫黄酸化物や二酸化窒素という目に見えにくい汚染物質に変化したため、実際に測定してみないと実態が分からないという状況に変化した。

さらに、1973年に公害健康被害補償制度（以下、公健法と表記する）が制定され、補償を受ける公害認定患者と補償を受けない未認定患者や住民等の間に、目には見えない溝のようなものができ、派生的被害として公害認定患者が社会的に孤立するという問題も生じている。「社会的孤立」に至る経緯として、公

害のために「お金をもらっている」といったような妬みや偏見の目で見られることがあり、公害認定患者は周囲や社会に対し被害を訴えにくい状況に置かれるようになった（除本 2008：252）。このように公害被害には「見えにくい」という問題があるが、公害被害は生態系の破壊から始まり、人間への健康障害として表出し、その健康障害が地域集約的に発生することにより被害が可視化され、地域社会で問題として共有化されることにより公害問題となる。

2．公害問題から公害反対運動へ

　公害問題と地域社会の関係に着目したのは福武（1965、1966）、松原編（1971）の研究である。松原らは生産と生活の接点として地域を捉え、公害問題の社会的メカニズム、生活妨害、社会構造、生活意識、住民運動の5つの指標から公害問題の社会学的解明を試みている（松原 1971：8-9）。5つの指標のなかで住民運動について分析した山本は、住民運動の定義を「ある地域に居住するひとならどんなひとでも、年齢、性、職業などによって制限されることなく、生産、消費、文化、余暇その他生活全般にわたる妨害、破壊などに対して、共通の利害にもとづいて、ある一定の組織を形成して、問題解決のために、集団的にさまざまな方法によって運動を展開すること」としている（山本 1971：177）。公害問題を都市問題と捉え住民運動について分析した宮本は、住民運動を「住民が或る要求や問題をもち、その解決のために一定の住民組織をもち、政府・自治体や企業にたいして働きかける運動である」と定義する（宮本 1971：2）。また公害被害の構造に着目し、公害反対運動を被害者運動として捉えたのは飯島（飯島・西岡 1973、飯島 1984）である。これらの研究に共通する視点は、住民運動が地域社会で共有化された問題解決に向けての働きかけであり、地域社会において共有化された公害被害に対して、公害反対運動が起きたとする点である。

　山本、宮本、飯島らが共通して取り上げた運動の事例として、四日市ですでに発生していた公害被害の現状を学び、これを運動の糧とした沼津・三島・清水町の石油コンビナート進出反対運動がある。山本と飯島は、沼津・三島・清水町の運動を公害予防運動であり運動の新しい性格をもつものと評価している。宮本も同運動を草の根保守主義から草の根民主主義への出発点になる「戦後住民運動の原点」と位置づけている（宮本 1971：59）。

しかし、その後も工場が集中する地域の大気汚染は改善されなかった。大気汚染の原因が工場の排出する硫黄酸化物だけでなく、これに自動車の排ガスに含まれる窒素酸化物や浮遊粒子状物質が新たに加わり、ぜん息などの公害患者は増え続けた。また、環境庁（当時）が大気汚染物質の基準を緩和したことにより、旧基準では全国の90％が環境基準を超える汚染地域であったのに対して、全国の90％以上が非汚染地域となることから、地方の公害対策が緩められることになった。産業界は「空気がきれいになった」と宣伝し、1988年には公健法の大気汚染公害指定地域が解除され、それ以降公害患者は新規には認定されなくなった。地域社会で共有化された公害問題は、公害反対運動等によりある一定の制度的な解決を図ることが可能となったが、経済成長を推進する資本の論理、それを後押しする公害行政の後退により不可視化されようとしていた。これを防ぎ、公害問題としての可視化を行ったのは一連の大気汚染公害訴訟である。

3．大気汚染公害訴訟と「地域再生」の視点

　日本で大気汚染公害に関して最初に訴訟を起こしたのは、1967年に公害患者9名が塩浜第1コンビナート6社を被告とした四日市訴訟である。1972年に被害者原告の全面勝訴となった四日市公害判決は、国内外に大きな影響を与え、大気汚染等に対する本格的な対策（総量規制）や公健法の制定など公害対策はある程度は前進した。しかし、都市部の大気汚染公害が改善されないこと、公健法の大気汚染公害指定地域が解除されることへの不安から、千葉（1975）、大阪・西淀川（1978）、川崎（1982）、倉敷（1983）、尼崎（1988）、名古屋（1989）、東京（1996）で裁判が起こされ、1990年代に入り順次、原告側の勝訴・和解として解決を迎えた。その概要をまとめると表5-1となる。

　一連の大気汚染公害訴訟において、千葉公害訴訟、西淀川公害訴訟、川崎公害訴訟、倉敷公害訴訟は、四大大気汚染公害訴訟と呼ばれている。四大大気汚染公害訴訟において千葉公害訴訟と倉敷公害訴訟は、四日市公害訴訟と同様にコンビナート形成に伴う企業を被告とした産業公害に対する訴訟という点で共通している。しかし、訴訟の目的において千葉公害訴訟と倉敷公害訴訟との間には変化が見られる。千葉公害訴訟の目的は、公害発生源の差し止めと公害被害者の救済にあった。それに対して倉敷公害訴訟では、「水島地域の再生」と

表5-1　日本における主要大気汚染公害訴訟一覧

	四日市	千葉	西淀川	川崎	倉敷	尼崎	名古屋	東京
一次訴訟提訴	1967.9	1975.5	1978.4	1982.3	1983.11	1988.12	1989.3	1996.5
和解	1972.7	1992.8	1995.3	1996.12	1996.12	1999.2	2001.8	2007.8
被告	電力・石油など6社	川崎製鉄1社	電力・鉄鋼など10社国・阪神高速道路公団	電力・鉄鋼など13社国・首都高速道路公団	電力・鉄鋼など8社	電力・鉄鋼など9社国・阪神高速道路公団	電力・鉄鋼など11社国	国・東京都・首都高速道路公団・トヨタ・日産など7社
公害の形態	産業公害	産業公害	複合型都市公害	複合型都市公害	産業公害	複合型都市公害	複合型都市公害	複合型都市公害

出所：各種資料をもとに筆者作成。

いう視点を取り入れ、和解条項に「原告らは解決金の一部を原告らの環境保健、地域の生活環境の改善などの実現に使用できる」という一文をいれている。

　その背景には、1978年に提訴された西淀川公害訴訟の影響があると考えられる。西淀川公害訴訟では、公害問題と自然環境の破壊などのアメニティ問題との関連性を指摘した宮本の理論を背景に、公害をなくして被害補償を実施することに加え「自分達が安心して暮らせるよう都市空間をつくりかえる課題、すなわち『まちづくり』をも運動の射程におさめるようになっていった」（除本2013：7）。そして、被害者原告らは被告企業から得た解決金（和解金）の一部を地域のために供出し、「環境再生のまちづくりへ」と踏み出すこととなった。西淀川公害訴訟の過程において取り入れられた「公害地域の再生」から「地域再生、環境再生、そして環境再生のまちづくりへ」という視点は、その後倉敷、川崎へと受け継がれ、公害問題の可視化と公害被害者運動の新たな歴史の流れへと定着していった（森脇 1998：132）。

　その後の一連の大気汚染公害訴訟では、公害問題が被害者だけの問題ではなく、地域そして社会の問題であることを再共有化させるために、「地域再生」、「環境再生」の視点が取り入れられた。公害問題は訴訟という形で再び可視化され、公害被害者の救済だけでなく「地域再生」、「環境再生」という視点をもつことにより地域住民との再共有化が目指されることとなった。

　そして、訴訟の和解金をもとに「地域再生」、「環境再生」を推進する団体として各地で「財団法人公害地域再生センター」（1996年　通称：「あおぞら財

図5-1　公害問題の可視化・共有化・不可視化の過程

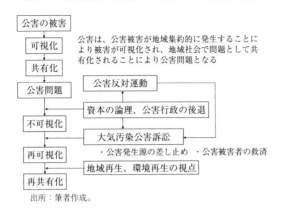

出所：筆者作成。

団」）をはじめとして、「尼崎・ひと・まち・赤とんぼセンター」（1999年）、「水島地域環境再生財団」（2000年設立　通称：「みずしま財団」）が設立された。2000年代に入ると、地域社会における公害被害の経験を乗り越えて「地域再生」、「環境再生」へとつなげていくための実践と研究が積み重ねられるようになった（寺西 2001、磯野 2001、永井・寺西・除本編 2002、寺西・西村 2006、磯野・除本編 2006、宮本監修 2008、除本・林 2013）。その過程を、可視化・共有化・不可視化の概念図としてまとめると図5-1となる。

4．「地域再生」と公害被害の経験

　筆者は、他の論編で大気汚染公害訴訟において「地域再生」の視点を取り入れたことは、まちづくりに参加することができなかった公害被害者が「公害地域の再生」のためにまちづくり運動の中心となることができたという意味で大きな意義があったことを明らかにした（江頭 2015：85）。一方で、大気汚染公害が多発した1960年代から約50年、大気汚染公害訴訟で和解してから約20年が経過した現在も、公害被害者が願った未来につながる「公害地域の再生」が実現していないことも明らかにしている（江頭 2015：88）。公害被害者が願った未来につながる「公害地域の再生」とは何か。それは、「青い空をとりもどすこと」だけにとどまらず、公害による被害の経験を次世代に伝え、二度と公害が起こらないように活かしていくことにある。

公害被害の経験については、新潟水俣病を事例として研究してきた関（2003）、藤川（2010）の研究がある。新潟水俣病を事例として研究をしてきた関は、公害経験を教訓化する意味について次のように述べている。

　被害者に経験された水俣病が何であったのかを、その経験の外部にある者が知り、それによって行為を修正してゆく過程を伴うことで可能になる。新潟水俣病を「教訓化」する必要とその主体は、被害者の側にではなくその外部にある行政や社会システム、その成員としての〈我々〉の側にある。「教訓化」への期待は、未認定患者が投げかけてきた問いやメッセージを〈我々〉がいかに読み取るのか、という点にかかっている（関 2003：10）。

　さらに関は、「地域社会の具体性を抜きに議論をすることができない」と主張し、公害経験を活かす新しい主体として「被害者に最も近い社会的現実であるところの地域社会に属する人々」を提議する（関 2003：313）。一方で、公害経験を普遍化するために地域に着目することの有用性と問題点を指摘するのは藤川である。藤川は、公害問題はどこでも起きる問題ではなく、歴史的な要因のなかで発生し、それぞれに地域事情が存在するが、不用意に普遍的な存在としての地域を強調することの危険性を指摘する。なぜなら地域社会は、地縁的連帯の基盤と前提されることもあるが、格差・差別の舞台でもあり、地域を強調することは、地域間と地域内の両方の格差を拡大するおそれがあるからだという（藤川 2010：99）。それを理解したうえで、藤川は地域社会における公害経験を普遍化する際には、いかに被害の全体を認識し伝えていくかという過程が重要なのであり、地域のなかに良いものだけを探したり、経験から後世に伝えるべき重要な点をみつけだすことではないと主張する（藤川 2010：100）。

　関と藤川の研究をもとに考えると、公害被害の経験を活かすためには、「公害による被害の全体を認識」し、時間と空間を隔てて暮らす我々が、「公害被害者の経験、想いやメッセージの意味を読み取ること」が必要となる[1]。過去の経験に蓋をしたまま、新しいものを上に積み上げたとしても、それは真の意味での「地域再生」、「環境再生」にはならない。公害被害の経験を次世代に活かすことを目的として、個人が特定されることなく個々の公害体験や記憶を記録として残し、地域の経験として、さらに社会全体の経験として、その意味を

図5-2　本研究の分析枠組みと研究対象

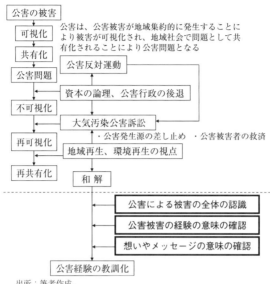

出所：筆者作成。

確認していくことにより公害問題を「負の遺産」ではなく、意味のある公害経験とすることが可能になる。被害の全体を認識し伝えていく主体は、公害を経験した時代の行政、企業、住民および被害者だけでなく、今の時代にその地域に属する行政、企業、住民を含めた地域社会を構成する人びとにある。さらに、公害が発生した空間と時間を隔ててはいるが、我々が当事者の経験、想いやメッセージを読み取り、意味づけをし、現実を構成し、公害経験を教訓として次世代に継承していくことが課題となる。

　本章では、倉敷市水島地域の公害問題を事例とし、水島地域における大気汚染公害の発生から倉敷公害訴訟までの経緯について、可視化・共有化・不可視化の視点から明らかにしたうえで、倉敷公害訴訟の経験と公害被害者の生活の変容、公害に対する想いやメッセージについて、和解後20年を経過した現在の時点から問い直していく。その分析枠組みと研究対象を概念図としてまとめると図5-2となる。

第2節　水島地域における
　　　　　大気汚染公害の発生から倉敷公害訴訟まで

　水島地域における大気汚染公害の発生から倉敷公害訴訟に至るまでの経緯については、関連する資料、文献研究をもとに述べていく。

1．工業化と公害問題の発生──被害の可視化から共有化へ

　水島臨海工業地帯の工業化は、大正年間に実施された高梨川の改修によって生じた廃川敷に、第二次大戦中の工場分散により三菱重工業名古屋航空機製作所の工場が1943年に建設されたことに始まる。それまで漁業と干拓農業を主とする一寒村に過ぎなかったこの地域が工業化への道を歩み始めることとなった。1945年の空襲により三菱重工業水島航空機製作所が大破し、同製作所は閉鎖されることになった。岡山県倉敷市は、終戦後には新たな水島再開発構想を検討し、積極的な企業誘致活動を行い、水島工業都市開発㈱の設立（1947年）に始まり、先駆的工場、基幹的工場の誘致に成功し産業基盤を整備していった。1950年代に入ると、国が制定した国土総合開発法（1950年）に基づき、岡山県は企業誘致条例を制定（1952年）するとともに、「瀬戸内海地域総合開発計画」を立案し、旧三菱航空機跡地（国有地）の無償払い下げを受け、「水島臨海工業地帯造成計画案」を立案した。そして翌1953年以降、積極的に工業用地の埋め立てや水島港の造成に着手した[2]。1950年代に水島臨海地帯形成のための埋立・造成過程における海底の土砂採取や深部採掘により水島灘沿岸の藻場は破壊され、玉島地区の海苔・アサリ・モ貝の被害発生や、土砂の濁りに敏感なタイやサワラの回遊が急減したことが1960年代の初めに報告されていた（笹谷1992：994）[3]。1967年に川崎製鉄㈱第一高炉の操業が開始されたことにより、水島コンビナートの形成がほぼ完成し、水島臨海工業地帯は1960年代における日本の産業政策上重要な位置を占めていくこととなった。目覚しい工業化を遂げる水島臨海工場地帯発展の陰で、公害が確実に起き始めていた。
　1964年、石油コンビナートの心臓部といわれる化成水島㈱が操業を開始すると、異臭と騒音、光害が住民におそいかかり、たまりかねたコンビナートの中心に位置する呼松町民約700名が化成水島㈱へムシロ旗をたてておしかける、

"呼松エピソード"と呼ばれる事件が起きた。大気汚染については、1963年から岡山県が、ばい煙測定に関する調査を開始し、1964年には岡山県倉敷市に公害係を設置している。倉敷市は、1966年までの水島の亜硫酸ガス濃度の調査結果から、濃度がかなり高くなっており、一部の地域では急速に四日市なみになりつつあることを報告している（国土問題研究会 1989：244）。1973年に水島地域のオキシダント濃度が記録破りの高い数値を記録したことから8月に岡山県は、水島地区を中心とした倉敷市で亜硫酸ガスの総量規制に踏みきった。水島コンビナートの形成による環境被害は、漁業・農業被害として表出し、大気中の汚染濃度の測定により問題が可視化され、光化学スモッグ注意報等の発令により水島地域の公害問題として共有化され、地域住民による公害反対運動が展開されていく。

2．公害反対運動と企業の対応――公害問題の可視化と不可視化

水島地域における公害が拡大していくことに対して、1964年に自治労岡山本部は、「水島コンビナートを中心とする地域開発と公害」というテーマでのシンポジウムを開催した。そして、1968年には公害防止倉敷市民協議会（通称「市民協」、以下市民協と表記する）が組織された。市民協の構成団体は、水島生協、自治労、倉敷地区労、社会党、共産党だけでなく、公害発生源で働く水島地区労を含み、倉敷市における組織労働者の大半からなる運動組織であり、その組織人員は約2万5,000名であった。また、大気汚染公害病に罹患した患者を中心として組織された倉敷市公害患者と家族の会（以下、倉敷公害患者会と表記する）は、水島地域での公害悪化と全国的な公害問題への関心の高まりを背景に、全国公害患者の会に加盟するとともに、公健法による地域指定を求めた。

これに対して企業群の住民懐柔政策は巧妙化し、「企業あっての住民」と宣伝するようになった。さらに企業は真実に基づく患者らの声をはねつけただけでなく、逆にニセ患者呼ばわりするという虚偽の情報によって患者らを孤立させようとしてきた。また、企業は労働組合にも「仕事をとるか、公害をとるか」と圧力をかけ、結果的には市民協の構成団体のひとつであった水島地区労は、1978年の定期大会で市民協からの脱退を決定し公害反対運動における一線から退いた。

その結果、工業化、経済成長を推進する強大な資本の論理におされ、直接的

には水島地区労が市民協から脱退したことにより公害反対運動は停滞するに至り、公害問題は不可視化されようとした。その不可視化を防いだのが倉敷公害訴訟である。

3．自治体の対応と倉敷公害訴訟——公害問題の再可視化

　公害問題が不可視化されようとすることに危機感を募らせた倉敷公害患者会は、支援団体とともに街頭宣伝、ビラ配布、署名活動、対市交渉などを進めた。その結果、1975年に水島全域と児島の一部が公健法の地域指定をうけることになった（山崎 1998：28）。公健法の地域指定となった3年後の1978年に倉敷市は、倉敷特定気道疾病医療費給付条例の在り方を検討するとして、倉敷市公害健康被害等対策協議会を設立し、同年12月に市条例を全面的に廃止すべきであるとの答申を行った。倉敷公害患者会は、抗議声明を出すとともに各種の運動を展開したが、倉敷市は反対を押し切り1979年に市条例の廃止を決定した。

　倉敷市の公害行政は、1970年代前半には一定の取り組みをしていたにもかかわらず、1970年代後半以降は後退した。岡山県や倉敷市が巨大中央資本につきつけられる要求に及び腰になり、条例の廃止だけでなく、公健法の地域指定解除も時間の問題となること等への危機感から、水島地域に暮らす公害患者と遺族61人は、1983年岡山地裁に提訴した。公害発生から提訴までの流れをまとめた年表が表5-2である。

表5-2　水島地域の工業化と公害問題の発生および公害反対運動

	産業政策	行政（岡山県、倉敷市）	環境変化・公害反対運動	日本の動き
1943	三菱重工業航空製造工場建設	企業誘致活動		
1947	水島工業都市開発㈱設立			
1950				国土総合開発法
1952		企業誘致条例制定（岡山県） 「水島臨海工業地帯造成計画案」立案 「水島に公害はない」強調		
1954		公害患者救済条例廃止		
1958		岡山県勢振興計画策定		水質保全法

第五章　倉敷市水島地域の公害被害の経験

年				
1960	水島コンビナート稼動始まる		〈↑水質汚染中心〉	
1962	水島石油化学設立		〈↓大気汚染問題へ〉	新産業都市建設促進法 ばい煙規制法
1963		ばい煙測定開始（岡山県）		
1964	岡山県南新産業都市地域指定、化成水島設立	公害対策審議会公害係設置（倉敷市）	呼松エピソード イグサの先枯れ報告	
1965	川崎製鉄操業		公害問題研究集会開催	
1967		水島は新産業都市の悲劇との認識（倉敷市長）		公害対策基本法 四日市公害訴訟始まる
1968	山陽石油化学設立 水島エチレン設立		公害防止倉敷市民協議会組織化	大気汚染防止法 騒音規制法
1969			公害病患者の集い（水島協同病院）	
1970		公害から市民を守る決議（倉敷市議会） 倉敷市公害監視センター設置	〈人体への影響拡大へ〉	第64回臨時国会（公害国会）公害防止事業費事業者負担法他）
1972		倉敷特定気道疾病医療費給付条例施行	倉敷市公害病友の会結成（現：倉敷市公害患者と家族の会）	四日市公害裁判勝訴
1973	工場災害続発	亜硫酸ガス総量規制	オキシダント濃度数値高まる	全国公害患者の会連絡会結成
1974	三菱石油重油流出事故			公害被害健康被害補償法施行
1975		公害健康被害補償法指定（水島全域、児島一部）		
1976		同・認定患者194人		
1977	事故多発	同・認定患者986人		
1978		倉敷市公害健康被害等対策協議会設立	オキシダント注意報発令14回	西淀川裁判提訴
1979		倉敷市議会、市特定気道疾病患者医療費給付条例公害患者と家族の会などの反対を押し切り廃止		
1980		「岡山県内進出工場と地元との関連調査」実施	患者会提訴に向けて弁護団結成を要請	
1982	工場新増設承認	「新しい時代に対応した工業振興と団地形成のあり方」		
1983	新規立地解除		倉敷市公害患者と家族の会、岡山地裁に提訴	

出所：丸屋（1970）、岡山県「水島のあゆみ」（1971）、水之江・竹下（1971）、中野（1977）、国土問題研究会（1989）、布施編（1992）、正義が正義と認められるまで刊行委員会（1998）をもとに筆者作成。

第3節　倉敷公害訴訟を経験したことの意味

　倉敷公害訴訟（1983年11月9日～1996年12月26日　以下、訴訟と記述する）は、「被害の原因は企業が十分な公害防止対策をせずに、立地・操業したためで、人格権・環境権が侵害された」と、水島コンビナートの主要企業8社（川崎製鉄、中国電力、三菱化成、岡山化成、水島共同火力、旭化成、三菱石油および日本鉱業）を相手取り、基準値を超える大気汚染物質の排出差し止めなどを求めた[4]。訴訟は、多くの関係者および団体によって支えられていた。本章では、石田弁護士の記述（1998）を元に倉敷公害訴訟の経緯と意義を概観する。

1．倉敷公害訴訟の経緯

　訴訟は、1983年の一次訴訟につづき、1986年に二次訴訟が、1988年に三次訴訟が提起され、原告数は全部で290名にもおよぶ大型訴訟となった。訴訟の争点は、以下の4つに要約される。①大気汚染物質と原告らの喘息などの呼吸器疾患の因果関係、②被告責任の寄与割合、③個別原告の因果関係、④汚染物質の一定基準値以下への差し止めである。

　①の大気汚染と原告らの因果関係について一次訴訟の判決では、水島地域の特殊性およびその歴史的経過、大気汚染物質の健康影響、水島地域の諸データから、明確に因果関係を認めたものとなった。②の被告責任の寄与割合については、企業の過失責任を認めたのみならず、県が主導した岡山方式の公害防止対策が不十分とする指摘もなされた。③の個別原告の因果関係については、すべての原告が公害患者と認定され、53名の原告に対し、総額189,923,896円（原告1人あたりの認容平均額は、約352万円）となった。④の差し止めについては認められなかった。

　一次判決は被告企業に損害賠償を命ずる原告勝訴の判決が下されたが、差し止めが認められず、損害賠償額が低額だったことから、原・被告双方が高裁へ控訴した。二次三次と13年間の長きにわたる訴訟となり、1996年12月26日に和解全面解決という原告側の勝利に至った。その主な内容は、「今後の友好関係を築く意味で和解すること、企業が公害発生の責任を認めて謝罪すること、今後最大限の公害防止努力をすること、被告企業は解決金を原告らに支払うが、

原告らが解決金の一部を水島の地域の環境改善などに使用することを認める」などとなった。

2．倉敷公害訴訟に関わった人びとの経験

訴訟の経緯、特に「医学的因果関係」論争については詳細な記録がのこされている（「正義が正義と認められるまで刊行委員会」編 1998、「真実が勝った日」刊行委員会編 1998）。本章では、訴訟の争点や手法等ではなく、訴訟に関わった人たちの取り組む姿勢、訴訟という経験をとおして何を考えたのかについて焦点をあて、弁護団、医師団、科学者団、法廷外での活動に関わった人たち（労働組合、全国の大気汚染裁判および公害反対運動等）、そして最後に倉敷公害患者会の順に述べていく。

(1) 弁護団

公害の発生が顕著になった頃から、岡山の弁護士は現地調査を行い、現地との交流を図っていた。そして1978年の条例廃止問題をきっかけに、将来裁判を起こすことを念頭に倉敷患者会と弁護士との間で意見交換が積み重ねられ、1980年に結成の要請を受け、12名（最終的には23名）の弁護団が結成された。準備期間の3年も含めると16年間という長期にわたる弁護活動となった。

弁護団は、手弁当型の自主的弁護団という特徴をもち、弁護士団の考え方と発言の基本には、原告患者の人権と利益を守る立場が貫かれていること、事実に基づく立証の精神があった。特に原告患者の人権と利益を守るという姿勢のあらわれとして弁護団長の山崎は、「弁護団を統率したり、引っぱったりしたわけではなく、弁護団の一員として『弁護団長』という名のごく一部の仕事を、微力そのままに受け持ったにすぎない」と語り（山崎 1998：93）、水谷は、「原告患者の陳述書づくりでは、言葉すくなく語る患者さんの気持ちをどれだけ書き取れたのか不安であった」という（水谷 1998：96）。また達野は、「献身的に協力して頂いた医師団の皆さん、学者、研究者の方々、各地の弁護団の皆さん、法廷外で支えて下さった支援の方々、それ以外にも多くの人達に手助けをして頂いた、いつまでも忘れ得ぬ人々である」という（達野 1998：94）。このように、人の心に寄り添い、感謝しつつ弁護活動に邁進するベテランの弁護士のもとで、多くの若い弁護士も育っていた。

27歳から42歳という弁護士の初期キャリアを訴訟とともに歩んだ石田は、ほとんどの証人対策に参加するだけでなく、各地の訴訟の支援や各地の弁護団合宿に参加した。「精神的にタフさが要求される数々の問題に直面しながらも、失敗を含め悲しいことや恥ずかしいこと、そして嬉しい経験をし、鍛えられた」と当時を振り返る（石田 1998：97）。1987年に倉敷で弁護士としての第一歩を踏み出した清水は、「裁判に勝ったのは弁護団・科学者・医師団が地道に勉強し道理に基づいて裁判官を説得したこと。力を合わせた成果である。力や金がなくても確信にささえられて地道に努力すれば報われる」ことを体感し、この裁判で弁護士としてのスタンスを学んだという（清水 1998：98-99）。さらに清水は、訴訟で関わった人たちについて次のように述べている。

　　原告・患者の苦しみときれいな空気をとりもどすための頑張りがなければ、いくらこのような専門家と呼ばれる人たちがいても勝利にはつながらない。なかでも強く印象に残っているのは、一次原告の藤原一郎さんや成田智枝さんだった。この方々は、一次判決で公害病と認められはしたものの棄却された原告だった。一次判決後に何度も繰り返された企業交渉の中にこの人達の姿を見るとき、何としても子や孫にきれいな空気を手渡したいという純粋な気持ちが伝わり、勇気づけられた。運動を支えてきた人々の力もなければ勝てなかった。苦しい原告の生の生活を映像に残してくれた倉敷医療生協職員の真田好雄さん、久戸瀬良一さんは解決をみることなく亡くなられた。（中略）今でも忘れられないのは、解決も近くなった1996年５月21日の川鉄交渉。写真班として参加していた天野さんは、川鉄担当者がのらりくらり逃げようとする姿勢に業を煮やして突然大声で怒鳴りつけた。川鉄担当者は凍りつき、交渉態度が変わった。真っ直ぐな人だった（清水 1998：99）。

　また、学生時代に月に何日か水島の工場地域へアルバイトで行っていた経験をもつ佐藤は、「当時の水島はむごかった。（中略）あんな汚れた空気を吸っていたら被害が出るのはあたりまえだ、その思いが10年以上の訴訟を闘う力になっていたことは間違いない」という（佐藤 1998：114）。さらに、陳述書の作成、原告本人尋問準備でのやりがいについて佐藤は次のように述べている。

第五章　倉敷市水島地域の公害被害の経験

　もちろん原告患者さんの本当の苦しみは本人でなければわからないし、表現しつくせるものではない。ただ患者さんのなんとか訴えようとする努力によって、その苦しみの一端かもしれないが、本人ならではの生の声を聴取できたのではないかと思っている。

　患者さんの多くは公害被害者であるとともに戦争被害者でもあった。大阪や神戸や岡山で空襲によって焼け出され、なんとか倉敷や水島の縁戚を頼って水島に居を定めた人が多くいた。戦争で何もかも失い、戦後それでも精一杯働いてきて、さあこれからという時に公害病で苦しめられる。この国はいったいどういう国なんだろうと思わざるを得ない。理不尽としかいいようがない。「子や孫に二度とこのような苦しみを味わわせたくない」という患者さんたちの言葉にはいろいろな思いが込められていると思う（佐藤 1998：114）。

　このように、若手弁護士は患者の思いに動かされ、勇気づけられ、困難な弁護活動を乗り越えた経験により、弁護士としてのあるべき姿を学んでいったことが伺われる。訴訟という経験を通して、学んだのは若手弁護士だけではなかった。すでに中堅の弁護士として活躍していた内藤は、「今回の訴訟が非常に尊い教訓を私に教えてくれたと個人的には感謝している」と述べている（内藤 1998：105-106）。ベテラン弁護士の水谷も、「公害企業に責任をとらせるということが人間の尊厳の回復にどれだけ意味のあることかがわかった。それだけに健康の回復が図られないことの無念さも思い知ることができた。裁判は終わっても生涯健康被害と戦いつづけなければならない患者さんの気持ちを忘れずに弁護士として生きていきたい」と語っている（水谷 1998：96）。

　訴訟は、公害患者の救済、公害の原因が被告企業にあることを認めさせ、大気汚染物質の排出差し止めをさせるために起こされたものであり、弁護団の苦労と努力は並大抵のものではないことが容易に拝察される。しかし一方で、それぞれの弁護士が公害患者を始めとする訴訟に関わる人たちとの関係性のなかから学び、成長し、貴重な経験となったことも、訴訟の意義のひとつといえるだろう。

(2) 医師団

　倉敷市水島の地域住民の公害健康被害救済運動に積極的に関与したのが、水島協同病院に結集した医師団であった[5]。医師団は、公害患者の日常治療行為に献身的に関与するかたわら、公害反対闘争にも積極的に関与した。そして訴訟においては、原告患者・弁護団に協力し、その社会的責任を果たすべく努力を積み重ねた。「その主なものとして、原告主治医診断書作成、被告側『症例検討』に対する主治医意見書作成、原告本人尋問・臨床尋問への対応、被告側医療関係者の証人尋問への対応、裁判公判等への医療班派遣[6]、裁判用ビデオの作成などが挙げられる」(福田 1998a：134)。

　福田は、医師団を励ました存在として患者の姿勢、全国の学者・研究者の支援、患者や家族を支援する数々の運動をあげている。呼吸器の病に苦しみながらも暑い日も寒い日も、街頭に立ち、支援団体を訪問した原告・患者の姿勢、公害病と汚染物質との因果関係の立証のための地元岡山をはじめ全国の学者・研究者の大きな支援がなされたこともまた、「医学論争」に立ち向かう医師団を大きく励ましたという。具体的には、公害被害者の実態が時間の経過とともに深刻化し、汚染状況の改善が進まないなか、患者や家族を支援する運動が組織・団体の協力も得ながら岡山県下へと拡大していったことや、倉敷医療生協が中心に実行委員会で取り組んだ諸活動をあげている[7]。また、倉敷で節目節目に取り組まれた集会や行動には必ず、全国からの被害者の支援の参加があり、「公害を根絶し、美しい地球や地域を子や孫に手渡したい」という公害被害者のせめてもの願いを共有しながら活動する姿は、原告の主治医をはじめ支援するものの大きな励ましとなったという。

　医師団においても、訴訟における困難な医学論争を乗り越えた経験を通して、多くのことを学んでいる。1997年3月22日の中四国ブロック青年医師交流会の講演で里見は、「症例検討を通じて私は医師のあり方について深く感じるところがありました。(中略)医師にしろ科学者にしろ自分の仕事を通して平和と人権を守る、社会的弱者を守るためには、『権力からの自由』、『学問の自由』という立場を堅持する必要があるということに気づいた」と述べている。さらに里見は、「たたかう患者さんたち、命を奪う者に挑んだ患者さんたち、このような患者さんたちとの関わりは私の患者観の形成にかけがえのない経験を与えてくれました」。そして、「この公害裁判という大きな渦に呑み込まれて必死

にもがき続けてきたわけですが、ひとくぎりついてみるといい仕事ができたと自分ながら思っています。多くのことを学んだ気がしています」と述べている（里見 1998：322-326）。

また、1996年11月1日の全日本民医連中堅医師交流集会の講演で道端は、症例を検討することで、医師として抱いていた不安や悩みがふっきれた経緯について説明したうえで、「ちっぽけな自分でも真理に忠実でありさえすれば、大丈夫だという確信を得たことが公害裁判を闘って、一番大きな成果でした」と述べている（道端 1998：330-331）。

このように医師団も、訴訟の勝利に大きく関与しただけでなく、公害患者を始めとする訴訟に関わる人たちとの関係性のなかから学び、患者観を形成し、医師としての不安を自信へと変えていったこともまた、訴訟の意義のひとつといえるだろう。

(3) 科学者団

訴訟の争点は、被告企業の汚染物質の排出と原告の健康被害の因果関係にあった。その因果関係を裏付ける疫学調査の主張を支えたのが、岡山大学を始めとして、国土問題研究会、日本科学者会議に所属する科学者たちであった[8]。水島や倉敷の大気汚染の実態分析、汚染物質排出量の推定、被告企業の公害対策の程度については神戸商船大学の西川に、統計学面のサポートは岡山理科大学の山本に、環境権を主張するための因果関係立証のための調査協力は地域環境計画研究所の浅野に、水島コンビナートの功罪についての調査は岡山大学と国土問題研究会に依頼されるなど、多くの研究者が訴訟に関わっていった。なかでも水島工場地帯の実態調査に携わった岡山大学の森瀧は、調査から訴訟における経験について、「この地域からはもっぱら学ばせていただくばかりで、こちらからは何もお返ししていない。裁判が勝利の和解に終わり、公害のない町づくりへと進もうとしているとき、今度こそ少しでも地域にお役に立てることができればと思う」と述べている（森瀧 1998：152-153）。森瀧は、その言葉どおり訴訟の和解金をもとにつくられたみずしま財団の代表者に就任している。

(4) 法廷外での活動

訴訟における弁護団、医師団、科学者団、そして後述する原告である倉敷公

害患者会らの活動を運動という側面から支えたのが、倉敷医療生活協同組合を中心とする諸活動、1989年に結成された大気公害県民連[9]、および全国公害患者の会を中心とした関係諸団体による支援であった。しかし、その運動は困難を極め、特に提訴以後の闘いは苦渋の闘いであった。支援仲間からも、補償費をもらって「トクをしている……」式のものから、悪質な風聞まであり、裁判の当事者たちと支援者たちとの間にズレが生じ、その狭間で強烈なストレスを被ったことが何度もあったという（北村 1998：121-122）。

運動を勝利に導くためには、真実をつかむ科学的な分析力と人々の心を捉える運動と組織の構築が必要であることから、具体的な取り組みとして公害患者会は、水島の再生をかかげ、公害訴訟が住民全体の利益に関わるものであること、健康な町づくりはみんなの共通の願いであることを明らかにし、再生プランを提唱した。

法廷外での主な活動としては、署名と集会への参加、アピール行動があげられる。署名は大きなものに限っても一次訴訟、二次・三次訴訟、川鉄分と3回あり、約20万という数の署名を集めた。アピール行動としては、1994年3月23日の「公害退治の桃太郎行動」、1995年5月21日の「5.21あおぞら行動」において、それぞれ約1,500人の参加を得ている。この1,500人という数について、倉敷公害患者会の会長代理である高木は、「病人と高齢者ばかりの『患者と家族の会』では動ける人数は500人、他はすべて支援の方々に助けていただきました。（中略）企業の厚い壁をやぶることができたのは、岡山県内はもとより全国各地の正義と民主主義を愛する労働組合や、各種団体、個人の方々の暖かいご理解と支援の賜物です」と述べている（高木 1998：83-84）。

署名という形で関わった約20万人、アピール行動参加という形で関わった約3,000人、それ以外に有形無形で関わった多くの人たちが、公害被害の経験や公害訴訟経験から何を考え、何を学んだのかについて、現時点では資料から明らかにすることはできない。しかし、公害および公害訴訟に直接・間接的に関わった人も関わっていない人も、公害被害の経験や公害訴訟経験からそれぞれ何を学んだかについてはできるところから明らかにしていく必要があるだろう。

(5) 倉敷市公害患者と家族の会（倉敷公害患者会）

訴訟の主体は公害患者であるが、原告とはならなかった公害患者やその家族

で組織される倉敷公害患者会の並々ならぬ苦労と努力のうえに成り立っている。しかしここでは、直接的な被害者である公害患者が、公害経験と訴訟から何を学んだのかに焦点をあてることとする。

公害患者であり倉敷公害患者会の副会長である田中は、その経験について次のように述べている。

> 私の一生の間に裁判をするなど考えた事もないですから、心細くただ患者会と弁護士さんたちの言葉を信じてついていきました。13年という実に長いたたかいでした。13年間の裁判中の事は今でも忘れることは出来ませんが、これも今となっては人生の中のよい体験だったと思います。東京での行動で、私達のような主婦にはとても行けない様なところへ行ったり、色々の方達との出逢いがあったり、過ぎ去った今では皆思い出になります。………患者でもない支援の方がこんなに一生懸命、私達のためにたたかってくださるのに私達がこんな事では申し訳ないもっと積極的に頑張らなければと思ったのです（田中 1998：88）。

やはり公害患者である一次原告の太田は、「私は病気にはなりましたが、原告であったということで、いろんな経験が出来ましたことは、とても良かったと思います」と語っている（太田 1998：119）。このように自らが病気に苦しみ、公害の被害にあいながらも、公害経験を前向きに捉える姿勢は、訴訟の目的にもあらわれている。訴訟では単に公害による被害の補償だけでなく、「公害で荒らされた街を再生する。公害のない新しい街づくりをする。子や孫に苦しい思いをさせてはならない」という、未来につながる「公害地域の再生」への願いが込められていた。その願いの具体的な形が、和解条項のなかに「原告らは解決金の一部を原告らの環境保健、地域の生活環境の改善などの実現に使用できる」という一文に示されている。訴訟では、この条項も認められ、結果的に和解金の一部を基金として、2000年3月に水島地域の環境改善を目指す「財団法人水島地域環境再生財団」（通称「みずしま財団」以下、みずしま財団と表記する）が設立された。

3．倉敷公害訴訟を経験したことの意味

訴訟に関わった弁護士、医師、科学者らは、原告である公害患者や訴訟に関わる人たちとの関係性のなかから学び、成長する経験をしている。公害患者らは大気汚染公害病に苦しみながらも、訴訟をとおして人とのつながりに支えられ、多様な経験をしたことを前向きに捉え、公害のない新しい街づくりの主体として活動をしている。

では、公害患者を含む公害被害者をはじめ、訴訟に関わった人びとが願った「公害のない新しい街づくりをする。子や孫に苦しい思いをさせてはならない」という、未来につながる「公害地域の再生」という願いは、実現されているのだろうか。

水島地域の大気汚染濃度は改善され、水島コンビナートと共存した一見平穏な暮らしが営まれているように見える。倉敷市は、2007年に水島地区のまちづくりを考えるためにワークショップや意識調査を実施し、「倉敷市都市計画マスタープラン」（倉敷市 2008）、「水島リフレッシュ構想」（倉敷市総合政策局企画財政部まちづくり推進課 2010）を策定し、環境改善に取り組んできている。また、水島コンビナートの各企業と公害防止協定を結び、環境に配慮するよう行政指導も実施している。しかし、2011年の2月から3月にかけて水島コンビナートが立地する複数の企業から大気汚染防止法違反が報告されるという問題も発生している[10]。

では、市民の意識はどうなのだろうか。市民意識調査では、まちづくりを進めるうえで大切だと思うことの重要度として「中心市街地の活性化」（26.6％）について、「環境問題への対応」（23.4％）があげられている。関連する意見として大気汚染に対する不安や不満、喘息などに対する健康被害と健康不安、粉塵被害、臭い等が指摘されている（倉敷市総合政策局企画財政部まちづくり推進課 2007：4-5）。

筆者が実施した聴き取り調査では、「ここらの人は、コンビナートのことはあまり語りたくない。公害があったとかそういうことは……」等と言葉を濁すことがしばしばあった。大気汚染に対する不安や不満を抱えながらも、その発生源であるコンビナートやかつて水島地域に発生した大気汚染公害については触れたくないというジレンマは、一般的な市民の意識なのであろう。水島コンビナートを有する岡山県倉敷市は、美観地区を代表とする観光都市でもある。

倉敷＝美観地区、歴史や文化があり風光明媚なところというイメージがあることから、いまさら水島コンビナートや公害問題が発生した地域であることを「知られたくない」、「知りたくない」という意識がある。そもそも一般的な市民は、水島地域の公害問題や倉敷公害訴訟の経緯をよく知らないのが現状である。

第4節　公害被害者の生活

　公害被害者の生活については、筆者らが実施した公害認定患者への聴き取り調査をもとに「働き方の変容」、「生活の変化・家族への影響」に焦点をあて明らかにしていく。聴き取り調査では、現状だけでなく、生活史にも着目する。なぜなら公害は、事件や災害のようにある一定の時期に起きるのではなく、被害が時間的な流れのなかで蓄積された結果、表出するものであり、またその環境被害も環境政策の欠如や不備によって歴史的に蓄積されるものであるからである（磯野・除本 2006：4）。公害認定患者は、和解後も被害の程度の違い、症状の違いだけに限らず、経済資本、人的資本、文化的資本、社会関係資本等の様々な要素が重なり合うなかで多元的な生活を営んでいる。その多元的な生活を明らかにするためには、個々の生活の違いに沿った形で諸個人の生活の現状を把握する必要があることから、対象者の生活史、公害認定の頃の話、体調の変化、現在の暮らしぶり、生活の変化、家族との関係、訴訟との関わり、公害に対する想い、福祉や医療・介護サービス利用状況などを聴く半構造化インタビューによるインテンシブな聴き取り調査を行った。また、データの分析ではデータ型対話理論（Grounded Theory）（Glaser, B and Straus, A 1967 [1996]）の方法論を用いた[11]。

1．調査の概要

　まず、調査の設計を目的として2010年2月に予備調査を実施したうえで、2010年8月に本調査を実施した。聴き取り調査の対象者については、倉敷公害患者会、みずしま財団、水島高齢者支援センター（地域包括支援センター）の協力を得た。本節で分析する調査対象者は、表5-3の18事例となる。対象者の内訳は、男性5名、女性13名である。年齢は36歳～91歳（平均年齢79歳）で、公害認定は1級が1名、2級が8名、3級が9名となっている。

表5-3 聴き取り対象者一覧

事例	性別	年齢	認定	認定時年齢	訴訟	介護
①	女	84	2級	60歳代		要支援1
②	女	82	2級	56歳		要介護1
③	女	82	3級	61歳		要支援2
④	女	73	3級	30代後半	第2次原告	
⑤	女	86	2級	30代後半	第1次原告	要介護2
⑥	女	36	3級	4歳		
⑦	男	82	3級	30代後半		
⑧	女	74	3級	31歳	第1次原告	
⑨	男	81	2級	50歳	第1次原告	要介護3
⑩	男	78	1級	45歳	第2次原告	要介護2
⑪	女	87	2級	40代後半	第1次原告	要支援1
⑫	男	84	3級	55歳		要支援1
⑬	女	84	3級	60歳頃		
⑭	女	72	3級	40歳		
⑮	女	76	3級	30代後半		要介護3
⑯	男	86	2級	54歳	第3次原告	要介護3
⑰	女	85	2級	56歳	第3次原告	要支援2
⑱	女	91	2級	60代後半		

出所：筆者作成。

調査は、原則として公害認定患者宅へ調査者が出向き（一部、倉敷公害患者会が所有するあさがお会館でも実施）、筆者を含む3名で聴き取りを行った。聴き取り調査ではインタビューガイドを示しはしたが、原則として対象者の語りを重視し、会話が進行するなかで不明な点に関する質問を適宜行った。対象者により語りのウエイトは異なり、戦争の頃の話、外地からの引き揚げの話、子どもを病気で失ったときの話などが語られる場合もあったが、対象者の語りの流れをさえぎらないように心がけた。また、現場で確認が可能なもの（吸入器、薬等）は、極力確認をさせていただくよう依頼した。聴き取りの時間は一人の対象者に対して約1時間から3時間までであった。対象者の緊張や心理的な負担を考慮して、聴き取りの記録はメモのみとし、終了後に調査者3名でのすり合わせを行いながら事例を構築した[12]。

2．公害病罹患による生活の変化——働き方の変容と生活の変化・家族への影響

　大気汚染公害による健康被害は、ぜん息、気管支炎、慢性気管支炎でほとんど動けない時期、入退院の繰り返しを経験しているが、現在は通院となり、吸入器、服薬をしながら日常的な生活はある程度可能になっている。公害病罹患による生活の変化は、就業を継続することができたか否かの違いの影響を受けていたことから、生活の変化の分析においては、非就業継続者と就業継続者に分類し、さらに就業継続者については、勤務先変更なし、勤務先変更あり、土木関係従事者、自営業者、その他の順に検討していく。聴き取り調査の結果をまとめると、表5-4となる。

表5-4　非就業継続者と就業継続者の働き方の変容と生活の変化・家族への影響

非就業継続者

事例の特徴	働き方の変容	生活の変化・家族への影響
⑤ 女 86 2級	水島に来た直後はパートで菓子屋の袋詰めやK製鉄の寮で働く。経済的には、わずかな補償金では十分な生活ができず、貯金を取り崩した。無理をしてでも働きたかったが、公害病にかかっていることを理由に断られた。	発作が起きると夫が付き添ってくれたが、夫も睡眠不足に悩まされ、仕事に支障があったようである。夫の母親が倒れ看病のために夫が実家に帰省してから別居状態が続き、昭和55年に夫とは別れた。元気であれば夫の母親の世話をしたかったが、自分の体がこのような状態であった為、介護することができなかった。
⑨ 男 81 2級	昭和20年学徒動員で水島航空で働く。戦後すぐに運輸省関係の曳舟に乗り込み2～3年間働いたあと、実家の鉄工業を手伝う。昭和45年頃からとび職として働く。昭和49年頃から入退院を繰り返すために満足に働けず、本当に辛かった。昭和50年頃から咳や痰がでる状態が続くようになるが、3人の子どもが幼く借金があったために生活のために無理をして働く。昭和51年頃からK工機にて保全、修理の仕事をするが病気が悪化したため昭和59年頃、50歳を過ぎた頃に完全に仕事を辞める。	狭い家だったため、夜中に度々発作が起き、咳き込むことで家族に大変迷惑をかけた。夫と3人の子どもを養うために妻が働きに出た。朝3時に起きて新聞配達後、8時から5時までM自工の下請け（塗装）で25年働き、残業もこなした。米、ミルク代もなく、風呂銭もなかったため子どもだけ風呂に行かせて自分は行かなかった。今日一日が無事に終わったと、ため息をつく日々だったという。夫が病院通いの日々で認定を受けるまで、飲まず食わずの生活で、睡眠時間を2～3時間だったという。
⑪ 女 87 2級	高等小学校を卒業して銀行に勤めた。終戦直後は、あめをつくって岡山県の裏の闇市で売って歩いた。子どもをおぶいながら13年間続けた。昭和35年にN證券の外務員となる、一度は姑の反対でN證券の仕事を辞めるが、その後M生命、D生命からの誘いを受け、D生命に入職。昭和53年に発作が起きたことをきっかけとして昭和54年に退職。保険の外務員はイメージが悪く、評判も悪かったが、大事な仕事だと思ったし、	公害訴訟では第1次原告となり、工場へ抗議へ行くなど原告団としての仕事に積極的に参加した。しかし、娘も娘婿もコンビナート関連企業に勤めていたことから、娘婿は会社から呼び出され、活動を辞めさせろといわれたが、「義母が本当に苦しんでいるのだから」と会社に言ってくれたという。それで娘婿が勤務する企業だけは、抗議に行かなかったという。

事例の特徴	働き方の変容	生活の変化・家族への影響
	飛び込みで契約をとったり好きな仕事だった。公害病にならなければ定年まで働いていただろうと語る。	
⑰ 女 85 2級	12回以上入退院を繰り返して、2回ほど死にかけた。A会社に入職したが、しんどかったため診断書を持参し、退職手続きをし、それから4日目に入院した。夫は板前だったが、他界している。	雇用促進住宅で30年近く暮らしているが、収入がないため、家賃は3,000円弱だという。古いので建て替えるかもしれないが、そうすると家賃が払えなくなるとの心配がある。

就業継続者:(1)勤務先変更なし

事例の特徴	働き方の変容	生活の変化・家族への影響
④ 女 73 3級	昭和47年に看護助手として病院に就職。病院が公害に理解のある病院で、平成9年の定年まで勤めることができた。昭和49年頃に3週間入院。夜、咳や痰がひどく器官の血管がきれたために出血。その後も血痰がでたが、最近は良い薬ができたため、減りはしたが今でも血痰がでることがある。	子どもが友だちから母親が結核だという理由で遊びないと言われたことがある。子どもは親が思っている以上に傷ついていたと思う。近所の人からも避けられた。例えば、回覧板を一軒先に置かれたり、色々な差別を受けたりした。病院に勤務しているときが、唯一仲間がいると思える時だったという。
⑧ 女 74 3級	病院に事務員として勤務。咳や痰がでるため医局の仕事から病院関連の学園の世話等の仕事に変わる。昭和51年に慢性気管支炎と診断され、仕事を休む日が多くなったが、勤務先の理解で仕事は続けさせてもらったが同僚に迷惑をかけるのが心苦しかった。	症状がひどいときは、食事の用意や家事をすることができず夫や子どもに悪いと、いつも思っていた。夫も子どもも仕事があるのに睡眠を妨げ申し訳ないと思うとともに、自分も仕事がつらく、こうした身体になった自分が情けないと思う日々だった。子どもがかわいそうだった。親がやれることができない。咳をすると周りがうつると思い、嫌がられる。バスの中で運転手さんににらまれて降りたこともある。
⑫ 男 84 3級	中学を卒業後、昭和19年にM自工に入職。仕事は鉄を溶かす仕事をしていたが、体調をくずし血圧も高くなったため、機械の方の楽な仕事に回してもらい、定年の58歳まで勤務する。	公害の認定を受けたのは55歳ですでに25年たっている。今は症状が安定しており、老後の生活を楽しむことができている。

就業継続者:(2)勤務先変更あり

事例の特徴	働き方の変容	生活の変化・家族への影響
③ 女 82 3級	結婚4年後に夫が他界したことから、女手ひとつで息子二人を育てあげる。土方の仕事等の肉体労働をしていたが、昭和34年頃からS㈱に勤務した。しかし、公害罹患により14〜5年勤務したS㈱を退職。退職後も近隣のランドリーでパートタイムで働き続ける。現在の生活費は厚生年金と公害補償費でまかなっている。厚生年金を受け取るために人一倍の労力をかけ、現在受給できるに至っている。	公害病認定については、弟が「してもらうな、公害患者にされてしまう。公害補償でもらえる分は働いてのせたらええからせんでいい」と言うため、当初は認定を受けるつもりはなかった。昭和50年代後半に入り、61歳のときに認定の申請をおこなった。母子家庭で子育てをしていたからいいことがなかった。
⑩ 男 78 1級	昭和37年岡山のH工業に見習いとして入職し、社員になり、その後資材課長となった。昭和53年に退職。その後、再就職するが昭和57年に咳や痰の症状が悪化したことからO開発㈱に移ったが、昭和60年に認定される頃まで働き続けることができた。	ぜん息になったあとも、会社勤めをしていたおかげで国民年金に厚生年金を合算することができたことで老後の生活費が確保できている。しかし、妻を亡くし一人暮らしの現在は、ぜん息でも入居可能な施設ができることを望んでいる。

事例の特徴	働き方の変容	生活の変化・家族への影響
⑭ 女 72 3級	昭和37年に長男を出産するが、妊娠中に喘息の発作を起こす。その後昭和41年に次男、昭和43年に長女を出産。子育て中は体がしんどかったので、内職で裁縫の仕事をした。そのほかに調理師の免許をとり67歳まで調理の仕事もした。会社勤務ができたので、健康保険に入ることはできた。	夫はA会社の下請け企業である運輸関係の現場で59歳の定年まで勤務。しかし、平成12年から夫の体が不自由になり看護で苦労をする。現在は、足が悪くなり手術をしている。

就業継続者：(3)土木関係従事者

事例の特徴	働き方の変容	生活の変化・家族への影響
② 女 82 2級	いろいろなところで働き38～70歳まで土木関係の仕事に従事（コンビナート内のK製鉄、O建設での土方作業港に船が入港すれば荷出し等）。土方の仕事では誰にも負けなかった。	楽しむヒマがなかった。仕事だけで必死だった。元気に歩いている人を見ると、自分もあんなに走れていたのになんでこうなったかなと涙がポロポロとでる。昔は自転車で倉敷まででも、どこでも行った。その時が花だった。何をしても体が痛いので気がめいってしまう。体が悪くなっていなければ、今でも働きたいと思っている。
⑬ 女 84 3級	外地から引き上げてきたため、周りに誰も知り合いがおらず保証人になってくれる人がいなくて会社勤めはできなかった。昭和30年頃から工場建設関係の日雇いの土木関係の仕事で60歳くらいまで働く。	入院はしたことないが、夜中の2時、3時に発作が起きる。そのときは寝ていられず、座り方を変えたり、テーブルに寄りかかったりする。水島の公害はなくなったというけれど、公害は私があの世に行くまでである、水島の公害認定はもう終わったけれど、私の公害はまだ終わっていないと語る。

就業継続者：(4)自営業者

事例の特徴	働き方の変容	生活の変化・家族への影響
⑦ 男 82 3級	工場が出来始めた頃から体に異変を感じ、のどに異変を感じたことから病院にいき慢性気管支炎と診断される。その2～3年後に公害病認定を受ける。症状が軽い方だったことから仕事は続けられた。長い道など堪えることもあったが、自分はいい方だった。	家業を息子が継ぎ、現在も近くに居住している。通院はしているが、回数は減ってはいる。趣味の釣りをするなど、通院はしているが平穏な日常を送っている。
⑯ 男 86 2級	昭和52、3年頃から咳がでるようになり公害認定を受けた。その頃から入退院を繰り返し、72歳の時に肺を摘出する手術をうけたが、80歳まで仕事は続けていた。	公害病による生活の変化より、戦争で生き残ったこと、戦友の話題が中心に語られた。現在は妻が入院しており、ケアハウスで暮らしている。家業は息子が継ぎ、子ども、孫との行き来もある。
⑱ 女 91 2級	お好み焼き屋を営んでおり、練炭を使うことから咳がよくでるようになりぜん息と診断された。店は昭和44年頃まで続ける。昭和60年頃から咳がひどくなり79歳のときにぜん息で入院して以来、入退院を繰り返す。	嫁との関係も良く、今は落ち着いた暮らしをしている。

その他

事例の特徴	働き方の変容	生活の変化・家族への影響
① 女 84 2級	連島の縫製工場でミシン工として勤めたあと、自宅で学生服を作る内職をして一家を支え娘3人を育てあげた。公害の認定を受けたのは64歳であったため、当時は内職もしていなかった。	長女は勉強ができたが高校に行かせてやれなかったが下の娘二人は高校まで行った。在宅酸素療法を続けており酸素ボンベを持っての買物は不便で、坂や階段をのぼることは難しい。しかし、家族との関係も良好で、今は老後を楽しむことができている。
⑥ 女 36 3級	保育士になりたかったが、子どもを相手にする重労働なのでいつ発作が出るかわからない者には無理と考え資格取得のために専門学校に進学。専門学校卒業後歯科衛生士として診療所に勤務したが、結婚による転居を機に離職。	小学校高学年で、空気の良い土地へ転居。現在も空気の良い土地に住んでいる。服薬は継続。いつ発作が起きるかわからないので、吸入器をかばんの中に常備している。風邪をひいたあとにぜん息を誘引することが多いが、点滴をするとおさまる。
⑮ 女 76 3級	中学卒業後に農業をしながら、お茶、和裁などをしていた。工業所でお茶炊きの仕事はしたが、結婚後は特に仕事には就いていない。	夫、家族への影響は特に語られなかった。乳がん、網膜剥離、直腸がんの手術、胃のポリープ切除、腹膜炎の癒着、胃ヘルニア、S字状結腸がん等の病気をしている。

出所：筆者作成。

（1）非就業継続者の生活の変容

　非就業継続者の全員が公害認定2級であり、30歳代から50歳代と働き盛りの年齢で認定を受けている。公害病罹患を理由に就業できなくなる経験をしている。さらに生活の変化・家族への影響について見てみると、事例⑤の別居・離婚が非就業継続によるものか否かは明確ではない。事例⑨、⑰については、非就業継続となったことによる生活水準上、生活設計上の被害を受けており、特に事例⑨は、家族への影響が大きく、妻の過重労働を引き起こしている。事例⑪の生活の変化・家族への影響は、経済的な側面よりも人間関係上への影響が大きい。

（2）就業継続者の生活の変容

　就業継続者で勤務先の変更がないのは事例④⑧⑫であり、全員が公害認定3級であり、職場の理解により、仕事の内容を変えながら就業を継続することができている。事例④⑧は家族への影響、地域社会からの差別など、派生的被害を経験している。

　就業継続者で勤務先の変更があるのは事例③⑩⑭であり、全員が勤務先を変

える自助努力をしたことにより就業を継続することができている。事例③は、正社員からパートタイム労働へ就業形態を変更することによる生活水準上、生活設計上の被害を受けながらも就業を継続している。事例⑩は、公害認定1級であるが、転職を繰り返すことにより就業継続が可能となっている。その背景には、現業ではなく管理的な業務に従事していたことが考えられる。事例⑭は、資格を取得したことにより就業継続が可能となった。

土木関係従事者は事例②と⑬であり、聴き取り調査対象者のなかで土木関係に従事していたのは、就業継続者で勤務先を変更している事例③も含めて全員女性であることに特徴がある。事例②は国籍の問題から、事例⑬は外地からの引揚者であることから、土木関係の仕事にしか従事することができなかった背景がある。特に事例②は重労働による健康障害に悩まされている。もともとの経済状況の逼迫により、公害病による健康被害があるにもかかわらず、土木関係という重労働による就業継続を余儀なくさせられた。

自営業者は事例⑦⑯⑱であり、自営業者は体調の変化に応じた働き方が可能であり、公害病罹患後も就業を継続することができている。また、家族との関係も良好な点に特徴がある。

事例①と⑮は高齢になってからの公害病罹患ということもあり、就業への影響はない。年齢の若い事例⑥は、職業選択の段階で、公害病に罹患していることが影響している。

(3) 公害病罹患による生活の変化——就業継続の可否の視点から——

聴き取り調査の分析から、以下の3点が明らかとなった。まず、就業継続の可否は、健康被害の程度の差により違いが生じること。次に、就業継続の意思があったとしても、受け入れる職場がなければ就業を継続することはできないこと。最後に、職場の理解、体調の変化に応じた働き方が可能である場合は、制限を受けながらも就業を継続することが可能となることである。しかし、経済状況の厳しさから、就業を継続せざるをえない場合（特に土木関係従事者）は、無理な就業継続により健康被害が重篤化することがある。さらに、非就業継続による影響は、生活水準上の被害（経済的な側面）だけでなく、職業選択、家族への過重労働など、生活設計上の被害（社会的側面）にまでおよぶことが明らかとなった。

3．公害病罹患・公害認定および訴訟における経験

先に述べたように、公害認定患者は現在、日常的な生活はある程度可能になっている。しかし、発作が起きた際の経験は大変なものであり、その大変さは以下のように語られている。

　一度発作が起きると2～3時間、咳き込み、痰もきれない状態になります。また、汗をかき酸欠状態となり唇の色が薄れ、顔も土色になっていき時には失禁をすることも……。布団に入って横になることができず、布団の端にもたれかかり我慢をするしかないです。発作が起きると体をさすってくれるが、発作の間は体を触れると余計に苦しくなります。今でも「あの時のしんどさは耐えられない」。症状がひどい時には、家事はほとんどできないです。発作が起きそうになると、服を着替えるのも辛い。洗濯は前かがみにならないとできないので、うまくいかない。お風呂は胸までつかることができずゆっくり入れんです。出かけたときに発作が起きてからは、人混みに出ることは避けるようになりました。

また、公害認定を受けるにあたっては、家族の反対により認定を受けるのが遅くなったケースや、咳や痰がでるのは風邪の症状のひとつであると考え、通院や認定が遅れたケースも見られた。また、公害認定を受けるにあたり、公害発生源の企業に家族が勤務していることから葛藤したケースもあり、次のように語られていた。

　夫が被告企業に勤めていたので、公害認定を受けるのはいいことではないと考えていました。私は「治ればよい」と思っていたが、医師からは「治らない」と言われました。そのときの診察に夫が同席してくれ医師から、「会社と妻とどっちが大事か」と問われ、夫は即答で家族を選択してくれました。それで、認定を受け、患者の会に入りました。裁判闘争をしたときには第一次原告になりました。裁判に勝ったときは一晩中泣きました。当時は、夫は窓際にやられたと思います。出世ができないことを夫は知ってたと……。「その日その日の生活ができればいい」と夫は言ってくれました。でも、「子どもは会社を辞めたら何も買ってもらえない」と言うものだから、下の子が

大学を卒業するまでは夫は頑張りました。夫は会社で色々なことがあったと思います。夫が亡くなったあと遺品を整理していたら日記がでてきて、「本当なら退職届を出して辞めるところだが、家族のために自分の気持ちを抑えた」と書かれていました。

　また別の認定患者は、次のように語っていた。

　裁判のとき工場側は、「洗濯物を汚しても人間は汚したことがない」と言いよりました。公害患者の会では、「みんなのために頑張らなければ」と思いよりました。けど、娘も娘婿も被告企業に勤めていたので、娘婿は会社に呼び出されて「（裁判または公害患者の会を：江頭補足）やめさせろ」と言われたが、娘婿は「お義母さんが本当に苦しんでいるんだから」と会社に言ってくれよりました。それで私は、娘婿が務めている会社に行かんかった。他の会社には行きました。

　公害被害者は、公害病罹患による就業継続の可否により働き方の変容や生活の変化・家族への影響を受けるだけでなく、公害病に罹患したことによる苦しい経験、公害認定および訴訟のプロセスにおいても家族との関係において葛藤する経験をしている。その苦しさや葛藤の経験をしても、訴訟において経験したこと、そしてその訴訟で和解という勝利を得た経験や家族や仲間とのつながりを糧に日々の暮らしを営んでいる。その背景にある、公害への想いやメッセージについて、我々は知り、読み解き意味づけしていく必要がある。

第5節　公害への想いやメッセージ

　公害被害者を始め、訴訟に関わった人びとが訴訟と通して願った公害への想いやメッセージは、「公害のない新しい街づくりをする。子や孫に苦しい思いをさせてはならない」という、未来につながる「公害地域の再生」にあり、さらに「青い空をとりもどすこと」だけにとどまらず、「公害による被害の経験を次世代に伝え、二度と公害が起こらないように活かしていくこと」であった。しかし実際には、公害問題が発生した地域であることを「知られたくない」、

「知りたくない」という意識があり、一般的な市民は、水島地域の公害問題や倉敷公害訴訟の経緯をよく知らないのが現状である。また、聴き取り調査においても、「公害のことは話すようなことは何もない。思い出したくない」という人が少なからずいたことも事実である。それでも、倉敷公害患者会の会長に、「今、話しておかないと〇〇さんが苦労したこと、運動をしたことが残らないから」と説得され、協力してくれることになった人もいた。当初、話したくないといっていた人は、記録が曖昧なことを心配してか、訴訟当時の記録として、新聞記事などの切抜きを用意してくれていた。結果的には新聞の写真を見て、「これが自分だ」と説明してくれ、訴訟でのこと、転地療養での出来事などを語ってくれた。またある人は、「同じ苦しみを味わった人のほとんどが亡くなっている。公害に対する気持ちは、人によって違う。だからなかなか理解してもらえない。思い出したくない」とも語っていた。公害を経験したことによる想いとしては、次のようなことが語られていた。

- 公害補償がもらえるようになっても、公害で体がしんどい。お金がもらえても、体が動かずホロリとよくしとりました。お金もろて、しめとります。
- 公害は今でも無いとは言えないが、企業も気を使うようになった。結局のところ、お互いに理解しないといけない。みんなが吸っている空気をまともに吸うことができない。まともに呼吸ができないのが一番辛いよ。
- 水島でも公害で苦しみながら生活に困っている人も大勢いる。水島の街も死んだような街になってしまった。公害の人もだんだん亡くなってきた。会合があっても参加する人はしれたもの。
- （現在の趣味やいきがいについて）そういうものはなんもない。何もかもが終わった。このままコロッと逝きたいもんやけど、なかなかいかんもんですな……。楽しむヒマがなかった。さっぱりですわ。元気に歩いている人を見たりすると、私もあんなに走れていたのに、何でこうなったかなと涙がポロッとでる。自転車で倉敷でもどこまででも行きよったですわ。そのときが花やったかな……。家でじっと外、見ていると涙がでます。テレビ見るけどおもしろくない。何をしていても痛いので気がめいってしまう。

なかでも、当初は話す気があまりなかった方が、最後には次のようなことを

語ったことが筆者の心に強く印象に残っている。

> 水島の公害がなくなったというけど、公害は私らあの世に行くまである。水島の公害認定はもう終わった。だけど、私の公害はまだ終わっていない。

おわりに

　水島地域で発生した公害は、被害が可視化され、地域で共有化されることにより公害問題となり、公害反対運動等により、ある一定の制度的な解決を図ることが可能となった。しかし、資本の論理、公害行政の後退により、公害問題は不可視化されようとした。その不可視化を防ぎ、公害問題を再可視化したのが倉敷公害訴訟であった。倉敷公害訴訟は13年間の長きにわたる訴訟となった。その過程では、弁護団、医師団、科学者団、支援活動という側面から訴訟を支えた関係諸団体、署名という形で関わった約20万人、アピール行動参加という形で関わった約3,000人、そして倉敷市公害患者会と、多くの人たちが関わった。

　本研究では、訴訟に関わった弁護士、医師、科学者らは、公害患者や訴訟に関わる人たちとの関係性のなかから学び、成長する経験をしたこと、公害患者らは、公害病に苦しみながらも、訴訟をとおして人とのつながりに支えられ、多様な経験をしたことを前向きに捉え、公害のない新しい街づくりに取り組んでいることを明らかにした。また、公害が発生してから約50年、訴訟の和解から約20年が経過した現在も、公害被害者は、公害病罹患により苦しい経験、葛藤の経験をしながら、今もいつ発生するか分からない発作に不安を抱いている。また、訴訟において経験したこと、そしてその訴訟で和解という勝利を得た経験や家族や仲間とのつながりのなかでさまざまな想いをもって日々の暮らしを営んでいることも明らかになった。

　しかし、その地域で暮らす人びとの間には、水島地域で公害が発生したことを、「知りたくない」、「知られたくない」という意識があることも事実である。その背景には、水島地域を含む倉敷市が、「豊かな自然と魅力的な景観を有しているまち」、「水と空気と大地がきれいで、安心して暮らせるまち」であり、市民一人ひとりが環境保全活動に取り組む「環境先端都市」の実現をめざして

いることを掲げていることもある（平成25年度版「倉敷の環境白書」）。

確かに、水島地域には新しく小ぎれいな住居も見られ、一見静かで穏やかな生活が営まれているように思われる。ＪＲ倉敷駅に隣接する水島臨海鉄道の倉敷駅から電車で15分ほどで水島市街地に着く。そして水島市街地から車で東へ10分ほどの松江地区はコンビナート群に最も隣接している。その松江地区に暮らす公害認定患者への聴き取り調査を終えたあと、筆者は庭に案内された。その庭は、庭石や灯篭が置かれた立派なものだったが、草木は一本もなかった。さらに、その庭石には黒い粉塵（油煙）がべっとりとついており、見回すと家の壁板、屋根にも黒い粉塵が積もっていた。そこに暮らす公害認定患者は、雑巾でひとふきすると、べったりと黒い粉塵がついた雑巾を筆者に渡し、「これを持ち帰って、人に見せて欲しい」と言った。公害がまだ終わっていないことを目の当たりにした瞬間であった。

筆者は、真の意味での地域再生を実現するためには、「公害による被害の全体を認識」することが必要であると考えている。そのためは、公害被害者や被害を克服し地域を再生するために活動してきた人びとの経験に耳を傾け、それらの多様な中身を知る努力をする必要がある。そして、公害被害の経験、公害に対する想いやメッセージの意味を確認し、意味づけをし、現実を再構成し直し、公害経験を教訓として次世代に継承していかなければならない。

本研究は、調査対象者が公害認定患者に限定されているという限界があり、「公害による被害の全体を認識」するためには、さらに公害未認定患者、コンビナート企業群で働く労働者、公害被害者家族等における公害被害による経験を明らかにしていく必要がある。また、企業群や行政にとっての公害問題の経験も明らかにしていく必要がある。さらに、公害経験の意味を確認し、公害被害の経験を教訓として継承するためには、学校教育だけでなく市民を対象とした公害教育の理論、方法論を構築し、それらを実践に結び付けていくことが求められる。そうした営みは、「公害による被害の全体を認識」するために、また公害問題と公害被害の経験を可視化し永続させていくために欠かすことができない営為といえるのではないか。

第五章　倉敷市水島地域の公害被害の経験

注

1）関は「問いやメッセージ」としているが、筆者らの聴き取り調査において「公害に対する想い」について尋ねていることから、本章では「想いやメッセージ」とする。なぜなら、公害被害者らは、訴訟和解後、約20年経過した現在では、公害に対して何かしらを問うという強い気持ちを抱いているわけではなく、コンビナートや公害を受け入れ日々の暮らしを営んでいるからである。

2）1980年代に倉敷・水島地域を詳細に調査した布施らは、倉敷の「水島」から、県全体の「水島」へと位置づけが変わったことから、1952年が「水島」の"転機"となったと指摘する（小林 1992：64）。さらに、「水島」開発は、"太平洋ベルト工業地帯"造成の国策にセットされ、岡山県の県営事業から国策へと変容していった過程を明らかにしている。

3）1960年頃より、三重県四日市市の石油コンビナートの操業に伴い大気汚染や海の汚染が深刻化し、多数のぜん息患者が生まれるとともに漁業にも深刻な打撃をあたえていたことから、水島についても、工場誘致、コンビナート建設にあたり公害が発生することは予測されていたと考えられる。

4）被告を誰にするかについては、公害の元凶はコンビナートを誘致して公害対策の指導を怠った岡山県に大きな責任があることは一致した意見であったが、できるだけ争点を少なくして早期勝訴を勝ち取るために被告から岡山県を割愛することとなった（水谷 1998：95）。

5）水島協同病院の正式名称は、倉敷医療生協・水島協同病院である。医療生協とは、「地域の人々が、それぞれの健康と生活にかかわる問題を持ちより、組織をつくり、医療機関を所有・運営し、役職員・医療従事者との協同によって問題を解決するために運動を行なう、消費生活協同組合法にもとづく住民の自主的組織」である。

6）公判は丸1日に及ぶこともしばしばであった。水島協同病院医療スタッフ（医師・看護婦等）は、患者の健康管理を行うべく医療班として付き添い、裁判を支えるいわゆる「縁の下の力持ち」として奮闘してきた。また、病状悪化のため直接法廷に立つことができない原告患者への家庭ならびに病院での臨床尋問への対応は、医師のみならず病院スタッフ全体の協力のなかで行われていた（福田 1998b：41）。

7）具体的には、1972年の「風鈴運動」（真鍮の薄板を付けた風鈴をつるしてその腐食度により大気汚染の実態をつかもうとするもの）、および「バケツ運動」（バケツに堆積する浮遊粉塵の量の簡易測定で汚染状況を調べるもの）、1984年から86年の「アサガオ運動」（光化学オキシダント汚染に敏感なアサガオを使ってその汚染状況をつかもうとするもの）、そして「二酸化窒素、NO_2測定運動」等である。

8）1964年に岡山大学を中心に水島協同病院の医師らが加わり公害問題研究会が作られた。また、1966年に発足した日本科学者会議は環境・公害委員会を設けて公害問題に取り組んでおり、1967年に組織された岡山支部もこの問題に強い関心を寄せていた。そして、1968年に日本科学者会議第三回公害問題全国研究集会が水島中学校体育館で開催された。同集会は住民と研究者が共に報告し討議する集会として実施され、分会を始めとする地元の方々の支援により大成功を収めている（河野 1998：150）。

9）大気公害県民連の正式名称は、「大気汚染をなくし被害者の早期完全救済をめざす岡山県民連絡会」であり、26団体130名の参加で結成された。大気公害県民連は、1985年に岡山県内の9団体3万4千名が参加して結成された「大気汚染公害指定地域解除反対

10）2011年2月17日にＪＸ日鉱日石エネルギー㈱水島精油所は、同精油所Ａ工場のばい煙発生施設49基において1980年2月から大気汚染防止法ならびに岡山県および倉敷市との公害防止協定に定められた排ガス中のばいじん濃度の測定を行っていないにもかかわらず、これを実施したように記録してきたことを報告した。3月10日にはＪＦＥスチール㈱のグループ会社であるＪＦＥケミカル㈱が、3月23日には三菱自動車工業㈱が同様の報告を行った。

11）データ対話型理論とは、分析者があくまで現象に関わることがらをデータとして読み取り、そのデータとの相互作用から理論を生み出していくものである。具体的には感受概念によるキーワード選出、カテゴリー化の手順を踏んでいく（Glaser& Strauss1967［1996］）。

12）聴き取り調査の結果については、高齢者の生活を中心にこれまで江頭（2011）、小磯・江頭・唐澤（2011、2013）でまとめている。

文献

飯島伸子（1994）『環境問題と被害者運動』学文社。
飯島伸子（1998）『環境問題の歴史と環境社会学』舩橋晴俊・飯島伸子編『講座社会学12 環境』東京大学出版会、1-42頁。
飯島伸子・西岡昭夫（1973）「公害防止運動」『岩波講座 現代都市政策Ⅵ 都市と公害・災害』岩波書店。
石田正也（1998）「第一次判決の内容および成果」、「ひとつの青春の終り」、「倉敷公害訴訟の和解にいたる経過報告」『正義が正義と認められるまで 倉敷公害訴訟を闘った人びとの記録』手帖舎、41-52頁、96-98頁、189-190頁。
磯野弥生（2001）「公害地域の環境再生への課題」『環境と公害』第31巻第1号、14-19頁。
磯野弥生・除本理史（2006）『地域と環境政策 環境再生と「持続可能な社会」をめざして』勁草書房。
江頭説子（2011）「高齢化する公害認定患者の生活の現状と課題——大気汚染公害被害地域・水島を事例として——」武蔵社会学論集『ソシオロジスト』第13巻第1号、79-109頁。
江頭説子（2015）「大気汚染公害訴訟における『地域再生』の視点の意義と現状」地域社会学会年報第27集、77-91頁。
太田小夜子（1998）「公害ビデオをつくった頃」『正義が正義と認められるまで 倉敷公害訴訟を闘った人びとの記録』手帖舎、117-119頁。
岡山県（1971）『水島のあゆみ』。
小田康徳編（2008）『公害・環境問題史を学ぶ人のために』世界思想社。
河野通博（1998）「瀬戸内シンポジウムと倉敷公害訴訟」『正義が正義と認められるまで 倉敷公害訴訟を闘った人びとの記録』手帖舎、149-150頁。
北村嘉正（1998）「公害闘争への思い」『正義が正義と認められるまで 倉敷公害訴訟を闘った人びとの記録』手帖舎、121-122頁。
倉敷市（2008）「倉敷市都市計画マスタープラン『市民と創るこころゆたかな倉敷』〜豊かさ創造、豊かさ実感〜」。
倉敷市（2013）「平成25年度版 倉敷の環境白書」。

倉敷市総合政策局企画財政部まちづくり推進課（2007）「水島地区のまちづくりに関する市民意識調査」。
倉敷市総合政策局企画財政部まちづくり推進課（2010）「水島リフレッシュ構想」。
Glaser, Barney, G. and Strauss, Anselm, L.,（1967）, *The Discovery of Grounded Theory: Strategies for Qualitative Research*, Chicago: Aldine Publishing Company.（＝1996、後藤隆・大出春江・水野節夫訳『データ対話型理論の発見　調査からいかに理論をうみだすか』新曜社。
小磯明・江頭説子・唐澤克樹（2011）「（大気汚染）公害病（被害）認定患者の聴き取り調査記録」法政大学大原社会問題研究所ワーキングペーパーNo.45、24-55頁。
小磯明・江頭説子・唐澤克樹（2013）「高齢者の生活と健康に関する調査――倉敷・水島地域の高齢者聴き取り調査から」法政大学大原社会問題研究所ワーキングペーパーNo.50、41-80頁。
国土問題研究会（1989）「特集　水島コンビナート公害――排出・汚染・被害の経過と動向――」国土問題研究会『国土問題』39号。
小林甫（1992）「戦後日本資本主義の発展と水島臨海工業地帯の展開」布施鉄治編『倉敷・水島／日本資本主義の展開と都市社会――繊維工業段階から重化学工業段階へ；社会構造と生活様式変動の論理――』東信堂、62-87頁。
笹谷晴美（1992）「公害反対・市民運動の展開諸過程」布施鉄治編『倉敷・水島／日本資本主義の展開と都市社会――繊維工業段階から重化学工業段階へ；社会構造と生活様式変動の論理――』東信堂、994-1005頁。
佐藤知健（1998）「公害訴訟をふりかえって」『正義が正義と認められるまで　倉敷公害訴訟を闘った人びとの記録』手帖舎、113-114頁。
里見和彦（1998）「『ぼくの公害裁判ノート』――倉敷大気汚染公害裁判から学んだこと」「真実が勝った日」刊行委員会、『真実が勝った日　倉敷公害訴訟を闘った医師たちの記録』手帖舎、318-326頁。
清水善朗（1998）「倉敷公害訴訟から学んだこと」『正義が正義と認められるまで　倉敷公害訴訟を闘った人びとの記録』手帖舎、98-99頁。
庄司光・宮本憲一（1975）『日本の公害』岩波書店。
真実が勝った日刊行委員会（1998）『真実が勝った日　倉敷公害訴訟を闘った医師たちの記録』手帖舎。
正義が正義と認められるまで刊行委員会（1998）『正義が正義と認められるまで　倉敷公害訴訟を闘った人びとの記録』手帖舎。
関礼子（2003）『新潟水俣病をめぐる制度・表象・地域』東信堂。
高木定吉（1998）「倉敷公害訴訟を振り返って」『正義が正義と認められるまで　倉敷公害訴訟を闘った人びとの記録』手帖舎、83-84頁。
達野克己（1998）「忘れ得ぬ人々」『正義が正義と認められるまで　倉敷公害訴訟を闘った人びとの記録』手帖舎、93-94頁。
田中美栄子（1998）「苦しかった企業交渉の日々」『正義が正義と認められるまで　倉敷公害訴訟を闘った人びとの記録』手帖舎、87-89頁。
寺西俊一（2001）「『環境再生』のための総合的な政策研究をめざして」『環境と公害』第31巻第1号、2-6頁。
寺西俊一・西村幸夫編（2006）『地域再生の環境学』東京大学出版会。
内藤信義（1998）「歴史の進歩の側に立った勝利」『正義が正義と認められるまで　倉敷公

害訴訟を闘った人びとの記録』手帖舎、105-106頁。
永井進・寺西俊一・除本理史編（2002）『環境再生　川崎から公害地域の再生を考える』有斐閣。
中野卓（1977）「石油コンビナートの『公害』と『天災』」東京教育大学文学部社会学教室編『現代社会の実証的研究――東京教育大学社会学教室最終論文集――』108-160頁。
除本理史（2008）「四日市市公害の『解決』過程と被害構造」宮本憲一監修、遠藤宏一・岡田知弘・除本理史編『環境再生のまちづくり　四日市から考える政策提言』ミネルヴァ書房、237-256頁。
除本理史・林美帆編（2013）『西淀川公害の40年――維持可能な環境都市をめざして』ミネルヴァ書房。
福田博（1998a）「水島協同病院の果たした役割」『正義が正義と認められるまで　倉敷公害訴訟を闘った人びとの記録』手帖舎、134-137頁。
福田博（1998b）「医療機関・医師団の果たしてきた役割」「真実が勝った日」刊行委員会、『真実が勝った日　倉敷公害訴訟を闘った医師たちの記録』手帖舎、40-41頁。
福武直編（1965）『地域開発の構造と現実』東京大学出版会。
福武直（1966）「公害と地域社会」大河内一男編、『東京大学公開講座　公害』東京大学出版会。
藤川賢（2010）「地域社会における公害経験の意味と普遍化」明治学院大学社会学・社会福祉学研究133、81-104頁。
布施鉄治編（1992）『倉敷・水島／日本資本主義の展開と都市社会――繊維工業段階から重化学工業段階へ：社会構造と生活様式変動の論理――』東信堂。
松原治郎編（1971）『公害と地域社会　生活と住民運動の社会学』日本経済新聞社。
丸屋博（1970）『公害にいどむ　水島コンビナートとある医師のたたかい』新日本出版社。
水谷賢（1998）「倉敷公害裁判の思いで」『正義が正義と認められるまで　倉敷公害訴訟を闘った人びとの記録』手帖舎、95-96頁。
水之江季彦・竹下昌三（1971）『水島工業地帯の生成と発展』風間書房。
道端達也（1998）「倉敷公害裁判と私」「真実が勝った日」刊行委員会、『真実が勝った日　倉敷公害訴訟を闘った医師たちの記録』手帖舎、327-331頁。
宮本憲一（1971）『講座　現代日本の都市問題8　都市問題と住民運動』汐文社。
宮本憲一（1989［2007］）『環境経済学　新版』岩波書店。
宮本憲一監修（2008）遠藤宏一・岡田知弘・除本理史編『環境再生のまちづくり　四日市から考える政策提言』ミネルヴァ書房。
森瀧健一郎（1998）「倉敷公害裁判と私」『正義が正義と認められるまで　倉敷公害訴訟を闘った人びとの記録』手帖舎、152-153頁。
森脇君雄（1998）「地域再生が歴史の流れに」『正義が正義と認められるまで　倉敷公害訴訟を闘った人びとの記録』手帖舎、132頁。
山崎博幸（1998）「かくして公害裁判は始まった」、「思い出の三・二三」『正義が正義と認められるまで　倉敷公害訴訟を闘った人びとの記録』手帖舎、21-31頁、92-93頁。
山本英治（1971）「住民運動の展望」松原治郎編『公害と地域社会　生活と住民運動の社会学』日本経済新聞社、174-253頁。

第六章　水島コンビナートの現段階
　　　──コンビナート・ルネッサンスから総合特区へ──

　　　　　　　　　　　　　　　　　　　　　　　　　　　　　小磯　明

第1節　エネルギー政策の転換と岡山経済の自立的発展に向けて

1．エネルギー供給構造高度化法の成立

　総合エネルギー調査会総合部会報告書における提言に基づき、エネルギー供給事業者に対し、非化石エネルギー源の導入拡大及び化石燃料の高度かつ有効な利用を図るべき誘導的規制措置として、「エネルギー供給事業者による非化石エネルギー源の利用及び化石エネルギー原料の有効な利用の促進に関する法律」（平成21年法律第72号、以下「エネルギー供給構造高度化法」という）が成立した（経済産業省資源エネルギー庁 2010）。

　その法律関係条文集の第一条（目的）は「エネルギー供給事業者によって供給されるエネルギーの供給源は相当部分を化石燃料が占めており、かつ、エネルギー供給事業に係る環境への負荷を逓減することが重要となっている状況にかんがみ、エネルギー供給事業者による非化石エネルギー源の利用及び化石エネルギー原料の有効な利用を促進するために必要な措置を講ずることにより、エネルギー供給事業の持続的かつ健全な発展を通じたエネルギーの安定的かつ適切な供給の確保を図り、もって国民経済の健全な発展に寄与すること」と述べている（経済産業省資源エネルギー庁総合政策課 2010）。

　この法律において「エネルギー供給事業者」とは電気事業者、熱供給事業者、そして燃料製品供給事業者である。燃料製品供給事業者とは、化石エネルギー原料から製造される石油製品、可燃性天然ガス製品その他の製品のうち、燃料の用に供されるものとして政令で定めるものを製造供給する事業者のことである（第二条）。

そしてこの法律でいう「非化石エネルギー源」とは、電気、熱または燃料製品のエネルギー源として利用することができるもののうち、化石燃料〔原油、石油ガス、可燃性天然ガス及び石炭並びにこれらから製造される燃料（その製造に伴い副次的に得られるものであって燃焼の用に供されるものを含む）であって、政令で定めるものをいう〕以外のものである（第三条）。

つまり、この法律は、電気やガス、石油事業者といったエネルギー供給事業者に対して、太陽光、風力等の再生可能エネルギー源、原子力等の非エネルギー源の利用や化石エネルギー原料の有効な利用を促進するために必要な措置を講じる法律だということである。

制定の背景は、わが国におけるエネルギーの供給のうち、石油や石炭、天然ガスなどの化石燃料がその8割以上を占めており、また、そのほとんどが海外に依存している。一方、近年、新興国の経済発展などを背景として、世界的にエネルギーの需要が増大しており、また化石燃料の市場価格が乱高下するなど、エネルギー市場が不安定化している。加えて、化石燃料の利用に伴って発生する温室効果ガスを削減することが重要な課題となっている。このような事情による。

2．環境負荷が少ない非化石エネルギーへの転換

こうした状況下で、エネルギーを安定的かつ適切に供給するためには、資源の枯渇の恐れが少なく、環境への負荷が少ない太陽光やバイオマスといった再生可能エネルギー源や、非化石エネルギーを促す必要がある。

エネルギー供給構造高度化法は、こうした観点から、電気やガス、石油事業者といったエネルギー供給事業者に対して、非化石エネルギー源の利用を拡大するとともに、化石エネルギー原料の有効利用を促進することを目的とするものであり、国会により審議を経て、2009（平成21）年7月1日に成立したものである（経済産業省資源エネルギー庁 2010）。

具体的には、経済産業大臣が基本的な方針を策定するとともに、エネルギー供給事業者が取り組むべき事項について、ガイドラインとなる判断基準を定め、これらの下で事業者の計画的な取り組みを促し、その取り組み状況が判断基準に照らして不十分な場合には、経済産業大臣が勧告や命令をできるというものである。

製油所の閉鎖・縮小は近年加速している。その引き金が、前述した2009（平成21）年７月に制定された「エネルギー供給構造高度化法」と、同法に基づく2010（平成22）年７月の「経済産業省告示」である。背景にあるのは人口減少や低燃費車などの普及に伴う、国内燃料油需要の構造的縮小である。さらにそれとは対照的な過剰な精製能力である。

高度化法によって、石油元売りガソリンや軽油など高付加価値の白油を多く生産できる重質油分解装置の能力を原油精製能力に対し、一定以上の比率に引き上げることが義務づけられた。しかし、国内需要が毎年２％前後減る中で、ほとんどの会社は巨額投資を要する分解装置の増強はせず、常圧蒸留装置の廃棄を通じた精製能力の削減を選択した。

結局、高度化法で国内の精製能力は２割縮小し、製油所の稼働率は９割前後まで高まる。しかし、内需減退が変わらない以上、能力削減圧力は続く。経済産業省ではすでに高度化法に基づく、次期告示の検討を開始し、装備率の新目標など新たな生産性向上策が議論されることとなる。

単なる国家主導の縮小均衡策では、製油所閉鎖に終わりはない。韓国などアジア主要国に比べて劣る石油・化学の国際競争力を高めること、それには世界の成長マーケットを取り込む大胆な戦略への転換が必要だとの指摘もある（週刊東洋経済 2014）。

以上のようなエネルギーに関する動向の他に、国と岡山県の経済成長モデルの転換を主張する経済学者も出てきている。

３．経済発展モデルとエネルギー政策の転換

（1）外需依存型経済成長モデルの行き詰まり

久留島陽三は、2008（平成20）年、米国のリーマン・ショックに端を発した「100年に１度の経済危機」〔米・連邦準備制度（ＦＲＢ）のグリーンスパン議長の発言〕は、1929年の世界恐慌を想起させ、この十数年のＩＴ革命と金融イノベーションによってもたらされた新しい世界恐慌＝「21世紀型世界恐慌」だと判断している。久留島は、同時に、この恐慌を契機として、「日本経済、したがってまたその『縮図』といえる岡山経済の不安定性をもたらした『外需（輸出）依存型経済成長モデル』が行き詰まったことを確信した」と述べている

（久留島 2013：256）。

　少なくとも1980年代までは内需と外需が均衡した成長モデルだったと評価できるが、冷戦後・グローバル化の90年代に入って、バブル崩壊に端を発した「失われた10年」ないし「90年代大不況」に移行する。さらに90年代後半からは「デフレ不況」に突入し、アジアの新興国への直接投資の増大と内需の縮小、ないし内需を犠牲とする外需主導の経済成長モデルに移行する。そしてそれが、2008年の世界恐慌で行き詰まったということである。

(2) 自立型経済発展モデルならびに自立型エネルギー政策への転換

　久留島は、岡山経済の自立的発展に向けて、自立型経済発展モデルならびに自立型エネルギー政策への転換を主張する。その結果を次のように整理して述べている（久留島 2013：253-255）。

　第一に、不安定さを増した世界経済への依存から脱却するためには、輸出（外需）依存型成長モデルを内需と外需の均衡した、足腰の強い、自立型経済発展モデルに転換すること。第二に、エネルギーの原発依存から脱却するため、原発に依存した地域独占型エネルギー政策を地方分散、地産地消の、自立型エネルギー政策に転換すべきだと指摘する。そしてこの転換を実現するために6つの重要点を挙げている。

　第一に、少子・高齢化社会の年金、医療などのセーフティネット＝社会保障制度を整備すること。第二に、水島地区の重化学工業＝コンビナートの国際競争力の強化。第三に、地域経済の自立的発展のため、イノベーションに支えられた国際競争力のある地場産業（中小・中堅企業）が中核となり、成長分野に資本を投下するとともに雇用拡大（特に若者）に結びつけること。第四に、保護農政への依存から脱却するため自立的農業を成長分野の重要な柱として位置づけるとともに雇用拡大（特に若者）に結びつけること。第五に、中央政府への依存から脱却し、自立型発展モデルならびに自立型エネルギー政策を実現するため、地方分権を確立するとともに、新しい転換の時代に対応し、しかも「古くして新しい」岡山県にふさわしい行財政改革を断行すべきこと。第六に、電力の自由化、が求められる。

　最後に久留島は、岡山県の自然文化的地理的優位性を生かした、成長分野を8つ挙げている。一つ目は、「新エネルギー産業」で、太陽光発電・同電池、

木質バイオマス、小水力発電である。二つ目は「医療産業」であり、ナカシマ・メディカルを取り上げている。三つ目は「農業」で、平坦部では大規模経営化、中山間部での六次産業化、集光型太陽光発電システムによる植物工場などを挙げている。四つ目は「電気自動車産業（EV）」であり、三菱自動車水島製作所とともに、次世代自動車産業を挙げている。五つ目に「航空機関連産業」を、六つ目に「情報通信産業」を、七つ目に「教育産業」を、八つ目にファッションを含む「繊維産業」を挙げている。

(3) 6つの重点政策の検討

　久留島が主張する、岡山経済の自立的発展に向けて、自立型経済発展モデルならびに自立型エネルギー政策への転換という大目標には賛成である。しかし、6つの重点政策の中で、賛成と反対と留保の3つに分類できると考える。

　まず賛成すべき重要政策は、第一の社会保障制度の整備である。第三の地域経済の自立的発展のための地場産業（中小・中堅企業）が中核となり、成長分野に資本を投下するとともに雇用拡大（特に若者）に結びつけること。そして第五の中央政府への依存から脱却し、自立型発展モデルならびに自立型エネルギー政策を実現するため、地方分権を確立すること、そして第六の電力の自由化には賛成である。

　反対すべき点は、第四の保護農政への依存から脱却するため自立的農業を成長分野の重要な柱として位置づけるとともに雇用拡大（特に若者）に結びつけなければならないという文脈である。この文脈は国が繰り返し述べていることであり、目新しいことではないが、「保護農政」「成長分野」、そして「雇用拡大」の意味するところが不明であり、賛成できない。

　留保すべき点は、第二の水島地区の重化学工業＝コンビナートの国際競争力の強化である。この点は、8つの成長分野の中の「新エネルギー産業」「医療産業」「農業」「電気自動車産業（EV）」「航空機関連産業」「情報通信産業」「教育産業」「繊維産業」とどのように結びつくか明確でない。

　6つの重点政策は、一つひとつが大きなテーマである。より丁寧により詳細に、検討する必要があると考える。

第2節　水島コンビナートの現段階を検討するための研究方法

1．水島コンビナートに関する先行研究

竹下昌三・水之江季彦『水島工業地帯の生成と発展』は優れた研究業績の一つである。竹下らは、水島工業地帯が、いつ、いかなる経緯で生成し、その後いかなる経過をたどって発展してきたかを明らかにすることによって、水島工業地帯という事例に基づき、現代資本主義経済に何らかの接近をなし得るものと考えた。

竹下らの結論は、「今後もますます地域開発により工業化を推し進め生産力をより一層高めなければならない」ということである。国民の生活水準の向上を達成できないなら、いかなるイデオロギーもどんな政治体制もナンセンスという他はない。竹下らは今後も地域開発を推し進めなければならないが、もちろんその内容は今後は変えていかなければならないと述べる。「日本人の意欲と英知と勤勉さがおそらく公害その他の現在の困難のいくつかを将来解決するであろう」と述べている。

布施鉄治編『倉敷・水島／日本資本主義の展開と都市社会──繊維工業段階から重化学工業段階へ：社会構造と生活様式変動の論理──』は巨大な研究成果である。布施鉄治教授をリーダーとする北海道大学の研究グループの10年にわたる共同研究の成果が大著として刊行された。本書は、はしがき、全9部、総括からなる全3分冊、1,162頁の大作で、布施教授ほか13名の執筆者、多くの学生、院生、調査対象者の協力の産物である。そこで展開される論考は、壮大なエネルギーと見事な集中力に目を見張るばかりである。本書は、「日本資本主義の発展に伴う繊維工業段階から重化学工業段階への発展の中での地域社会変動」に焦点を当てている。

執筆当時、岡山県岡山地方振興局勤務の小林健二の「コンビナートの未来」（『地域産業の時代』）は、1995（平成7）年に上梓された小論（著書）である。「コンビナートの未来」は、基礎素材型産業としての水島コンビナートに焦点を当てた研究である。

わが国の高度経済成長を支えた鉄鋼や石油化学などの基礎素材型産業は、二次にわたるオイルショック、円高の高波を経験し、各社とも懸命の合理化によ

第六章　水島コンビナートの現段階

る競争力の維持、業界全体で構造調整に向けた取り組みなど、かなり大胆な対応を実施し、それぞれスリムな体質に変化させてきた。生産量全体の伸びが見込まれない中、技術革新や合理化による高付加価値化とともに生産の集約化を図り、工場ごとの位置づけを明確化するなど安定成長時代に対応した体制づくりを進めている。

　地域づくりの側面としては、クローズな一面として垣根の高い印象の強い企業群のイメージを官民共同歩調の中で徐々に取り除き、地域にある身近な企業としての意識づくりを進めるなど、企業群を全体として支えていく仕組みづくりが重要となっていると結論している。

　研究書ではないが、歴史資料として、先行研究にあえて挙げるべきと判断されるのが『水島のあゆみ』である。本書は、写真、図表、年表等を含め本論551頁の大著である。資料収集、執筆は主として商工部工業開発課の担当職員が中心となって進めてきたが、県内部においては関係の部課、また倉敷市については商工部を窓口としてそれぞれ資料提供、校閲などの協力を仰ぎながら、さらに企業担当者の協力を得ながらおよそ一年の日月をかけて脱稿にまでこぎつけた。それでもすでに担当の資料が散逸していたり、また初期の開発関係者が故人となったり現役を退いたりと、記憶をたどるのにもかなり苦労があったようである。本書の各種資料データ等は1971（昭和46）年3月現在までとりまとめられている。

　『水島臨海工業地帯に隣接する「地区住民の生活の実態と将来」に関する総合的調査報告書　倉敷市呼松・松江・高島地区の事例』は、地域生活研究会によって実施された調査報告書であり、1972（昭和47）年8月に出されている。先行研究として取り上げたが、実際これほど優れた調査はそうそう見ることはできないと思われるほど、価値ある調査報告書である。

　本調査は、当時の倉敷市企画部長小坂紀一郎が、「住民が暗夜に煌々ときらめく現代技術の粋である大工場の光の饗宴に歓声をあげてから数ケ年、経済発展の代価が環境破壊という名の鬼子となって、住民の上に、地域の上にふりかかってきた」と「序」の中で書いている、まさにその時に練達の社会学者の集まりである地域生活研究会に委託された「住民意向調査」である。倉敷市は、最も影響のあると推測された呼松・松江・高島の3地区に居住する人々の意識及び生活の実態を客観的に科学的に明らかにすることによって、人々の「痛

み」を和らげ、望むらくは治癒するための方策を見出したいと念願したものである。

調査の結論は、対象3地区の持つ（公害による）「痛み」がいかに深いものであるか、報告書の行間からひしひしと伝わってくると小坂は痛感している。「市政の担当者として、この『痛み』の余りの深さに、目くるめくような思いを感ずる。だがしかし、この痛みをいやさずには私達の未来はない。私達は、この痛みを自ら感じつつ、これに敢然と挑戦しなければならない」と述べている（3頁）。

その他の研究・資料では、中村忠一『コンビナートと地域社会』がある。本書は、コンビナートとは何かから始まり、コンビナートに関する基本的な内容を網羅的に述べた啓蒙書である。特に、「第5章　コンビナートと農・漁民の雇用」は、水島コンビナートについて触れている。

2．研究方法

本研究における調査方法は、第一に文献・資料による調査である。コンビナートに関する文献としては、岡山県産業労働部「水島臨海工業地帯の現状」と倉敷市水島コンビナート活性化検討会「水島コンビナート」、水島コンビナート競争力強化委員会「水島コンビナート国際競争力強化ビジョン」などの岡山県と倉敷市の文献を中心に、国のコンビナートに関する方針については、経済産業省資源エネルギー庁「エネルギー供給構造高度化法について」や首相官邸と岡山県の「ハイパー＆グリーンイノベーション水島コンビナート総合特区」等の資料を参考にしている。また、それらを補強する資料として、岡山県『平成24年工業統計調査結果表』と『平成24年経済センサス——活動調査（製造業）結果表』を使用している。

第二に、現地調査の実施である。法政大学サステイナブル研究教育機構及び大原社会問題研究所のプロジェクトチーム（2009年8月発足）によって実施されてきた一連の調査は、2015（平成27）年9月時点で7年目を迎えている。それらの調査の中には、2010（平成22）年3月と8月に実施した公害病認定患者調査（小磯 2011a、b、小磯・江頭・唐澤2011、小磯 2013a、小磯・江頭・唐澤2013）をはじめとして、2012（平成24）年11月28日から30日の日程で、岡山県倉敷市の「フィールドワーク演習」が実施された、法政大学相田利雄教授の授

業も含まれている（相田 2013、小磯 2013c）。この時の水島コンビナートの視察先は旭化成であった。演習の際に、公害闘争発生当時、「定修」と呼ばれる労働に従事していた人から、「定修」に関する知見を得るためのインタビューも行っている（小磯 2013b）。

2013（平成25）年9月の調査では、水島地域環境再生財団（以下、「水島財団」という）主催による水島コンビナートの視察として、ＪＦＥの工場視察を行った。そして、2014（平成26）年2月の調査は、岡山県産業振興課と水島財団での聞き取り調査を実施した。同年3月の倉敷調査では、やはり水島財団主催による水島コンビナートの視察として、三菱自動車水島製作所の工場視察を行った。

第三は、関係者等からの聴き取りと水島コンビナートに所在する企業現場視察と説明会による参与観察である。本章のテーマである水島コンビナートに関する関係者からの聴き取りは、公害病患者からの聴き取り、岡山県庁担当部署からの聴き取り、そして水島財団での聴き取り、ＪＦＥ西日本幹部社員からの聴き取り（小磯 2015）を実施した。

本章では、以上の調査結果をもとに、「水島コンビナートの現段階」というテーマに即して、様々な角度から構成して述べている。

3．課題の限定

水島コンビナートの県としての評価・位置づけはどの段階にあるのか、という疑問がある。というのは、岡山県における水島コンビナートの製造業生産物の割合が50％を占めていることが大変高い割合と考えるからである。そして、一般的には外部産業依存型として評価されているが、現在のままの産業構造でよいのか、という疑問がある。コンビナートの評価や県としての位置づけはどのようなものかが第一の問題意識である。

第二の問題意識は、岡山県が2011（平成23）年12月22日に国から指定された「ハイパー＆グリーンイノベーション水島コンビナート総合特区　アジア有数の競争力を持つコンビナートの実現による地域の持続的な成長と雇用の確保」の中の3つの戦略である。

戦略1は、「バーチャル・ワン・カンパニーの実現（ユーティリティ共同化モデル整備事業）」である。コンビナートが1つになるというのは一見分かりやすい。しかし現実的に、企業形態が違うので事業上の強み弱みがあり、お互いに

協調できればいいが競争する部分も出てくる。考え方としてはいいが、果たして現実的にうまくいくかという疑問である。

戦略2は、「水島港ハイパーロジスティック港湾戦略」である。原材料を輸入してきて加工して輸出する形である。外需産業依存型ではないかという疑問である。この戦略を採択した背景と将来構想を知りたいと考えた。

戦略3の「グリーンイノベーションコンビナート戦略」については、「おかやま新エネルギービジョン」によるところが大きいと考えている。ただし、コンビナートの中で新エネルギーを展開するには限界もある。この「グリーンイノベーションコンビナート戦略」とはどのようなイメージで捉えればよいか、という問題意識である。

日本全体が向かおうとしている新エネルギー政策からすると、コンビナートの中の戦略は少し趣きを異にするのではないかという意味である。

第三の今後の水島コンビナートのあり方については、最も重大な疑問である。久留島陽三は、コンビナートの今後の課題として、「輸出（外需）依存型成長モデルを内需と外需の均衡した、足腰の強い、自立型経済発展モデルに転換すべき」ことと、「エネルギーの原発依存から脱却するため、原発に依存した地域独占型エネルギー政策を地方分散、地産地消の、自立型エネルギー政策に転換すべきである」と指摘している（久留島 2013：253）。

輸出（外需）依存型成長モデルについていえば、水島コンビナートは、国のモデルを先行した形ででき上がってきた経過があるので、このモデルは必然であった。現在の水島コンビナートを強化することが、今後目指すべきことなのかという疑問である。

以上の問題意識は、今日も水島コンビナートで実際に進められている戦略であり、「すでに起こった未来」（ドラッカー 1994）でもある。岡山県が策定した「平成24年度地域活性化総合特別区域評価書【準】」には、目標達成に向けた実施スケジュール（工程表）が月ごとに示されている。

以下、「水島コンビナートの概況」について述べることとするが、以上に掲げた問題意識を解決する論考を展開するには、紙幅と筆者の力量不足は否めない。そこで、本章では、水島コンビナートの現状に関して、その形成から現段階、特にコンビナート・ルネッサンスから総合特区について述べることとする。そして、水島コンビナートと地域社会への示唆を述べて、まとめとする。

第3節　水島コンビナートの現段階

1．水島コンビナートの形成

　日本の工業地帯・地域においては、立地する企業同士が原料、燃料などを相互に融通しながら生産活動を展開する「コンビナート」が形成されている地域があり、瀬戸内工業地域の中の水島コンビナートは、石油精製と石油化学の結びつきだけでなく、鉄鋼まで広がる素材産業から、自動車などの加工組立産業まで加わる厚みのある産業構造が特徴である。

　「コンビナート」は元々「結合」を意味するロシア語で、企業相互の生産性の向上のための原料・燃料・工場施設を計画的・有機的に結びつけた工業地域をいう。したがって、本章でも「水島工業地域」＝「水島コンビナート」と呼ぶこととする[1]。日本における各工業地域には、水島コンビナートの他に、「鹿島」「京葉」「京浜」「四日市」「堺・泉北」「周南」「大分」といった「コンビナート」と一般的に呼ばれている地域がある。

　その中で、水島コンビナートは、1907年からの高梁川の改修（高梁川を市の中心部から現在の位置に変更）とその後の水島港の整備、その浚渫（海底・河床などの土砂を、水深を深くするために掘削すること）、土による埋立てによってできた地域を中心に形成されている。現在の水島コンビナートがある水島地区は、戦前、漁業と干拓農業を主とする農漁村であった。こうした中、岡山県は工場を誘致することで、「農業県から工業県へと脱皮」を図るため、1943（昭和18）年に、三菱重工業㈱水島航空機製作所を誘致した。これが現在のコンビナートの始まりといわれている。

　水島コンビナートの総面積は2,512ヘクタール（ha）で、倉敷マスカットスタジアムが750個以上、サッカー場なら3,500面以上が作れる広さで、倉敷市の総面積の7％にあたる。

　戦後、1953（昭和28）年、岡山県は大型船舶の入港を可能にするために、航路泊地の浚渫に着手し、発生する浚渫土砂で海面を埋め立てて工場用地を造成した。当時の三木行治岡山県知事は、大企業の誘致によって産業構造を高度化し、その影響下で中小商工業や農林漁業対策をはじめ終局的に各産業のすべてを栄えさせ、県民生活の向上を図るという構想の下に、様々な企業を誘致した。

工業用地、港湾、道路などの整備に合わせて、工業用水の確保は企業の死命を制するものである。昔から「水を制するものは人を制す」といわれているが、企業にとっても同様であり、特に、鉄鋼・石油化学などの重化学工業にとって水は必要不可欠なものである。水島は広大な工業用地とスケールの大きな港湾への計画、そして、高梁川からの豊富な工業用水が確保できることが大きな強みとなり、今日のコンビナートが形成された。

2．水島コンビナートの沿革

　水島コンビナートは、中国地方有数の河川である高梁川の河口に形成された

図6-1　水島工業地帯（コンビナート）

注1）「工業統計調査」における水島工業地帯の範囲。倉敷市の次の地区：水島海岸通1～5丁目、水島川崎通1丁目、水島中通1～4丁目、水島福崎町、水島西通1～2丁目、水島東千鳥町、水島西千鳥町、水島相生町、水島東常盤町、水島西常盤町、水島東栄町、水島西栄町、水島東弥生町、水島西弥生町、水島東寿町、水島西寿町、水島東川町、水島南緑町、水島北緑町、水島南瑞穂町、水島北瑞穂町、水島南春日町、水島北春日町、水島南幸町、水島北幸町、水島青葉町、水島高砂町、神田1～4丁目、水島明神町、水島南亀島町、水島北亀島町、福田町浦田、福田町福田、福田町古新田、北畝1～7丁目、中畝1～10丁目、東塚1～7丁目、福田町東塚、南畝1～7丁目、松江1～4丁目、潮通1～3丁目、福田町広江、広江1～7丁目、呼松町、連島町連島、連島町亀島新田、連島町西之浦、連島町鶴新田、連島町矢柄、鶴の浦1～3丁目、連島1～5丁目、連島中央1～5丁目、亀島1～2丁目、児島通生、児島塩生、児島宇野津、玉島乙島。
出所：岡山県産業労働部（2013：4）。

第六章　水島コンビナートの現段階

表6-1　水島コンビナート発展等の歴史

西暦（年号）	出来事
1584（天正12）	宇喜田秀家による高梁川河口潮止め堤防の築造
元和〜寛永 （1600年代前半）	高梁川河川の干拓、児島と陸続きになる
1925（大正14）	東高梁川が廃川地となる（154ha）
1943（昭和18）	水島臨海鉄道の開通 三菱自動車工業㈱水島製作所が操業開始 水島ガス㈱が操業開始
1945（昭和20）	水島空襲、工場が壊滅
1956（昭和31）	㈱クラレ倉敷事業所（玉島）が操業開始
1957（昭和32）	日清オイリオグループ㈱水島工場が操業開始
1960（昭和35）	三菱ガス化学㈱水島工場が操業開始
1961（昭和36）	三菱石油（新日本石油精製㈱を経て、現在ＪＸ日鉱日石エネルギー）水島製油所が操業開始 日本鉱業（現ＪＸ日鉱日石エネルギー）水島製油所が操業開始 水島工業用水道給水開始 中国電力㈱水島発電所が操業開始
1962（昭和37）	水島港が関税法の指定を受ける（開港） 東京製鐵㈱岡山工場が操業開始
1964（昭和39）	化成水島（現三菱化学㈱水島事業所）が操業開始 日本合成化学工業㈱水島工場が操業開始 岡山県南地区が新産業都市に指定
1965（昭和40）	旭ダウ水島工場（現旭化成ケミカルズ㈱水島製造所）が操業開始 関東電化工業㈱水島工場が操業開始 川崎製鉄水島製鉄所（現ＪＦＥスチール㈱西日本製鉄所倉敷地区）が操業開始 水島共同火力（現瀬戸内共同火力）設立
1967（昭和42）	倉敷市・児島市・玉島市が合併し倉敷市に
1969（昭和44）	日本ゼオン㈱水島工場が操業開始 日本曹達㈱水島工場が操業開始
1970（昭和45）	倉敷市公害監視センター完成 三菱重工業から三菱自動車工業が分離独立 岡山化成㈱水島工場が操業開始 荒川化学工業㈱水島工場が操業開始
1971（昭和46）	ダイソー㈱水島工場が操業開始 瀬戸埠頭㈱が操業開始
1974（昭和49）	㈱サノヤス・ヒシノ明昌水島製造所が操業開始
1975（昭和50）	山陽新幹線新倉敷駅開業 水島緑地福田公園開園
1988（昭和63）	瀬戸大橋完成
1989（平成元）	日本食品化工㈱水島工場が操業開始
1990（平成2）	日本農産工業㈱水島工場が操業開始
1992（平成4）	日本鉱業と共同石油が合併し、日鉱共石発足（1993年にジャパンエナジーに改称）
1996（平成8）	玉島ハーバーブリッジが完成 倉敷公害訴訟和解成立
1999（平成11）	三菱石油が日本石油と合併し、日石三菱が誕生

2000（平成12）		水島港にパイプライン防護設備を敷設 水島コンビナート・ルネサンス事業スタート
2001（平成13）		水島エルエヌジー設立
2002（平成14）		玉島人工島で水島港国際コンテナターミナルの使用開始
2003（平成15）		川崎製鉄とNKKが経営統合し、JFEスチール誕生 水島港が特定重要港湾（現国際拠点港湾）に昇格
2004（平成16）		台風16号で高潮被害
2005（平成17）		水島エコワークス完成 船穂町、真備町を倉敷市に編入
2006（平成18）		液化天然ガス（LNG）受け入れ基地が操業開始
2007（平成19）		「アジア有数の競争力を持つコンビナートとして地位を築く」ことを目標に「水島コンビナート国際競争力強化ビジョン」を産官が一体となって作成
2008（平成20）		（仮称）新高梁川橋梁（水島港臨港道路）整備事業に着手
2009（平成21）		エネルギー供給構造高度化法の成立
2010（平成22）		新日本石油とジャパンエナジーが経営統合し、JX日鉱日石エネルギー誕生
2011（平成23）		地域活性化総合特区の第1次指定として「ハイパー&グリーンイノベーション水島コンビナート総合特区」に指定
2012（平成24）		総理大臣官邸で総合特別区域の指定書授与式が開催され、野田佳彦内閣総理大臣から石井知事に「ハイパー&グリーンイノベーション水島コンビナート総合特別区域」の指定書が手渡された

出所：倉敷市水島コンビナート活性化検討会（2010）、及び岡山県産業労働部（2013）より作成。

三角州と沿岸一体の遠浅海面の埋立てにより造成されたものであり、その地域は倉敷市南部（旧倉敷市の水島地区、旧玉島市の南部地区及び旧児島市の塩生地区）の国際拠点港湾水島港の区域並びにその後背地の一体をいう（図6-1)[2]。

　この地域の工業化は、大正年間に実施された高梁川の改修によって生じた廃川敷に1943（昭和18）年、第二次大戦中の工場の分散により三菱重工業株式会社の航空機製造工場が建設されたことに始まる。それまで漁業と干拓農業を主とする一寒村に過ぎなかったこの地域は、戦後、わが国産業の重化学工業化への胎動を受け、本格的に工業化が進められた。この地域は、岡山県南新産業都市の中核をなすものである。

　1953（昭和28）年、岡山県は大型船舶の入港を可能とするために航路泊地の浚渫に着手し、発生する浚渫土砂で海面を埋立て、工業用地を造成し企業を誘致することにした。当時、県では農業県から工業県への脱皮を目指し、農業・工業・商業の各産業の均衡を保ちつつ工業を発展させることにより県民福祉の向上を図るという新しい構想の下に、この地域の開発を県勢振興の根幹産業として位置づけ、大々的に開発を進めた（表6-1）。

石油精製基地、鉄鋼生産基地、石油化学・鉄鋼関連化学工業基地、各種機械生産基地、食品工業基地としての発展を期するため、交通施設、用地、用水等の産業基盤と併せて、生活環境施設、教育文化施設、社会福祉施設の整備など社会資本の開発についても重点的に推進を図った。

　三菱石油（現ＪＸ日鉱日石エネルギー）と日本鉱業（現ＪＸ日鉱日石エネルギー）の石油精製２社が1961（昭和36）年に操業を開始し、石油化学コンビナートとして歩みを始めて2015（平成27）年で53年となる。

３．企業同士または産官学の連携事業の現状及び計画

(1) コンビナート・ルネッサンス事業

　「コンビナート・ルネッサンス事業」は、国内の石油精製・石油化学メーカーなど主要26社（平成24年８月現在）でつくる石油コンビナート高度統合運営技術研究組合（東京）が、コンビナートの国際競争力強化を目指して展開している事業であり、第１次事業として2000（平成12）年度から2002（平成14）年度まで、全国５地区（鹿島、水島、川崎、徳山、瀬戸内）において、コンビナート内の設備の共同運用による原料・製品の最適融通等を行うことを可能とする、高度統合運営技術開発が行われた（石油コンビナート高度統合運営技術研究組合 n. d.）。

　このうち水島地区では、水島コンビナート内に立地する新日本石油精製水島製油所（現在、ＪＸ日鉱日石エネルギー水島製油所Ａ工場）と水島港を挟んで対岸にあるジャパンエナジー水島製油所（現在、ＪＸ日鉱日石エネルギー水島製油所Ｂ工場）、三菱化学水島事業所、旭化成ケミカルズ水島製造所、山陽石油化学水島工場を海底パイプライン（全長約820m）で結び、11本の融通配管が敷設され、それらを活用した研究開発が行われた。これにより、企業系列を超えてナフサや水素、重油などの原料・製品を相互融通するなど操業の効率化を図るシステムの開発や検証がなされた。

　第２次事業は2003（平成15）年度から2005（平成17）年度までの３カ年の計画で、全国５地区（鹿島、千葉、堺・泉北、水島、周南）において、コンビナートにおける石油精製環境低負荷高度統合技術の研究開発が行われ、水島地区では副生炭酸ガス冷熱分離回収統合利用技術及び熱分解軽質留分統合精製処理技術の開発が行われた。

さらに2006（平成18）年度から2009（平成21）年度までの第3次事業では、全国3地区（鹿島、千葉、水島）で、石油精製高度機能融合技術開発が行われることとなり、水島地区では、コンビナート原料多様化最適供給技術開発のためのプラントを整備し、実証運転が行われている。

(2) コンビナート連携石油安定供給対策事業

「コンビナート連携石油安定供給対策事業」は、経済産業省からの支援を受けて石油コンビナート高度統合技術研究組合が推進している事業であり、水島地区では2010（平成22）年度から2013（平成25）年度までの4カ年の計画でコンビナートの一体運営を目指して、ＪＸ日鉱日石エネルギー水島製油所、三菱化学水島事業所、旭化成ケミカルズ水島製造所間に、原燃料や製品・半製品などを相互融通しあう高度統合生産連携システムを構築するために、必要な連携設備を設置することとしている。

(3) ＬＮＧ受け入れ基地

中国電力は、二酸化炭素や硫黄酸化物の発生量が少なく、環境への影響を抑制できる石油代替エネルギーとして期待が高まっている液化天然ガス（ＬＮＧ）の販売事業に乗り出すため、2002（平成14）年12月に日石三菱（現在、ＪＸ日鉱日石エネルギー）とともに、「水島エルエヌジー」を設立した。受け入れ基地は、ＪＸ日鉱日石エネルギー水島製油所Ａ工場内に、2006（平成18）年3月末に完成し4月から営業を開始した。さらに、増加するＬＮＧ需要に対応するため、2007（平成19）年11月よりＬＮＧ基地増設工事に着手し、2011（平成23）年4月に営業運転を開始した。

(4) ガス化溶融炉の導入

倉敷市は、市が行う一般廃棄物処理施設の整備・運営業務を、期間を限定して民間に委託するＰＦＩ（民間資金を活用した社会資本整備）方式で行うこととし、特別目的会社（ＳＰＣ）の水島エコワークスが、2003（平成15）年4月からＪＦＥスチール西日本製鉄所（倉敷地区）内において施設の建設に着手し、2005（平成17）年4月から運営を開始した。

施設には、1日処理量185トンクラスのガス化溶融炉3基が導入され、倉敷

市の可燃ゴミ、焼却灰、下水汚泥などの一般廃棄物等のほか、水島コンビナートなどからの産業廃棄物を併せ、1日約555トンを焼却、溶融処理する能力を有している。廃棄物中の有機物はガス化・改質されクリーンな燃料ガスとしてコンビナートで使用され、無機物はスラグやメタル、塩などに再生されてすべて循環利用されており、廃棄物ゼロの資源循環型社会の実現に貢献している。

(5) 石油残渣物利用の連携事業

石油精製過程で発生する石油残渣物を、重油に代わるボイラー燃料に利用する共同事業が、石油精製・石油化学企業間で進められ、2009（平成21）年夏から開始された。

(6) エチレン設備の一体運営

三菱化学と旭化成ケミカルズは、今後の国内石油化学事業の経営環境悪化に備え、両社の水島地区の基礎石油原料（エチレン等）の生産を集約・統合し、環境悪化時に対応して、生産・規模の最適化を軸とした合理化、効率化を適時実行するとともに、石油精製との連携も視野に入れた水島地区の強化にも取り組むことを目的に、水島地区の両社エチレンセンターの統合、一体運営のため、両社共同出資による有限責任事業組合（ＬＬＰ）を設立し、2011（平成23）年4月より一体運営を開始した。

(7) コンビナート製造現場中核人材育成事業

経済産業省から産学連携製造中核人材育成事業の委託を受け、2005（平成17）年度から岡山県産業振興財団が中心となって、コンビナートの国際競争力強化のため、人材育成の教育システムを開発するコンビナート製造現場中核人材育成事業を実施した。事業は、大学と企業の共同の下で実施され、「高度運転・安全能力、緊急時対応能力」に優れたオペレーター」「製造現場リスクとコンビナート全体最適化をマネジメントできるリーダー」を育成する実践的なプログラムが開発された。開発されたプログラムは、開発に参加した社団法人山陽技術振興会において、人材育成講座として開講されており（平成20年4月から完全事業家）、中小企業コースも設けられている。

(8) 産学官連携促進の取り組み

　水島地区の発展戦略や産学官の連携方策等について議論を深めることにより、水島工業地帯の一層の発展と岡山県産業の活性化に資することを目的に、2001（平成13）年から水島立地企業8社の所長と県内4大学の学長、岡山県知事、倉敷市長からなる「水島工業地帯産官学懇談会」が開催されている。

　2007（平成19）年11月には、懇談会の下に設置した「水島コンビナート競争力強化検討委員会」において、「水島コンビナート国際競争力強化ビジョン」が策定され、競争力強化に係る方向性がまとめられた。

4．水島コンビナートの現段階

(1) 国際競争力強化ビジョン

　「水島コンビナート国際競争力強化ビジョン」の策定主体は、「水島コンビナート競争力強化検討委員会」である。策定の目的は、水島コンビナート立地企業同士で、コンビナートの将来方向について共通の展望（ビジョン）を持つとともに、岡山県・倉敷市とも共有しながら、大学などの関係者の協力の下で、連携の取り組みを拡大して、コンビナートの競争力を強化しようとするものである。

　水島コンビナートのビジョンは、「アジア有数の競争力を持つコンビナート」となることである（2007年11月策定）。輸出先でみても、東アジアのウエイトが高く、今後も東アジアの大きな成長が見込まれる中、アジアの中で競争力をいかに高めるかが課題である。各業種とも、中国などアジアの競争力強化を主軸とするグローバル市場競争への対応が重要であり、コスト競争力強化や高品質・高付加価値化などへの対応が求められている。

　コンビナートの比較をしてみると、競争力では韓国（麗水）や中国（上海）を上回るものの、台湾（麦寮）、韓国（蔚山）、欧州（アントワープ）よりも劣る。現在の水島の活況は、東アジアの大きな需要に負う部分が大きい。今後、東アジアにおいては、自立生産体制が整い、素材の輸出基地化が予測されている。海外コンビナートとの競争が激化することは必然であろう。

　こうした中で、水島コンビナートがとるべき基本方針は、第一に企業間連携と産学官連携による地域としての競争力強化である。各企業の取り組みに加え、連携による総合的な競争力強化が必要である。第二に、環境との共生である。環境への配慮なくして国際的なものづくりは不可能である。第三は、地域との

共生である。地域との良好な関係を築くことが競争力強化にもつながると考えられている。共通する6つの分野として掲げているのは、物流、エネルギー、保安、環境、リサイクル、人材というキーワードである。

水島コンビナートの将来はどうなるのか。現在、水島コンビナートは、その生産規模や製品の多様さからみて、国内屈指のコンビナートであることは間違いない。しかしながら、グローバル化が進んでいる現在、国際社会での厳しい競争に勝ち残るために、さらなる発展が必要と考えられている。

また、発展だけではなく、環境や地域住民との共生も大切な課題であることはいうまでもない。そこで、水島コンビナートでは、産・学・官が一体となってコンビナートの将来像を考え、「水島コンビナート国際競争力強化ビジョン」を2007（平成19）年11月に策定した。その内容は次の通りである。

【ビジョン】
- 「アジア有数の競争力を持つコンビナート」としての地位を築く

【基本方針】
- 「企業間連携と産学官連携による地域としての競争力強化」
　……各企業の取り組みに加えて、連携による総合的な競争力強化が必要。
- 「環境との共生」……環境への配慮なくして国際的なものづくりは不可能。
- 「地域との共生」……地域との良好な関係を築くことが競争力強化にもつながる。

まず、競争力の強化、つまりコンビナートの発展については単純に規模を拡大しようというものではない。これからのコンビナートは、各企業・各工場がさらに連携を強化し、技術力や生産効率の向上を図ることが重要である。技術力や生産効率の向上により、コンビナート全体の価値を高める形で発展を目指す。

例えば、水島港の両岸にある企業間で効率的な原料をやりとりするため、水島港の海底下にトンネル状の設備を作り、多数のパイプラインを通している。地下30mの位置に、全長1kmにわたって、直径5mのトンネル状の設備を作り、その中に16本ものパイプラインを通している、中央部分はパトロール用の通路になっている。各工場で必要な原料を効率的にやりとりすることで、コンビナート全体の競争力を高めている。

共通する分野ごとのコンセプトとアプローチは、表6-2の通りである。「物

表6-2　共通する分野ごとのコンセプトとアプローチ

分野	コンセプト	アプローチ
物流	グローバル物流拠点水島へ	公共埠頭の外貿機能の拡充　など
エネルギー	エネルギーで地域と共に発展する水島コンビナートへ	エネルギーの融通、共有化の推進など
保安	世界最高水準の安全なコンビナートへ	設備レイアウトに係る効果的安全措置の検討など
環境	産業振興と環境保全の調和を図るコンビナートへ	環境関連制度の効果的運用等の検討など
リサイクル	ゼロエミッションを目指すコンビナートへ	廃棄物に関する情報共有・共同輸送の検討など
人材	優秀な人材育成により地域に貢献するコンビナートへ	人材育成事業の充実など

出所：岡山県産業労働部（2013）より作成。

流」分野では、「グローバル物流拠点水島へ」のコンセプトに対してのアプローチは、「公共埠頭の外貿機能の拡充など」である。「エネルギー」分野でのコンセプトは、「エネルギーで地域と共に発展する水島コンビナートへ」であるが、これに対するアプローチは「エネルギーの融通、共有化の推進など」である。「保安」分野では、コンセプトは「世界最高水準の安全なコンビナートへ」であり、「設備レイアウトに係る効果的安全措置の検討など」である。「環境」分野においてのコンセプトは、「産業振興と環境保全の調和を図るコンビナートへ」であり、アプローチは「環境関連制度の効果的運用等の検討など」である。「リサイクル」分野のコンセプトは、「ゼロエミッションを目指すコンビナートへ」であるが、アプローチは「廃棄物に関する情報共有・共同輸送の検討など」である。「人材」分野のコンセプトは、「優秀な人材育成により地域に貢献するコンビナートへ」であるが、そのアプローチは「人材育成事業の充実など」である。

　進め方は、インフラ整備等は行政が中心で取り組むこととし、企業間連携事業は幹事企業を決めて取り組む。規制の運用等は、行政・企業が相互に対応策を協議する。競争力強化検討委員会で進行管理や見直しを実施する。

　将来的な推進体制として、予算的な裏付けと法人格を有した企業連携組織の設置検討が望まれている。

　これまで水島コンビナートでは、アジア有数の競争力を持つコンビナートを

目指し、企業間連携や高度化などの競争力強化に取り組んできた。この取り組みをさらに前進させるため、国から規制の特例措置や財政支援などが受けられる地域活性化総合特区に「ハイパー＆グリーンイノベーション水島コンビナート総合特区」として指定申請を行い、2011（平成23）年12月に指定を受けた（地域活性化統合本部会合、岡山県、倉敷市）。これに伴い、「水島コンビナート競争力強化検討委員会」を「水島コンビナート発展推進協議会」に改組し、総合特区区域法に規定する地域協議会として位置づけた。

　また、2012（平成24）年9月には、特区計画の認定を受け、ガス事業法の特定供給要件の緩和がなされたことにより、水島コンビナート企業間で余剰となった副生ガスの融通が可能となった。

(2) 水島コンビナート総合特区の目指すもの

　水島コンビナート総合特区の目標は、「岡山県の持続的成長と雇用の場の確保」である。そのための戦略は次の3つである。

　第一は、「バーチャル・ワン・カンパニーの実現」である。コンビナート全体を一つの企業とみなし、規制緩和と財政支援で企業間連携を実現し、高効率・省資源型コンビナートを構築する。具体的にいうと、石油会社、化学会社、鉄鋼会社、自動車会社、電力会社が一つの企業体となって、ガス、蒸気、電気などを融通しあうこととなる。

　第二は、「グリーンイノベーションコンビナート戦略」である。規制緩和と投資促進策によってタイムリーな事業展開を支援し、西日本一の素材供給基地として環境・エネルギー分野のマザー工場化等、産業集積を図る。ＬＥＤ、次世代自動車、液晶、Ｌｉイオン電池、太陽電池などが対象である。

　第三は、「水島港ハイパーロジスティック港湾戦略」である。インフラ整備と規制緩和によって、国際バルク戦略港湾に選定された水島港を利用する多くの船舶の輸送効率を改善する。

　こうした構想の実現により、特区区内では、企業活動の制約となっている規制が、安全・安心や環境面に配慮した形で緩和され、アジアで勝ち抜くための様々な活動が円滑に行えるようになる。国内ものづくり産業の再編が進む中、250を超える事業所が活動する水島コンビナートが持続的に成長することで、2万5千人を超える雇用が守られ、さらに企業誘致による新たな雇用が生まれ

表6-3 新たな規制の特例措置等の提案

	バーチャル・ワン・カンパニーの実現		規制の特例措置等の提案
戦略1	高度な企業間連携による高効率・省資源型コンビナートの構築	ユーティリティ共同化モデル構築	・ガス事業法の特定供給要件の緩和 ・電気事業法の特定供給許可要件の緩和 ・消防法の移送取扱所に係る事業所敷地内部分の配管基準の緩和 ・省エネ法のエネルギー使用量等報告に係る共同省エネルギー事業の省エネ効果を各企業単位で反映できる制度の導入 ・温暖化対策法の温室効果ガス算定排出量報告に係る連携事業による温室効果ガス排出削減量を各企業単位で反映できる制度の導入
		オフガスハイウェイ、水素ハイウェイ整備	・石炭法の連携事業を実施する際のレイアウト規制の緩和 ・高圧ガス保安法の認定企業が行う配管系変更工事の届出制への緩和 ・高圧ガス保安法の保安検査の認定制度に係る高圧ガス製造施設休止届を提出した際の認定取り消しの免除 ・設備投資等に対する法人税の特別償却 ・施設整備に対する補助金制度の拡充
	水島港ハイパーロジスティックスの港湾戦略		規制の特例措置等の提案
戦略2	水島港が持つポテンシャルを最大限活用可能にする県境整備	国際バルク戦略港湾に選定された水島港の輸送効率の改善	・港則法及び関税法による船舶の錨泊地の利用基準の緩和 ・とん税法及び特別とん税法の船舶の再入港時の非課税要件の緩和 ・海上交通安全法による備讃瀬戸航路の船舶に対する航路航行制限の緩和
	グリーンイノベーションコンビナート戦略		規制の特例措置等の提案
戦略3	成長産業の国内重要製造拠点(マザー工場)化	環境・エネルギー分野における高機能・高付加価値製品の国内供給拠点の形成	・土壌汚染対策法の土地の形質変更に係る土壌調査要件の緩和 ・石災法のレイアウト規制に関する手続きの地方公共団体への権限移譲によるワンストップ化 ・道路運送車両法の特定路線における車両の重量規制の緩和 ・道路運送車両法の特定路線に回送運行許可番号標の取り付け免除 ・設備投資等に対する法人税の特別償却

出所:岡山県(2011)より作成。

ることとなる。

　以上の戦略を実現するための「新たな規制の特例措置等の提案」は表6-3の通りである。

(3) 戦略に関連する特例措置の要望
①戦略1に関連する特例措置の要望

　「実現可能となった主な項目」は2つである。一つ目は、ガス事業法の特定

供給要件の緩和（2012年9月特区計画認定）である。特区内の工場間に生産工程、資本関係、人的関係等の、いわゆる密接関連性がなくても、オフガス・水素の融通が可能となった。二つ目は、消防法の移送取扱所に係る事業所敷地内部分の配管基準の緩和である。これは、現行制度で対応可能との国の見解である。原燃料移送の際に、事業所敷地内部分に限り、移送取扱所の基準の対象外とすることとなった。

「現在協議中または今後協議を行う主な項目」を挙げると、次の4つの項目がある。

一つ目は、施設整備に対する補助金制度の拡充（エネルギー使用合理化事業者支援事業）である。年度末と年度をまたがり連続して行う工事も補助対象となるよう、制度を拡充することが必要であるが、2013（平成25）年春段階で協議中であり、経産省は予算措置も含め検討することとなっている。

二つ目は、電気事業法の特定供給許可要件の緩和である。特区内の工場間に密接関連性（生産工程、資本関係、人的関係等）がなくても、電力の融通を可能とすることである。

三つ目は、高圧ガス保安法の認定企業が行う配管系変更工事の届出制への緩和である。認定完成検査者が行う配管系の変更工事について、許可制から届出制に緩和することである。

四つ目は、高圧ガス保安法の保安検査の認定制度に係る高圧ガス製造施設休止届を提出した際の認定取り消しの免除である。認定保安検査者が、認定施設の休止届けを出した際の施設の認定取り消しを免除することである。

②戦略2に関連する特例措置の要望

「実現可能となった主な項目」は3つである。一つ目は、船舶の錨泊地の利用基準の緩和である（関税法）。水島港に入港しようとする船舶が、積荷の準備等の都合により、一旦不開港に入港（錨泊）しバース待ちをする必要がある場合における不開港出入許可手数料が免除となった。

二つ目は、とん税法及び特別とん税法の船舶の再入港時の非課税要件の緩和である。積荷の準備等の都合によりやむを得なく一時入港し、近接する不開港に入港した後、水島港に再入港する場合のとん税及び特別とん税が非課税となった。

以上の2つについては、2012（平成24）年7月から全国展開している。

三つ目は、船舶の錨泊地の利用基準の緩和である（港則法）。港内の指定錨地の対象船舶の基準が、全長「120m以下」から「140m以下」に緩和された。これは、2013（平成25）年3月に関係者間の調整により基準が緩和された。

「地元調整が付き次第、実現可能な項目」は一つである。

船舶の錨泊地の利用基準の緩和である（検疫法）。瀬戸内海の静穏な海象条件を活かした錨泊船舶の緩和を目指して、安全性の担保に向けた技術検討及び利用者調整等の課題解決のため関係者と調整を行っている。

③戦略3に関連する特例措置の要望

「実現可能となった主な項目」は4つである。一つ目は、道路運送車両法の特定経路における車両の重量規制を緩和したことである。特区内の特定経路において、車両総重量規制を緩和したことである。2013（平成25）年3月に特区計画認定され、同年10月から運行が開始された。

二つ目は、道路運送車両法の特定経路における回送運行許可番号標の取り付け免除である。特区内で製造した自動車について、工場から埠頭までの特定経路において、後面の回送運行許可番号標の取り付けを免除することとした。2013（平成25）年3月に特区計画認定され、同年6月から運行が開始されている。

三つ目は、土壌汚染対策法の土地の形質変更に係る、土壌調査要件の緩和である。事前調査による、みなし区域の設定がなされている。市の指導の下、有害物質の摂取経路を調査し、健康被害の恐れのない区域を、形質変更時届出区域かつ埋立地管理区域とみなせる区域として事前に設定することについて、現行制度で対応可能との国の見解を得ている。

四つ目は、利子補給制度の活用であるが、1件の利用があった。

(4) 地域協議会（推進母体）の設立経緯

2004（平成16）年10月6日、地域協議会の母体となる水島コンビナート競争力強化検討委員会を設立した。2011（平成23）年6月6日、競争力強化検討委員会を「水島コンビナート発展推進協議会」に改組している。そして、2011（平成23）年8月26日には、水島コンビナート発展推進協議会が、法定の第1回地域協議会として、開催されている。

構成団体は、旭化成ケミカルズ㈱、㈱クラレ、ＪＦＥスチール㈱、ＪＸ日鉱日石エネルギー㈱、中国電力㈱、三菱化学㈱、三菱ガス化学㈱、三菱自動車㈱、

岡山県、倉敷市、中国経済産業局、㈱日本政策投資銀行、㈱中国銀行、㈱トマト銀行である。

第4節　水島コンビナートの地域経済・行政・まちづくりへの示唆

1．倉敷市とコンビナート

　事業所には、その資本金・従業員数や利益に応じた税（法人市民税）や、床面積・従業員給与総額に応じた税（事業所税）、土地・建物に対しても税（固定資産税）が課税される。こうした税は、市税として倉敷市に納付されている。水島コンビナートには、大きな事業所がたくさんあるので、これらの事業所からの税収は、倉敷市にとって重要な財源となっている。

　市の税金の中で主要3税（法人市民税・事業所税・固定資産税）について水島コンビナートは市全体の35％を占めており、その税額は207億円にのぼる（2008年度）。このほか、従業員の個人市民税や国税（法人税）、県税（事業税）まで含めると多大な貢献である。

　また水島コンビナートでは、約25,000人が働いており、市民が働く場所＝収入を得る場所としても、重要な役割を果たしている。

　高度経済成長とともに、水島コンビナートで働く従業員は年々増加し、市外・県外から倉敷市に移り住むようになった。市内各地には大規模な企業社宅が建設され、人口の増加とともに、倉敷市も大きく発展してきた。機械化、システム化の発展とともに、従業員数は減少してきてはいるが、現在でも市内製造業全体に占める割合が50％を超えており、安定した雇用の場として市民生活を支えている。

2．コンビナートと地域の共生

　どんなに大きな工場も、建物や設備、機械だけでは何もできないことは明らかである。そこで働いている従業員はもちろん、関係する様々な企業や人々、工業用水を提供してくれる高梁川、原材料や製品の輸送に欠かせない瀬戸内海、そして水島コンビナートを理解してくれる住民がいて成り立っている。水島コンビナートの各事業所は、様々な形で地域との交流を図り、地域の発展に寄与するための取り組みを行っている。

例えば、季節の行事を例にとると、春の三菱桜まつりでは、グランドを地域へ開放し、桜まつりを楽しんでいる。夏の水島港まつりでは、色とりどりの衣装をまとった踊り手たちで、水島の街が華やぎ、秋にはJFEフェスタで10万人を超える人たちが工場見学等で秋の一日を楽しむ。冬のクリスマスファンタジーは、4,000個の電球が杉の木を燈す、冬の風物詩となっている。

スポーツ・文化交流では、スポーツ振興や文化活動を通して、地域の住民とのふれあいや青少年育成に取り組んでいる。JX-ENEOSバスケットボールクリニック、サッカースクール、野球教室、フットベースボール大会、化学の祭典などを開催している。

美しく安全な地域を守っていくために、水島港一斉清掃活動や倉敷川千本桜保全活動、市街交通安全指導、森林保全活動、八間川花植など、多くの活動を行っている。直接参加・協賛参加を整理すると、水島港まつりへの協賛と参加、玉島まつりへの協賛、倉敷屏風祭へのボランティア参加、せんい児島瀬戸大橋まつりへの協賛、倉敷国際少年野球大会への協賛、倉敷杯空手道選手権大会への協賛、倉敷音楽祭への協賛、フレッシュ水島港クリーン大作戦への参加、青少年のための化学の祭典への参加、一万人の交通マナー向上作戦への参加、全市一斉ごみゼロキャンペーンへの参加、大原美術館への賛助会員など、他にも多くの行事に協賛・参加している。

こうした取り組みが、はたして「地域との共生」にどれほど貢献しているかは指標がないために推し量ることはできない。そして企業のこのような活動の質と量が、住民にとってマイナスではないとしても、どれほどプラスのこととして受け止められているかについては、別途検討が必要であろう。

3．海外との競争力激化

海外との競争力の激化についていえば、海外では原油を販売してきた中東の産油国が石油精製業へ参入、また、中国、インドなどの新興国が自ら新鋭の製油所を新造する計画が動き始めている。これらの製油所は、石油精製から石油化学まで一貫した製造を行う最新鋭大規模プラントとなる（石油コンビナート高度統合運営技術研究組合作成資料）。

資源輸入国日本では、エネルギーの安定供給は重要な課題である。水島コンビナートは、将来に備えた国のエネルギー施策にも協力している。コンビナー

トの地下（一部）では、ＬＰガス国家備蓄基地の建設が進められていた（2012年完成）。このような取り組みは、日本全体のエネルギー安定供給に貢献する大切な事業といえよう。

また、環境との共生も大きな課題である。地球の温暖化を進行させないため、温室効果ガスであるCO_2の削減は世界的な課題となっている。水島コンビナートとしても、これまで製造部門の省エネや発生したCO_2の有効活用などに努力してきたが、引き続き様々な面からCO_2削減に取り組む必要がある。

さらには、地域の住民との共生も大切な取り組みである。今後も引き続き、災害防止、環境保全などへの取り組みに加え、地域活動への積極的な参加や市内中小企業への技術移転などの取り組みを通じて、地域がコンビナートとともに発展していくことを目指すべきである。

4．特区と社会的コスト

社会が負担している費用のことを「社会的コスト」という。社会的コスト（社会的費用）論は、環境経済学のパイオニアである、Ｋ・Ｗ・カップが提唱した概念である（Kapp, K. W. 1950＝1959）。筆者の問題意識は、水島コンビナートへの社会的コスト（社会が負担する費用）はどこまで捕捉できるのか、ということである。社会が負担する費用は、結局われわれ国民の税金である。国、岡山県、倉敷市が予算化し執行するが、その総額を算出するのは困難である。社会がコンビナートという重厚長大な「化け物」を、いったいどこまで許容できるか見極めることは、今後の重要問題と考える。

しかも国民と住民は、大気汚染と水質汚染という、本来企業や国が負担すべき費用を代わりに負担した経験がある。現在でも大気汚染については、本当はどのような汚染物質が排気されているか詳細は不明である。こうした汚染に対する費用は本来的には企業の責任において支払われるべきである。

水島コンビナートが総合特区になったことで、実に多くの優遇政策が施されていることを伺い知るとともに、住民環境への影響の不安がある。特区は企業にとっては規制緩和という形で、行政主導で進むことを2014（平成26）年2月の調査で確認している。行政側の発言の中には、住民への対応等の発言はいっさいなかった。すべては国の方針にのっとり、どのような規制を緩和すれば企業はより活動しやすいのか、ということだけである。一方、みずしま財団での

聴き取りでは、規制緩和が住民に大きな影響を及ぼすのではないかという危惧が表明されたことは当然であった[3]。

このような特区の指定は、2013年秋の臨時国会で成立した国家戦略特別区域法（平成25年法第107号）第5条第1項に基づき、国家戦略特別区域における産業の国際競争力の強化及び国際的な経済活動の拠点の形成に関する施策の総合的かつ集中的な推進を図るための基本的な方針として定めることとされている、「国家戦略特別区域基本方針」を閣議決定したことが基本にある。筆者が懸念するのは、特区構想にはアクターとして民間企業は出てくるが、住民というアクターは出てこないことである。このようなやり方が横行するなら、議会や国民、住民の意向が反映されない、企業のための産業政策が選択される可能性が高いことは容易に推測できる。

「おかやま環境レポート2013」は、「①県民等の環境や協働に対する意識と行動」「②環境と経済の調和」の双方が進むことにより、「より良い環境に恵まれた持続可能な社会」が、岡山県の将来を決定づける要素だと、模式図で示している。計画期間は2008（平成20）年度～2020（平成32）年度までである。

5．研究の限界と課題

本研究の限界は、竹下・水之江（1971）のように企業からの聴き取りができていないことである。3つの企業からは予め用意された一般的な施設見学での説明会と質疑応答をした。担当者の説明能力の限界は、そのまま調査の質と量の限界となってしまった。そのフォローとして、一部の企業幹部からの聴き取りを行っている。

また、3つの企業の事例を研究するつもりでいたが、水島コンビナートの概要把握に多くの労力をついやしてしまい、事例研究の余裕がなかった。代表的企業の事例研究はぜひともすべきと考える。この点は今後の課題である。

例えば一つの事例だが、三菱自動車水島製作所では約5,000人もの人々が働く。「三菱自動車工業水島製作所」の総敷地面積は東京ドームの約27倍である。プレスから最終組み立てまで、車作りの全工程が存在する、世界でも珍しい一貫生産工場である。まずは、平らな鋼板が巨大なプレス機によってボディーやドアに成形される様子を見学した。

プレス機で形成されたボディーは、ロボットにより組み合わされ、溶接され

る。飛び散る火花の中、細かい動きをスピーディーにこなしてゆくロボットアームに思わず見入ってしまう。色々な種類の車のボディーが流れてくるが、作業する従業員は混乱しないかと思われるが心配は無用である。コンピューターでプログラミングされているので、多品種混流の作業ができる。

次に、計器板や座席などの内装部品の取り付けと、タイヤなどの足回りの取り付け作業を見学した。人とロボットが協力し合って車を作りあげてゆく様子が見られる。

このような組み立て作業工場の報告を記述できるなら、水島コンビナートの現状はより内容が豊富になると考える。

6．結論

国は、水島コンビナートを総合特区として、国際競争力を強化し、アジア有数の競争力を持つコンビナートとしての地位を築くことを目標にしている。単純な規模拡大ではなく、各企業・各工場の連携の強化、技術力や生産効率を図り、コンビナート全体の価値を高める形での発展を目指す。これが、コンビナート・ルネッサンスから総合特区に指定されたことの意味である。

筆者は、国、県、企業のこうした取り組みをどう評価するかはまだ先のことと考えている。しかし、もし、総合特区になったことで住民に悪影響をあたえるような規制緩和が行われ、これまで積み上げてきた地域との共生がおろそかになるとしたら、異議を唱えざるを得ない。なぜなら、地域住民との共生はコンビナートの発展にとって障害ではなく、問題解決のプロセスだからである。たとえコンビナートが総合特区となったとしても、地域と共生しつつ、コンビナートが発展することが重要だと考える。

注
1）本章では、「水島臨海工業地帯」「水島工業地域（地帯）」という呼び方をしている箇所があるが、これは主として岡山県における呼び方であることに留意されたい。その結果、本文中に「水島コンビナート」「水島工業地域（地帯）」「水島臨海工業地帯」という3（4）つの呼び方が混在することとなった。「水島コンビナート」という呼び方以外は、ほとんどすべて寄って立つ文献・資料での呼び方であると考えていただきたい。
2）本章において「水島コンビナート」とは、具体的には、高梁川の東側にあっては、国道430号で北と東を画された地域（南は児島通生まで）、西側にあっては、水島ブリッジ

ライン以南・玉島港以東の地域である。なお、工業統計調査における「水島工業地帯」は、これよりやや広い地域が対象となっている。

3）2014年3月28日、政府は地域限定で規制緩和を進め、世界一ビジネスがしやすい環境作りにつなげる国家戦略特区について、東京圏や関西圏など計6カ所を指定することを決めた。「広域特区」として、①東京圏（東京都、神奈川県、千葉県成田市）、②関西圏（大阪府、京都府、兵庫県）、③新潟市、④兵庫県養父市、⑤福岡市、⑥沖縄県を指定する。大都市部では、大胆な規制緩和で日本経済の成長を牽引する役割が期待できる地域として東京圏と関西圏が選ばれた（読売新聞 2014年3月29日）。国家戦略特区には、大都市圏の「広域特区」と特定のテーマの「バーチャル特区」の2種類があるが、今回は特に区別せずに指定した。指定地域は5月に国、地方、民間による協議会を設けて2014年夏をめどに具体的な計画がまとめられた。政府は計画を認定したうえで、企業誘致や数値目標を示して達成度を定期的に検証する。指定地域の計画は、規制改革で具体的に踏み込んだ内容にできるかが特区の実効性を占う。政府は地域の追加指定も検討しており、今回の指定をモデルケースに規制改革の流れを全国に広げられるかも課題となるという（日本経済新聞 2014年3月29日）。

文献

Drucker, P. F.（1993）, *The Ecological Vision, Reflections on the American Condition*.〔ドラッカー・P・F／上田惇生・佐々木実智男・林正・田代正美訳（1994）『すでに起こった未来――変化を読む眼』、ダイヤモンド社。〕

Kapp, K. W.（1950）, *THE SOCIAL COSTS OF PRIVATE ENTERPRISE*, Cambridge, Harverd University Press, Massachusetts.〔カップ，K. W.（1959）『私的企業と社会的費用――現代資本主義における公害の問題――』岩波書店。〕

相田利雄編（2013）『法政大学社会学部フィールドワーク演習〈報告書〉 2012年度』。

岡山県（1971）『水島のあゆみ』。

岡山県（2011）「おかやま新エネルギービジョン」。

岡山県（n. d.）「地域活性化総合特別区域指定について」2014年4月1日アクセス。

岡山県（2011）「ハイパー＆グリーンイノベーション水島コンビナート総合特区 アジア有数の競争力を持つコンビナートの実現による地域の持続的な成長と雇用の確保」2011年12月22日指定。

岡山県産業労働部（2013）「水島臨海工業地帯の現状」。

岡山県（2013）「おかやま環境レポート2013」。

岡山県（2012）「平成24年度 地域活性化総合特別区域評価書【準】」

岡山県総合政策局統計調査課（2014）「工業統計調査」確報値、岡山県『平成24年工業統計調査結果表』。

岡山県総合政策局統計調査課（2014）「平成24年経済センサス――活動調査」速報値、岡山県『平成24年経済センサス――活動調査（製造業）結果表』。

倉敷市水島コンビナート活性化検討会（2010）「水島コンビナート」。

倉敷市（n. d.）「水島コンビナート総合特区の指定について」2014年4月1日アクセス（http://www.city.kurashiki.okayama.jp/item/50957.htm）。

久留島陽三（2013）『現代岡山経済論 転換期の岡山経済』山陽新聞社。

経済産業省資源エネルギー庁（2010）「エネルギー供給構造高度化法について」。
経済産業省資源エネルギー庁総合政策課編（2010）「エネルギー供給事業者による非化石エネルギー源の利用及び化石エネルギー原料の有効な利用の促進に関する法律の制定の背景及び概要」。
小磯明（2011a）「第4章　倉敷市水島地域の公害病認定高齢者の生活状態聴き取り調査結果」法政大学大原社会問題研究所ワーキング・ペーパーNo.45『持続可能な地域における社会政策策定にむけての事例研究——繊維産業および公害病認定患者調査報告——』、56-108頁。
小磯明（2011b）「第5章　地域の再生とまちづくりをすすめるためのインタビュー調査記録——倉敷市水島の公害と医療生活協同組合の地域展開——」法政大学大原社会問題研究所ワーキング・ペーパーNo.45『持続可能な地域における社会政策策定にむけての事例研究——繊維産業および公害病認定患者調査報告——』、109-156頁。
小磯明（2013a）「第4章　倉敷市水島地域の公害病認定高齢者の生活状態聴き取り調査の考察」法政大学大原社会問題研究所ワーキング・ペーパーNo.50『持続可能な地域における社会政策策定にむけての事例研究　Vol.2——繊維産業および公害病認定患者等調査報告——』、81-167頁。
小磯明（2013b）「第5章　倉敷市水島のまちづくり政策形成への示唆——労働、障がい、住まい、老後に関するインタビュー（聴き取り）調査記録——」法政大学大原社会問題研究所ワーキング・ペーパーNo.50『持続可能な地域における社会政策策定にむけての事例研究　Vol.2——繊維産業および公害病認定患者等調査報告——』、168-186頁。
小磯明（2013c）「フィールドワークとコミュニケーション力の育成——10年間のフィールドワーク調査の経験を中心として——」相田利雄編『法政大学社会学部フィールドワーク演習（報告書）　2012年度』、103-136頁。
小磯明（2015）「第3章　倉敷市水島の環境再生・まちづくりに関するインタビュー調査記録」法政大学大原社会問題研究所ワーキング・ペーパーNo.53『持続可能な地域における社会政策策定にむけての事例研究　Vol.4——倉敷市市政と繊維産業調査および環境再生・まちづくり調査報告——』、61-192頁。
小磯明・江頭説子・唐澤克樹（2011）「第3章（大気汚染）公害病（被害）認定患者の聴き取り調査記録——大気汚染被害地みずしまに暮らす公害認定患者10名の記録——」法政大学大原社会問題研究所ワーキング・ペーパーNo.45『持続可能な地域における社会政策策定にむけての事例研究——繊維産業および公害病認定患者調査報告——』、24-55頁。
小磯明・江頭説子・唐澤克樹（2013）「第3章　高齢者の生活と健康に関する調査——倉敷・水島地域の高齢者聴き取り調査から——」法政大学大原社会問題研究所ワーキング・ペーパーNo.50『持続可能な地域における社会政策策定にむけての事例研究　Vol.2——繊維産業および公害病認定患者等調査報告——』、41-80頁。
小林健二（1995）「第三章　コンビナートの未来」関満博・西澤正樹編『地域産業時代の政策』新評論、83-108頁。
『週刊東洋経済』（2014）「経産省の"指導"で消える全国の製油所」2014年3月15日号、75頁。
首相官邸（n. d.）「ハイパー＆グリーンイノベーション水島コンビナート総合特区」2014年4月1日アクセス（http://www.kantei.go.jp/jp/singi/tiiki/sogotoc/toc_ichiran/toc_page/t20_mizushima.html.）

石油コンビナート高度統合運営技術研究組合（n. d.）「Research Association of Refinery Integration for Group-Operation ＲＩＮＧ事業展開の効果」、2014年4月1日アクセス。
竹下昌二・水之江季彦（1971）『水島工業地帯の生成と発展』風間書房。
地域生活研究会（1972）『水島臨海工業地帯に隣接する「地区住民の生活の実態と将来」に関する総合的調査報告書　倉敷市呼松・松江・高島地区の事例』。
水島コンビナート競争力強化委員会（2007）「水島コンビナート国際競争力強化ビジョン」。
中村忠一（1966）『コンビナートと地域社会』東洋経済新報社。
『日本経済新聞』（2014）、3月29日。
布施鉄治編（1992）『倉敷・水島／日本資本主義の展開と都市社会――繊維工業段階から重化学工業段階へ：社会構造と生活様式変動の論理――』東信堂。
『読売新聞』（2014）、3月29日。

第七章　岡山県・倉敷市における地域産業と再生可能エネルギーの連携

大平　佳男

はじめに

　本章では、岡山県および倉敷市での再生可能エネルギー（再エネ）の先進的な取り組みについて取り上げる。岡山県は太陽光発電や水力発電など再エネに適した自然環境を有しており、岡山県や倉敷市などは再エネビジョンや新エネビジョンを策定し、再エネ事業を推進している。さらに岡山県の再エネ政策は再エネ事業の推進だけでなく、再エネ関連産業の誘致や支援など産業政策の側面も含まれている。岡山県および倉敷市での再エネの先進的な取り組みを分析することで、他地域での再エネ事業や再エネ政策に応用することができる。特に岡山県の再エネ政策は、東日本大震災からの復興に向けて再エネの活用を掲げている福島県と類似点が多く、福島県の再エネ政策に対して大いに参考になり、さらに他の都道府県でも同様の政策を打ち出しているところも少なくない。よって、本章では岡山県の再エネ政策をひとつの基準として捉え、自治体の再エネ政策について分析を行う。さらに再エネ事業のますますの普及を図るためには、地域の再エネ資源のポテンシャルを十分に発掘していくことが必要になってくる。地域の再エネ資源を最も把握している主体は地域の人であり、そういった地域の人たちの再エネ事業を支援できる位置づけとして、市町村といった行政がある。継続的な再エネ事業の増加を促すためにも、市町村における再エネ政策が重要な役割を果たすことになる。そのような観点から本章では倉敷市を中心に取り上げ、市町村単位での再エネ政策の必要性について分析を行う。

　次に再エネ事業について言及すると、再エネ事業は固定価格買取（ＦＩＴ）

制度が実施された2012年7月以降、急激に増加しているが、岡山県内ではそれ以前から再エネ事業について積極的に取り組んでいる。一方、2014年9月の九州電力による接続契約の回答保留をきっかけに、地域によっては再エネ事業に対する機運が停滞し、再エネの普及に対し、新たな障壁となっている。このような中でも再エネの普及を図るためには、FIT制度以前からの再エネ事業の取り組みが大いに参考になる。また、再エネは地域にある自然環境を地域の人が活用し、そこから電力を利用したり利益を獲得したりすることで、地域経済の活性化につながる。FIT制度は安定した投資事業につながるメリットを有しており、日本でも新たなビジネスとして再エネ事業（特に太陽光発電）に取り組んでいる事例が多い[1]。しかしながら、地域経済の活性化につながる再エネ事業と、あまりつながらない再エネ事業とがあり、再エネ事業を受け入れる地域にとっては、単に再エネが増えればよいというものではないことに注意が必要である。そこで、本章では地域経済の活性化につながる再エネ事業として、地域産業から発展した再エネ事業および地域産業と連携した再エネ事業について解明する。

　以上の観点から、本章では、岡山県および倉敷市における再エネ政策と再エネ事業の動向について取り上げ、再エネの普及状況について言及する。次に地域産業を活用した再エネ事業による地域経済の活性化に向け、地域産業から派生して再エネ事業に取り組んでいる真庭市のバイオマスを取り上げ、さらに地域産業と連携した再エネ事業に取り組んでいる倉敷市の太陽光発電について取り上げる。

第1節　岡山県・倉敷市の再生可能エネルギー政策

1．岡山県の再エネ政策

　岡山県では地球温暖化防止とともに産業振興や地域経済の活性化につながるような再エネの普及拡大に向けて、「おかやま新エネルギービジョン」を2011年3月に策定している。「おかやま新エネルギービジョン」は岡山県環境文化部新エネルギー・温暖化対策室が管理している。一般的に再エネは地球温暖化、産業振興、森林など、様々な分野を対象とするため、県庁の担当部局も多岐に渡り、部局間の調整が必要となる。岡山県では、「おかやま新エネルギービ

ジョン」の中で県庁内の推進体制について明記しており、「関連部局が適切な役割分担の下で施策・事業を推進する」としている（岡山県（2011：15））。おかやま新エネルギービジョンのように明記はしていないものの岡山県と同様に再エネに関する推進計画を策定している福島県や熊本県、推進計画を策定していないものの再エネ推進に積極的な福岡県などでも再エネを担当する部局があり、関連部局と役割分担を行っている。役割分担を行うことで、各部局の専門的な観点（産業振興や森林・農地利用）から判断を仰ぐことができるが、同時に手続きが煩雑になってしまう恐れがある。岡山県では、様々な再エネ政策を行う際、最も中心となる部局に集約化し、その部局が県庁内の他の部局と調整することで、この手続きの煩雑さの是正が図られている[2]。

　「おかやま新エネルギービジョン」では、政策を進める視点として、①地球温暖化防止、②産業振興、③地域活性化の３点を挙げている。この３点から、おかやま新エネルギービジョンで具体的な方策や方向性を広く岡山県民に示し、協働による再エネの取り組みを加速させていくとしている。３つの視点のうち産業振興では、ＦＩＴ制度の導入に伴う再エネ（太陽光発電）の需要増加を想定し、関連素材や部品などの市場が拡大し、ビジネスチャンスになることを示している。奥本（2011）によると、太陽光発電システムの関連分野として、モジュール・部材、加工、素材、製造装置を製造している企業が岡山県内に存在しており、さらに倉敷市水島コンビナートにも、加工ではソフィック、素材ではクラレ、ＪＦＥスチールなどが存在している。このように岡山県は太陽光発電の関連産業がすでに存在しており、再エネの普及・拡大が産業振興につながってくる。この点について、岡山県（2011：4）では３つの広がりとして、「市場規模とビジネスチャンス」、「新製品・新技術に対するニーズ」、「供給者としての地域の役割」を挙げ、再エネ関連産業の振興と方向性を明確に打ち出し、再エネの普及・拡大を大きく後押ししている。さらに戦略的重点プロジェクトでは、県・市町村・民間企業・ＮＰＯ等・県民の５つの主体に対して役割分担を明示している。例えば再エネの普及を推進する地産拡大戦略では、県は県民参加の再エネ導入の取り組みの普及促進や小水力・バイオマスの利活用の支援・新技術等の開発、市町村は県と同様に県民参加の再エネ導入の取り組みの普及促進や小水力・バイオマスの利活用の支援、民間企業は小水力・バイオマスの新技術等の開発や農業分野における再エネ利用技術の研究開発、ＮＰＯ

等は県民参加の再エネ導入の取り組みや農業分野における再エネの積極的導入、県民は県民参加の再エネ導入の取り組みへの積極的参加となっている。このように県の再エネ政策の中で役割分担を示すことで、市町村などの役割が明確となり、再エネ推進に対してどのように取り組めばよいかを判断することができる。市町村は地域の自然環境や産業などを最も把握している主体であり、このような主体が再エネ支援を行うことで、より効率的な再エネの普及が可能となる。

　一方、再エネの普及・拡大に対しては、晴れの日が多く、太陽光発電に適した自然環境をアピールし、さらに小水力発電や、真庭市や津山市などにおけるバイオマスの利活用、電気自動車の普及と技術開発を重点分野に位置づけている。倉敷市水島コンビナートの三菱自動車では電気自動車ｉ-MiEVを生産しており、従来から電気自動車に力を入れている。おかやま新エネルギービジョンはＦＩＴ制度が導入されることを考慮して策定されていると言うことができ、それまで太陽光発電余剰買取制度の対象から外れていた発電事業用太陽光発電や風力発電などもＦＩＴ制度の対象になるといった一連の国の再エネ政策の動向を把握している[3)]。また、産業面では多くの企業が再エネを積極的に導入して市場を拡大させつつ、地域の面でもメガソーラーや県民参加型の市民発電の取り組みを目指すとしている。具体的な目標としては、メガソーラーの戦略的誘致の目標が25施設（2015年3月末段階で62件が導入）、再エネ関連等をターゲットとする戦略的企業誘致の目標が30件、県民参加の取り組みで設置された発電施設の目標が80施設、市町村やＮＰＯ等が整備した小水力発電の目標が40件、木質バイオマスを利活用している地域の数が10地域にするなどがある。これらの数値目標は、2012年5月と2014年5月に改定がなされている。メガソーラーの戦略的誘致では、晴れの国の特長を生かし、再エネ関連企業の立地や県内企業の技術開発の促進、建設投資の拡大といった地域産業に波及するようなメガソーラーを想定している。また、木質バイオマス利活用地域の数を10地域にする計画では、真庭市の取り組みを念頭に置いており、県内のバイオマスタウン構想の取り組みと連携させて研究開発や実証実験を進めて、バイオマス資源の利活用を盛り込んでいる。なお、小水力発電は2015年3月末段階で7件が計画されているが、導入に至っている施設は1件にとどまっている。このほか、岡山県内の再エネ事業の動向については、次節で論じていく。

2．倉敷市の再エネ政策

倉敷市では2006年に「倉敷市地域新エネルギービジョン」を策定している。「地域新エネルギービジョン」は、1998年度から2010年度にかけてＮＥＤＯ（新エネルギー・産業技術総合開発機構）が地域新エネルギー・省エネルギービジョン策定等事業を行っており、倉敷市もその一つに挙げられる。この「地域新エネルギービジョン」では、再エネ導入に対する基本方針や目標、再エネのポテンシャル調査やアンケート調査などが行われており、地域の再エネ事情や可能性を知る上で重要な資料となっている。

「倉敷市地域新エネルギービジョン」では、「工場集積を活かしたエネルギー利用」や「観光スポット等への新エネルギー導入」について、産業や行政との連携を視野に入れた新しいモデル的な事業展開の可能性について言及しており、この背景には水島コンビナートや美観地区などの観光地を有することが挙げられる。工場集積を活かしたエネルギー利用では、産業排熱の利用として工場などから出る排熱を地域熱供給に活用するというものがある。さらに岡山県が近年力を入れ、水島コンビナートの競争力強化に向けて支援を行っている水素エネルギーの活用についても、「倉敷市地域新エネルギービジョン」においてすでに盛り込まれている。水素の活用は新たなエネルギー貯蔵の技術として着目されており、水島コンビナートの工場から副産物として発生する水素を、燃料電池などで活用するというものである。水島コンビナートにおける水素の活用は、岡山県産業労働部産業振興課でも水素エネルギー社会の形成に向け、競争力強化事業として、重点事業に位置づけている。

倉敷市は瀬戸内海式気候で晴れの日が多く、雨の日が少ないといった太陽光発電に適した自然環境を有している。風力発電については、年間平均風速が1.5m/秒であり、ＮＥＤＯ「局所風況マップ」で確認する限り、年平均風速が最も速い場所でも５m/秒に達しておらず、風力発電を行うには非常に難しい地域と言える。鷲羽山スカイラインといった一部の山沿いでは強い風が吹くということで、「倉敷市地域新エネルギービジョン」では賦存量計算を行っており、１ＭＷクラスの風力発電機5基を設置したシミュレーションを行っている。しかしながら、2015年4月末に倉敷市内で設備認定を受けている風力発電はない。

「倉敷市地域新エネルギービジョン」の特徴として、策定検討委員のメンバ

ーの豊富さが挙げられる。他の市町村の地域新エネルギービジョンでは、地元の大学の教員が策定委員長を務め、商工会議所・商工会、地元企業、地元ＪＡ、県、市民代表、電力会社の当該地域営業所などの各担当者の中から構成されている。「倉敷市地域新エネルギービジョン」では、岡山大学資源生物科学研究所（現・岡山大学資源植物科学研究所）の教員が会長を務め、経済界から新日本石油精製（現・ＪＸ日鉱日石エネルギー）や商工会議所、エネルギー関係から中国電力や岡山ガス、市民代表からおかやまエネルギー未来を考える会や岡山環境カウンセラー協会、教育関係から岡山県立水島工業高校や連島西浦小学校、そして行政から岡山県備中県民局や倉敷市環境局環境部といった17人のメンバーで構成されている。他の地域に比べてメンバーの豊富さと多様さが特徴的である。潜在的にエネルギー問題に関係する主体が多いことも理由として挙げられるが、同時に市民団体や教育機関の参加が多く、広く市民の意見が反映できるような工夫がなされている。

　「倉敷市地域新エネルギービジョン」は2006年に策定されており、すでに10年近く経過している。倉敷市の再エネの最近の取り組みを見てみると、戸建て住宅での太陽光発電の補助事業を行っているほか、エコハウス補助金や電気自動車補助金、電気自動車充電設備補助金といった補助金政策が中心になっている。

第2節　岡山県・倉敷市における再生可能エネルギーの動向

1．岡山県の再エネ動向

　岡山県は「晴れの国おかやま」というキャッチフレーズでPRしている。実際に岡山県は気象庁の公開データをもとに降水量1mm未満の日数が全国1位であることを示しており、太陽光発電に適した気候であることが窺える。表7-1の岡山県内の再エネ事業の認定件数・導入件数（2015年4月段階）を見ると、太陽光発電が最も多くなっている。太陽光発電に偏重していることは全国的に見られる傾向であり、ＦＩＴ制度の制度設計や太陽光発電事業の事業計画から発電開始までの期間の短さ、金融機関による融資プログラムが整備されていることなどが要因に挙げられる。岡山県では太陽光発電に次いで水力発電も比較的多く計画されている。

第七章　岡山県・倉敷市における地域産業と再生可能エネルギーの連携

表7-1　岡山県の再エネ認定・導入件数（2015年4月時点）

	太陽光発電			風力発電	水力発電	地熱発電	バイオマス発電
	10kW未満	10kW〜1MW未満	1MW以上				
認定件数	18,499	28,251	222	1	7	0	2
導入件数	15,850	10,455	68	0	3	0	1

出所：資源エネルギー庁「再エネ設備認定状況」より著者作成。

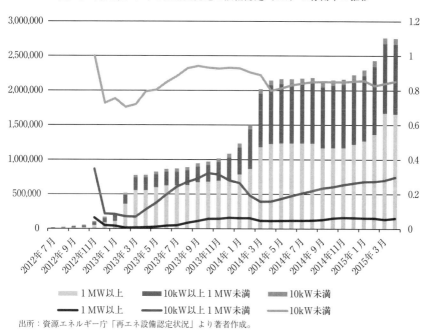

図7-1　岡山県における太陽光発電の設備認定（kW）と稼働率の推移

出所：資源エネルギー庁「再エネ設備認定状況」より著者作成。

　先に水力発電について論じると、岡山県の水力発電の認定件数は7件となっており、その内訳は、200kW未満が岡山市で1件、新見市で2件、200kW以上1MW未満が津山市で1件、鏡野町で2件、西粟倉村で1件となっており、岡山県北部の中国山地で多く計画されている。さらに特徴的な点として、以前から小水力発電を行っていたものがFIT制度の施行に伴って移行してきた分

が8件あり、そのうち1MW以上30MW未満の水力発電が5件を占めている。これは福島県の6件に次ぐ多さであり、従来から大規模な小水力発電が行われていたことになる。移行した水力発電のある市町村は新見市、真庭市、和気町（以上、各1件）、鏡野町（2件）となっており、やはり岡山県北部の市町村が多い。

　次に岡山県の太陽光発電について見ていく。図7-1は2012年7月のＦＩＴ制度実施以降の岡山県における太陽光発電の規模別の設備認定容量（出力ベース）と稼働率の推移を表したものである。図7-1は、棒グラフが認定容量を表し、折れ線グラフが稼働率（認定を受けた太陽光発電設備のうち実際に稼働した設備の割合）を表している。認定容量は増加傾向にあり、毎年3月に急増しているのは翌年度からの固定買取価格の引き下げに伴う駆け込み需要によるものである。具体的な数値を見てみると、2015年4月段階の太陽光発電の認定容量の合計は2,753MW、導入容量の合計は475MWとなっている。太陽光発電の設備利用率を12％とすると、導入容量での年間の総発電量は4億9,932万kWhになる。1世帯あたりの年間電力消費量を約3,600kWhとすると、約14万世帯の電力を賄える計算になり、岡山県の世帯数が2014年1月1日時点で約82万世帯であるから、岡山県の家庭部門の約17％に相当する[4]。

　稼働率について見てみると、10kW未満の太陽光発電は70％を超える高い水準となっているが、10kW未満は基本的に余剰買取の住宅用太陽光発電であり、設置工事を終えるとすぐに稼働するケースが多いためである。全量買取の対象になる10kW以上の太陽光発電の稼働率は低く、メガソーラーの1MW以上になると高い時期でも6％程度と低い水準になっている。メガソーラーの場合、工事期間が長くなるケースも多いが、太陽光パネルなどの設備機器の費用低下を待つといった空押さえのケースもある[5]。また、2014年9月に九州電力が発表した買取契約の回答保留問題に伴い、北海道電力、東北電力、四国電力、九州電力、沖縄電力が太陽光発電の受け入れを制限する措置を取り、その後、新規契約の太陽光発電や風力発電に対して無制限の出力抑制を条件に買取契約の回答を再開するという一連の買取保留問題が発生した。この背景には、電力の低需要期に太陽光発電の認定容量が当該地域の電力需要を超える恐れがあるためである。この太陽光発電の認定容量の中には空押さえしている太陽光発電も含まれていると考えられ、その是正策が取られている。岡山県を電力供給管内

とする中国電力は最初の回答保留を発表した5社には含まれていないが、2014年12月に指定電気事業者に指定されており、中国電力の接続可能量558万kWを超えると、無制限の出力抑制を前提とした接続契約に切り替えることが可能になっている。よって、稼働しない太陽光発電が設備認定を受けて空押さえしていることで、新たな太陽光発電事業の実施を阻害していることになる。

２．倉敷市の再エネ動向

　倉敷市の再エネ動向について概観する。2015年4月段階の岡山県の市町村別の太陽光発電の認定件数を見ると、岡山市が最も多く、出力の規模別の全ての区分において倉敷市は岡山市に次ぐ水準となっている。導入件数でも基本的に岡山市の方が多くなっているが、メガソーラーのみ倉敷市の方が多くなっている。太陽光発電の実施主体は、経済産業省や一般電気事業者による公表がされておらず、実施主体もしくは関連主体が自ら公表している場合や一部補助金を受けている場合などから把握するしかない。公表されているメガソーラー事業を見てみると、岡山市では岡山県企業局岡山空港太陽光発電所で行われている。一方、倉敷市では、ＪＮＣ株式会社が水島コンビナートの工場跡地を活用して2.3MWの太陽光発電事業を行い、ＪＦＥエンジニアリング株式会社がＪＦＥスチール株式会社の旧社宅跡地を活用して7MWの太陽光発電事業を行っている[6]。

　図7-2は倉敷市の太陽光発電における規模別の設備認定容量と稼働率を示したグラフである。棒グラフは認定容量を示しており、増加傾向にある。図7-1の岡山県全体の太陽光発電のグラフと比べて、1MW以上の太陽光発電事業の割合が小さく、10kW未満や10kW以上1MW未満の太陽光発電事業の割合が大きくなっていることがわかる。また、折れ線グラフは稼働率を示しており、図7-1に比べて規模別の全ての区分において高い水準になっている。つまり、岡山県の中でも倉敷市で計画されている太陽光発電事業は、早い段階で発電を開始していることになる。

　岡山県内で行われている太陽光発電事業のうち、倉敷市内で行われている割合をまとめると、表7-2のようになっている。まず10kW未満について見てみると、認定件数も導入件数も29％台になっている。ここで、10kW未満は住宅の屋根などに設置されるケースが多いことから世帯数に着目すると、倉敷市の2014年9月末時点の世帯数は約20万世帯で岡山県の約24％となっている。集合

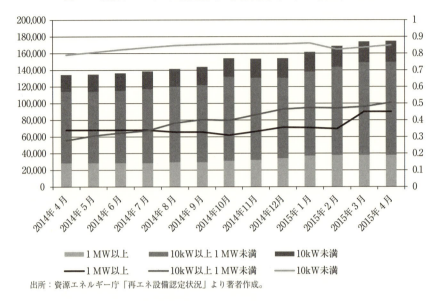

図7-2 倉敷市における太陽光発電の設備認定(kW)と稼働率の推移

出所:資源エネルギー庁「再エネ設備認定状況」より著者作成。

表7-2 太陽光発電に関する岡山県における倉敷市の占める割合(2015年4月時点)

	10kW未満		10kW以上					
		うち自家発電設備併設	うち50kW未満	うち50kW以上500kW未満	うち500kW以上1MW未満	うち1MW以上2MW未満	うち2MW以上
認定件数	29.5%	48.7%	15.9%	16.0%	12.3%	9.7%	12.5%	1.9%
導入件数	29.3%	46.8%	23.3%	23.5%	15.5%	13.0%	17.9%	0.0%
認定容量	28.9%	46.1%	5.6%	11.2%	11.9%	9.3%	11.9%	0.6%
導入容量	28.8%	44.9%	18.4%	20.9%	15.6%	12.3%	17.5%	0.0%

出所:資源エネルギー庁「再エネ設備認定状況」より著者作成。

住宅についても考慮する必要があるが、岡山県の中でも倉敷市は住宅の屋根などに太陽光発電を設置している割合がやや高い傾向にあると言える。また、自家発電設備併用において非常に高い割合となっていることも特徴的である。自家発電設備併用は、家庭用燃料電池やガス発電などの設備を併用しているものであるが、倉敷市で自家発電設備を併用しているケースが半数近くを占めてい

る。

　次に10kW以上の太陽光発電について、認定件数と導入件数、認定容量と導入容量に分けて見てみると、2MW以上を除いて、導入件数および導入容量の方の割合が高くなっている。件数ベースで見ても容量ベースで見ても、倉敷市内で計画されている太陽光発電事業はすぐに発電を開始していると判断することができる。なぜ倉敷市内で計画された太陽光発電事業がすぐに発電を開始しているのかがわかれば、上述した空押さえの問題の是正に貢献することができる。一般に太陽光発電事業の設備認定を受けてから発電事業を開始するまでの間の作業は、太陽光パネルなどの設備機器の発注、太陽光発電の設置工事、太陽光発電の電線工事、送電線の接続工事などである。つまり、これらの工事を行う建設業や電気工事業などの事業者が多い、もしくは熟練者が多いことが推察できる。ここで、岡山県電気工事工業組合の支部別の法人組織と従業員数を見てみると、法人組織は325のうち倉敷支部に94（28.9％）、従業員数は4,021人のうち倉敷支部に1,197人（29.8％）となっており、岡山支部に次いで高い割合になっている[7]。このように太陽光発電の導入が進んでいる背景には、倉敷市では相対的に電気工事業を行う事業者が多いことがある。

第3節　地域産業から派生した再生可能エネルギー
　　　　──バイオマス発電──[8]

1．地域産業と再エネの連携

　これまで岡山県および倉敷市における再エネ政策と再エネ事業の動向について論じてきた。本節以降は、再エネが温室効果ガスを排出する火力発電等の代替電源として単に電力を供給するだけではなく、再エネ事業を活用することで地域経済の活性化につながることを検討していく。福島県ではメガソーラー事業の約8割が県外事業者によって行われており、このような場合、売電収入のほとんどが県外事業者に入り、福島県民に入る利益は限定的となる。一方、上述したように倉敷市では水島コンビナートに立地している企業が自社の遊休地を活用してメガソーラー事業を実施している。この場合、水島コンビナートの企業に利益が入り、従業員に利益が還元されたり一定の利益確保につながったりすることで、地域にも利益がもたらされる。水島コンビナートの企業のメガ

ソーラー事業は遊休地の活用という点に着目されるが、岡山県および倉敷市では地域産業と連携した再エネ事業も行われており、再エネ事業によって地域産業の利益拡大や費用削減をもたらすといった状況が見られる。地域産業と再エネ事業の連携について、単に再エネ事業の売電収入によって企業経営の安定化を図ることも可能であるが、ここでは再エネ事業が地域産業の本業の方の利益拡大や費用低下につながる事例を示し、再エネ事業の普及・拡大にも大きく貢献することを念頭に置く。例えば、後述する倉敷市の工業用浄水場のように、沈澱池の上に太陽光パネルを設置することで藻類の発生が抑制され、その処理費用を抑制することができる。浄水場は全国各地にあり、同様の太陽光発電事業を行えるポテンシャルが大きい。このような地域産業と再エネ事業の連携の事例を示すことで、他産業でも同様の視点から新たな工夫が展開される可能性を秘めている。そこで、本稿では地域産業と再エネ事業の連携に着目し、先進地域に挙げられる岡山県および倉敷市の取り組みを分析する。

　地域と再エネに関する研究は、再エネ先進国のドイツやデンマークといった海外の先進事例を取り上げたものや、日本において再エネ事業に積極的に取り組んでいる地域の事例を取り上げたものが多い。前者では寺西・石田・山下（2013）が代表的な著書に挙げることができる。ドイツではＦＩＴ制度をいち早く導入して再エネの普及が進んでいるが、制度的な影響のほかに協同組合による再エネ事業の取り組みが重要な役割を果たしている。ドイツでは地域の人たちで協同組合を形成しており、地域の人たちが再エネ事業によるメリットを享受する際に協同組合の果たしている役割が大きい。一方、日本における地域と再エネに関する研究では、基本的に先進地域の取り組み事例を取り上げるものや、電源ごとの実務家による再エネの特徴や再エネ事業に臨む際のポイントを示しているものが多い。地域経済と再エネを結びつけ、後述する真庭市の取り組みを取り上げた研究としては、笹野（2014）が挙げられる。真庭市における一連の取り組みを包括的に整理しており、地域の資源としてバイオマス資源を活用し、ハイテク産業ではなくハイテク技術を活用したクラスターづくりをしている事例として取り上げている。大友編（2012）は再エネによる地域の雇用という点に着目し、バイオマス発電を中心にどのような取り組みがなされているのかを示している。もともと再エネ事業は発電設備を設置してしまえば基本的に人手は必要とせず、メンテナンスや発電状況の確認など、一時的な労働しか必

要としない。岡山県や福島県が再エネ産業の企業誘致などに力を入れる根拠となっている。そのような再エネ事業の中で、雇用を生み出す貴重な電源がバイオマス発電である。バイオマス発電だけでなく、バイオマス資源の活用で地域経済の活性化に関する研究をしているものとして、中村（2012）では真庭市のバイオマス資源に関する一連の取り組みを地域のマーケティングの視点から分析を行っており、バイオマス資源の需要創出にも言及している。

　このように地域と再エネの研究においては再エネの普及・拡大や再エネ事業による利益獲得に重きが置かれ、地域の人たちが再エネ事業を担う事例研究や、バイオマス発電を用いて地域のエネルギー供給主体の役割を担うといった事例研究が多い。一方、本章のポイントは再エネ事業を通じて地域産業の様々な業種の事業の方において利益拡大や費用削減をもたらす点にある。地域にある多様な産業の企業が再エネ事業を行うことで、企業の事業安定化につながるとともに、再エネ事業が増えることが期待できる。ＦＩＴ制度における固定買取価格の引き下げや電力会社による出力抑制といった再エネ普及の阻害要因によって継続的な再エネの普及が困難になる中、地域産業と再エネ事業が連携することで再エネ事業も地域に根付き、地域の人たちに利益がもたらされる。地域産業と再エネ事業の連携が必須な代表的な電源としてバイオマス発電がある。以下では岡山県におけるバイオマス発電の取り組みについて論じていく。

２．バイオマス発電の動向と岡山県内での取り組み

　バイオマス発電は、再エネの中で唯一燃料を調達しなければならない電源であり、いかに安定して燃料を確保できるかが事業性を左右する。表7-3はＦＩＴ制度におけるバイオマス発電の認定・導入の件数と容量を示したものである。

表7-3 バイオマス発電の認定・導入の件数（件）と容量（kW）（2015年4月時点）

	メタン発酵ガス	未利用木質	一般木質・農作物残さ	建築廃材	一般廃棄物・木質以外
認定件数	111	51	50	4	68
導入件数	50	15	8	2	31
認定容量	35,179	369,415	1,370,681	11,377	297,462
導入容量	11,294	84,581	68,276	3,867	101,463

出所：資源エネルギー庁「再エネ設備認定状況」より著者作成。

認定・導入の件数ベースではメタン発酵ガスのバイオマス発電が多くなっているが、1件あたりの容量が小さい。一方、未利用木質や一般木質・農作物残さは件数ベースではメタン発酵ガスほどではないものの、認定・導入の容量ベースでは非常に多くなっている。さらに岡山県で実施されているバイオマス発電は木質バイオマス発電となっていることから、以下では未利用木質などを利用する木質バイオマス発電に焦点をあてる。

木質バイオマス発電は林業や製材業の生産過程から出る端材などの副産物を燃料にしている。製材業にとってこういった副産物はもともと処理しなければならず、廃棄するだけであれば利益を生み出さず、処理費用が発生する。一方、バイオマス発電を導入することで燃料として副産物を利用（処理）することができ、発電した電力をＦＩＴ制度に基づいて売電することができるし、場合によっては自家消費を行い、電気事業者からの買電を抑制し、さらに環境付加価値の取引（例えばグリーン電力証書）を行うことができる。

岡山県のＦＩＴ制度に基づくバイオマス発電は、表7-1において認定件数が2件、導入件数が1件となっているが、認定された設備は2MW以上の未利用木質の木質バイオマス発電と一般廃棄物・木質以外のバイオマス発電であり、導入に至っている設備は未利用木質の木質バイオマス発電である。ＦＩＴ制度のデータに反映されたタイミング（2015年4月）と容量から、導入されたバイオマス発電は真庭バイオマス発電株式会社のものと言える。

3．真庭市のバイオマス発電事業

農林水産省は「経済性が確保された一貫システムを構築し、地域の特色を活かしたバイオマス産業を軸とした環境にやさしく災害に強いまち・むらづくりを目指す地域」としてバイオマス産業都市構想を打ち出し、岡山県では真庭市と西粟倉村が選定されている[9]。真庭市は典型的な中山間地域であり、土地利用面積の約8割は林野が占め、林業や製材業が盛んな地域となっている。2005年と2010年の国勢調査を見ると、真庭市の第1次産業の従事者は1千人以上減少しているが、林業従事者は225人から262人に増加している。この背景には2004年の台風が影響している。つまり、台風被害の復旧で林業事業が増えた。その際に高機能機械を導入しつつ復旧作業は地元の人が担い、その機械操作などで若者が従事し、そのまま地域内で雇用が継続できている。

具体的に真庭市でのバイオマス発電事業を見てみると、製材業を営む銘建工業株式会社が1984年に175kWの規模で開始したことが始まりであり、その後1998年に1,950kWに拡大している。銘建工業では製材業を営み、集成材の製造も行っている。集成材の製造では板を張り合わせる際に木の表面を滑らかにする必要があり、その過程でも木くずが大量に発生する。その木くずの処理に際し、産業廃棄物として処理するところを、バイオマス発電を用いて燃料として活用している。バイオマス発電の燃料にすることで、電力と熱を生み出しつつ、電気事業者からの買電を抑制することができる。さらに銘建工業ではバイオマス資源の活用として2004年からはペレットの製造も行っており、需要に応じてペレットの大きさも調整できるようになっている。製材業では製材過程で出る大量の木くずなどの処理が課題であるが、バイオマス発電を開始した1984年は再エネという言葉自体、あまり一般的ではない時代であり、事業リスクの高い取り組みであったと考えられる。しかしながら笹野（2014）によると、銘建工業の1984年のバイオマス発電事業は24時間稼働によって１年で投資回収をしている。さらに木くずなどの処理や、自家発電による電力の自家消費と外部からの買電の抑制という直接的な効果ばかりではない。すなわち、真庭市がバイオマスタウンに発展していく際に、このバイオマス発電事業は後述する21世紀の真庭塾を通じて重要な役割を担っていたと言える。バイオマス発電事業を行う際に最も課題になる燃料確保や、ＦＩＴ制度施行以前からバイオマス発電事業を行っていたことでバイオマス発電事業の事業収支の判断など、銘建工業がバイオマス発電事業を行っていたことでその経験を共有することができたのである。

　真庭市内では、2015年４月に真庭バイオマス発電株式会社が新たなバイオマス発電事業を開始しており、新電力（ＰＰＳ）に売電している。真庭バイオマス発電株式会社の木質バイオマス発電は、未利用材を主燃料とする１万kWの出力規模で、必要燃料が年間148,000トン（間伐材が90,000トン、端材等が58,000トン）となっている。この木質バイオマス発電では22,000世帯分の電力需要に対応できるが、2015年８月段階の世帯数は17,856世帯となっており、真庭市内の一般家庭などの電力需要はカバーできる計算になる。さらにバイオマス発電事業に伴う雇用創出は15人となっており、地域での継続的な雇用創出につながっている。株主は銘建工業、真庭市、真庭木材事業協同組合、岡山県森林組

合連合会、真庭森林組合、真庭木材市売株式会社、株式会社津山綜合木材市場、山陰丸和林業株式会社、岡山県北部素材生産協同組合、真庭バイオマスエネルギー株式会社の10者となっており、地元の林業・木材産業関連団体などを中心に構成されている。木材を扱う企業だけでなく、森林、木材事業、素材生産といった木材に関連する協同組合が多く参加しており、地域のステークホルダーの間で木質バイオマス発電事業が共有化されている。これにより利害関係が一致し、木質バイオマス発電事業を地域で推進することが可能になる。このように木材に関連するステークホルダーが集まることで、安定した燃料確保が可能になるだけでなく、木質バイオマス発電事業を共有化していることから売電収入やバイオマス資源の活用によって、株主になっている各主体の経営の安定化にもつながってくる。また、真庭木材事業協同組合が実施主体となって真庭バイオマス集積基地を設けており、地域の製材所や市民から持ち込まれた未利用材や端材・樹皮などを有償で引き取り、製紙原料や木質バイオマス発電の燃料に加工する。このことは、森林保全と地域内での資金循環につながっている。さらにペレットに加工してボイラーで利用できるようにしたり、細かく破砕して粉末にして新素材の開発に利用できるようにしたりするなど、バイオマス資源の活用に向けて多様な取り組みが行われている。このような集積基地を設けることで効率よく収集や加工を行うことができ、また、真庭バイオマス発電所に近い場所に立地していることから集積基地から発電施設までの燃料輸送も安価に行うことができる。一方、真庭バイオマス発電所では間伐材で90,000トンの燃料を必要としており、広い範囲から収集する必要がある。しかし範囲が広くなることで輸送費用も高騰してくるため、収集できる範囲は自ずと決まってくる。そのためにも、地域内の木材関連の産業が維持・発展することが必要不可欠である。

4．真庭市のバイオマス発電事業の発展の要点

　上述してきたように真庭市では林業や製材業から派生してバイオマス発電事業が行われているが、真庭市のこれらの一連の取り組みの中では、地域のＮＰＯ法人である「21世紀の真庭塾」（真庭塾）の存在が大きい。1993年に真庭市南部（市町村合併前の勝山町、落合町、久世町）の若手経営者などが中心になって任意団体として立上げ、街並み再生やゼロエミッションなどについて大学の

研究者などの専門家を招聘して勉強会を行い、真庭の未来を考える場が形成された。このような勉強会の場が形成された背景には、高速道路と5つのインターチェンジの整備が挙げられ、交通の利便性の向上に伴い、ストロー効果によって人口流出が危惧されていた[10]。一連の勉強会は、木質バイオマス発電事業や木質副産物を活用した木質コンクリートなどバイオマス資源を活用した製品の商品化につながっていった。

　このようなバイオマス資源の活用を促進する取り組みとして、「真庭バイオマスラボ」の設立が大きな役割を果たしている。「真庭バイオマスラボ」は真庭市バイオマスリファイナリー事業推進協議会の共同研究、バイオマス関連の人材育成、バイオマス産業創出の拠点として整備されたものであり、バイオマス資源をいかに活用するかという観点から研究開発などを行う拠点として2010年に岡山県と協働で整備された。真庭バイオマスリファイナリー事業推進協議会はバイオマス資源の活用に向けた技術開発や事業に結びつける産学官連携の組織で、真庭塾のメンバーである真庭市や岡山県などの行政、岡山大学や産総研の研究機関、真庭バイオマスラボに入居する企業などで構成されている。「真庭バイオマスラボ」には産総研といった研究機関とともに、地域の企業が入り、バイオマス資源を活用した新素材の開発などを行い、研究機関が協力することで真庭市に豊富にある森林資源を高付加価値のある素材にし、商品化が実現することで地域の産業活性化につながってくる。地域にある資源に着目し、地域の人たちが高付加価値の商品開発に取り組むことで、地域に根付いた産業の発展につながる。

　このようなバイオマス発電の取り組みといった真庭市における森林資源・バイオマス資源の多様な活用によって視察へのニーズが増えていった。視察には企業や行政が個別に対応していたが、ニーズの多さから真庭観光連盟がバイオマスツアーとして一手に担うようになった。真庭市内にはバイオマス発電や製材業などの関連産業の施設が市内全域にわたって立地しており、バイオマス発電に必要な燃料の製造から発電施設や熱利用施設での消費に至る一連のプロセスを一気に視察することができる。木質バイオマス発電所だけでなく、バイオマス燃料の製造場所やバイオマス資源を活用した製品（木片コンクリートなど）の製造場所、バイオマス燃料の消費場所など、視察ニーズに合わせて調整できるようになっており、その選択肢の幅の広さは、真庭市のバイオマス事業

の取り組みの多様さが可能にしている。同時に真庭市にある観光資源を活用し、ツアーの中に観光地を入れることで、観光への波及効果にもつながっている[11]。
再エネのエコツアーでは発電施設や熱利用施設を見学し、再エネ事業の設置者から話を聞くことが多いが、これだけでは再エネ事業の一面性しか理解することができない。見学者が自分たちの地域でも再エネ事業を検討して見学に来ている場合、発電施設や熱利用施設の見学だけでは、バイオマス発電事業に取り組むには情報が少ない。特にバイオマス発電の場合は、発電事業以外のステークホルダーが多種多様であり、それらのステークホルダーの役割が大きい。そのため、真庭バイオマスツアーのようにバイオマス発電事業が燃料調達から発電に至るまでの様々なプロセスを、ツアーを通じて把握できることは、非常に効率的である。そして真庭バイオマスツアーの見学先の多様性は、見学者を増やすとともに、他の地域でのバイオマス発電事業などの検討に効果的である。

第4節　地域産業と連携した再生可能エネルギー
――太陽光発電――[12]

1．太陽光発電事業の現状

前節では製材業を中心とした地域産業から派生して行われるようになった木質バイオマス発電事業について取り上げたが、本節では地域産業と再エネ事業の連携に着目する。真庭市のように大規模な製材業者が地域内に存在し、木質バイオマス発電事業を成立させるほどの燃料を確保できる地域は全国どこでもあるわけではない。そこでどのような地域にも存在するような産業や事業と、全国的に設置場所の制約があまりない太陽光発電に着目し、地域産業と再エネ事業の連携について、太陽光パネルの設置が工業用浄水事業での費用削減につながる事例として、倉敷市で行われている工業用浄水場における太陽光発電事業を取り上げる。

太陽光発電はFIT制度の開始以降、急増しているが、太陽光発電事業を担っている主体に注目すると、日本では株式会社や有限会社などの民間の一般企業が行っているケースが多い。表7-4は、太陽光発電協会復興センターが公表している補助金採択者データをもとに、太陽光発電事業の実施主体別に分けたものである[13]。表7-4を見ると、株式会社が最も多く、全体の77.5％を占め

表7-4　主体別太陽光発電補助金採択状況（件）とその割合

株式会社	840	(77.5%)
有限会社・合同会社・合資会社	144	(13.3%)
地方自治体	19	(1.8%)
協同組合（生活協同組合など）	19	(1.8%)
農業・農業生産法人（有限会社含む）	16	(1.5%)
不動産（株式会社を除く）	10	(0.9%)
その他（学校法人、医療法人など）	36	(3.3%)

出所：太陽光発電協会復興センター「再エネ発電設備等導入促進支援対策事業」平成23年度～27年度（重複採択を含む）より著者作成。

ている。株式会社だけでなく有限会社・合同会社・合資会社の民間の一般企業で全体の90.8％を占めており、太陽光発電事業は基本的に民間の一般企業が担っていると言える。一方、ドイツで重要な役割を果たしている協同組合による再エネ事業は、日本では1.8％に過ぎない[14]。

　次に利益分配について見ていくと、ＦＩＴ制度に基づく太陽光発電事業で得られる売電収入はその事業者に入り、売電事業以外の一連の太陽光発電事業（建設工事、メンテナンス、廃棄）だけでは地域への経済的な派生効果は限定的になる。福島県のように多くが県外事業者によって行われている地域では、売電収入を得る機会を地域の人が逃している状況である。D・リカードの差額地代論に関連する議論として、太陽光発電に適した土地から先に事業化され、後発になるほど条件の悪い土地しか残らない状況に陥る。特に再エネの場合は送電系統への接続も課題である。同一地域内で太陽光発電が計画され、送電系統への接続契約が行われ、送電系統に空き容量がなければ、後発の太陽光発電は接続できず、その事業はできなくなる。さらに2014年9月に起きた九州電力など5電力会社による接続回答の保留問題とその後の出力抑制（買電の抑制）などから、再エネ（特に太陽光発電と風力発電）事業へのリスクが高まり、新規の事業計画は大幅に見直しが求められる事態となった[15]。出力抑制は2015年5月6日に九州電力管内の鹿児島県種子島にて行われたが、この時期は電力の低需要期にある上、離島などは域外融通ができないため、出力抑制が生じやすい。この一連の出力抑制の問題は、どの程度出力抑制がなされるのかわからず、売電収入の減少がどの程度になるかわからないといったリスクが高まることで、

安定した投資がメリットであるＦＩＴ制度の優位性も弱まり、一般企業なども再エネ事業への魅力が減る。出力抑制に至った理由は、ＦＩＴ制度が太陽光発電に偏重し、さらに売電事業に重点を置いていることが挙げられる。太陽光発電は事業計画を立てて設備認定を受けるのが他の電源に比べて容易であり、いち早く送電系統の接続契約が結ばれる[16]。売電事業に重点を置くことで送電系統への接続契約が重視されるが、その是正策として自家消費の推進が挙げられる。自家消費の重要性については拙著（2013）において言及しているが、自家消費を優先することで送電系統へ逆潮流（発電設備から送電系統へ流れる電力）する分を減らし送電系統への負担を減らし、接続できる再エネ電源を増やすことができる。

２．倉敷市における地域産業と太陽光発電事業の連携

このような実態を踏まえ、出力抑制や固定買取価格の低下など、再エネ事業へのハードルが高まる中、再エネの普及を図るための方策が不可欠である。その方策の一つが地域産業と再エネ事業の連携である。ＦＩＴ制度における再エネ事業は、予め決められた固定買取価格に基づいて売電収入を予想することができ、そこから設置工事などにかかる費用を差し引くことで、どの程度の利益が得られるのかを判断することができる。しかし、固定買取価格が低下することで売電収入は減り、出力抑制が伴えば売電できる量そのものが減少するため、さらに売電収入が減ることになる。このように条件が悪い中でも太陽光発電事業を成立させるためには、太陽光発電事業にかかる費用の低下を図ることが必要である。そして太陽光発電事業を行っている主体の多くが一般企業であることを念頭に置くと、一般企業のそれぞれの業種の専門性を活かすことがポイントになってくる。各企業の専門性を生かして太陽光発電事業を行うことで、太陽光発電事業（他の再エネ事業）の費用あるいは本業の事業での費用を削減したり本業の事業での収入を拡大したりすることができる。こうして、太陽光発電の普及と一般企業の利益拡大につながることが期待できる。このような地域産業を活かし、再エネと連携を図ることで、より高付加価値のある再エネを普及することができ、企業の事業の安定化に伴って雇用の増加が期待できる。そして地域産業の業種がどのような地域にもあるような一般的な業種であれば、他の地域への派生効果も期待できる。

表7-5 岡山県企業局の太陽光発電事業（一部）

設置場所		出力（kW）	予想年間発電量（kWh）	設置年度
西之浦浄水場	1号沈殿池	100	108,000	2002年度
	2～4沈殿池	300	356,000	2004年度
	フロック形成池・沈砂池	400	432,000	2006年度
鶴新田浄水場	沈殿池	400	432,000	2005年度
	フロック形成池	200	216,000	2007年度
笠岡浄水場	沈殿池	70	65,700	2005年度

出所：岡山県企業局「平成25年度企業局の事業概要」。

　実際に地域産業と再エネ事業の連携の事例として、岡山県企業局の取り組みを取り上げる。企業局は戦後から水力発電による電気事業を行いつつ、水島コンビナートなどへの工業用水道事業を担っており、この2つの事業に対して専門性を有している。企業局では、ＮＥＤＯ（新エネルギー・産業技術総合開発機構）の新エネルギー導入促進事業補助の採択を受け、工業用浄水場である西之浦浄水場の4つの沈殿池や沈砂池の上部などに、合計800kWの太陽光パネルを設置している。その後も企業局が管理する浄水場などに太陽光パネルを設置している（表7-5）。日本ではＦＩＴ制度導入以前はRPS制度が導入されており、電気事業者に対して一定量の再エネの利用が義務づけられていたが、西之浦浄水場の太陽光発電はその設備認定施設にもなっていた。2012年にＦＩＴ制度の移行認定となっている。

　具体的に浄水事業と太陽光発電の連携について見ていくと、岡山県企業局では川から取水した水に含まれる汚れや砂を沈める沈殿池や沈砂池の上部に太陽光パネルを設置している。浄水事業において太陽光発電事業を行うことで、以下のメリットが得られる。

① 藻類の発生抑制による処理費用の回避
② 沈澱池の汚れの除去を行う傾斜版の直射日光による劣化の防止
③ 夏場の電力消費のピークカット（電力会社の過剰な電源確保の是正）
④ 電力会社からの電力購入の削減（電気料金の高騰リスクを緩和・回避）もしくはＦＩＴ制度による売電収入の確保
⑤ 自家消費による停電時・災害時の電源確保

図7-3 藻類の発生抑制の様子

太陽光発電システム設置前　　　　太陽光発電システム設置後

出所：岡山県企業局「企業局の太陽光発電システム」パンフレット。

　①は、太陽光パネルが設置されたことで池の表面に直射日光が当たらなくなり、藻類の発生が抑制される効果が見られた。図7-3は藻類の発生抑制の状況を太陽光パネルの設置前後で比較したものである。太陽光パネルの設置によって藻類の処理を行わなくて済み、その分の処理費用の負担も回避することができる[17]。また、藻類の発生が抑制されることで水質管理も行いやすくなり、藻類から発生する悪臭も抑制される。②は①と同様に太陽光パネルが設置されたことで遮光効果が得られ、傾斜板の劣化が抑制され、交換時期を遅らせることができ（耐久期間は約2倍を想定）、それだけ設備費用の抑制につながる[18]。③は、太陽光発電事業者のメリットというよりも電力会社にとって大きな役割を果たすものであり、夏のピーク時の電力需要に対して太陽光発電からの電力で供給されることで、電力会社は夏のピーク時に合わせた電源確保を行う必要がなくなり、過剰な設備投資を回避することができる。④は設置された太陽光発電の電力を利用することで、電力会社からの電力購入分を抑制することができる。東日本大震災以降、電力会社の電気料金は引き上げが続いており、このような消費者にとって受け入れざるを得なかった電気料金の高騰を抑制することができる[19]。ＦＩＴ制度に基づいて全量売電する場合でも、売電収入を得ることができる。⑤は、自家消費を行っている場合は発電した全ての電力を災害時や停電時に利用することができる。また、ＦＩＴ制度の対象となっていても、

自立運転機能が設置されているケースが多く、停電時はパワコンから1,500Wまでの電力を利用することができる。

このように、地域産業（ここでは浄水事業）と再エネ（太陽光発電）事業が連携することにより、地域産業側の費用削減がもたらされることを示した。ＦＩＴ制度の固定買取価格が低下したり出力抑制が生じたりする現状において、このような事例は有効な取り組みとなり、再エネの継続的な普及につながる。さらに倉敷市では工業用浄水場での取り組みであったが、横浜市の浄水場などでも行われており、全国にあるどの浄水場でも同様の取り組みが可能である。このような事例を通じ、他の産業においても再エネ事業を行うことで、本業の技術やノウハウを活用し、本業の事業や再エネ事業において費用削減や利益拡大につながる。例えば農業と太陽光発電の連携であるソーラーシェアリングにおいても、単に太陽光パネルの下で植物を育てるのではなく、日陰を好む植物を育てたり、日陰の下で栽培することで高付加価値になる植物を育てたりと、太陽光パネルを設置することで遮光されるという性質に着目して利用することが重要である。

おわりに

本章では岡山県および倉敷市を事例に、地域産業と再エネ事業の連携について取り上げた。岡山県は太陽光発電や木質バイオマス発電に適した自然条件を有するが、恵まれた自然環境をいかに活用し、地域に恩恵をもたらすかという視点で事業が行われ、その視点も地域の人たちから醸成されている。この背景には、再エネの導入自体を目的としているのではなく、再エネを利用していかに地域を発展させるのかという考えがある。東日本大震災以降、再エネが一種のブームとして急増し、ＦＩＴ制度の実施もあって、開発型の太陽光発電を中心に増加している。地域経済の活性化につながる再エネ事業は限定的である。開発型の再エネ事業とは逆の動きとして、地域産業と再エネ事業の連携の事例がある。開発型の太陽光発電のような再エネ事業は地域との関係がほとんどなく、再エネ事業のみに着目したものであるが、地域産業と再エネ事業の連携は地域産業を軸に再エネを利用するというものである。つまり、前者は再エネ事業が主役で地域は場所を提供しているだけであるのに対し、後者は地域産業が

主役になって再エネを利用しているという関係にある。地域経済の活性化に向けて再エネを活用する政策を打ち出す地域も少なくないが、単なる再エネ事業だけでは地域経済の活性化にはつながらない。自らが再エネ事業者となりつつ、地域産業と連携することで、地域産業の利益と再エネ事業の利益を地域にもたらし、再エネの普及だけでなく地域産業の安定化にもつなげることができる。

　残された課題として、地域産業と再エネ事業の連携の多様性を見出すことが挙げられる。地域産業と再エネ事業の連携という視点は、再エネを利用して東日本大震災からの復興を目指している福島県において、どうすれば地域に利益がもたらされるのかを議論する中で生まれたものであり、そのような視点から全国の再エネの事例を模索している。また、実際に福島県内には不動産業のノウハウを活用して太陽光発電の土地利用で工夫をしていたり、建設業のノウハウを活用して太陽光発電の架台で木材を利用したりと、どのような地域にでも存在している不動産業や建設業などで再エネ事業を行う際に連携を試みているケースがある。このように様々な産業において、再エネ事業との連携のモデルケースを生み出していくことが課題である。どのように再エネ事業と連携できるのかを検討するに際して、地域産業の担い手が重要な役割を果たす。地域産業の専門性は担い手自身が最も理解していることから、地域産業の担い手に再エネ事業を理解してもらい、どのように連携できるのかを検討することが重要である。そのためには市町村といった行政などがコーディネートし、再エネの専門家や研究者の協力を得ながら再エネについて理解を深める場を形成すること重要である。21世紀の真庭塾ではこのような場が形成され、地域産業に軸を置いて議論を重ね、木質バイオマス発電の導入に至ったと言える。このような場を形成することで、様々な産業において再エネ事業との連携のアイディアが生まれ、地域に利益をもたらす再エネ事業の増加が期待できる。

謝辞

　本研究は科研基盤研究（S）（研究課題番号25220403）「東日本大震災を契機とした震災復興学の確立」に基づいて実施した調査研究の成果の一部である。記して感謝申し上げる。

注

1）Menanteau et al.（2003）においてもＦＩＴ制度の固定買取価格が安全な投資に結び付くことを指摘しており、再エネの導入インセンティブの要因に位置づけられる。
2）例えば福島県では、再エネ推進を行う部局（エネルギー課）と再エネ産業の育成を行う部局（産業創出課）と、大きく２つの再エネ政策がそれぞれの部局で展開されており、再エネの中でもさらに役割分担がなされている。福島県の再エネ政策については、拙稿（2014）において福島県で行われている２つの再エネ政策の連携の必要性を論じている。
3）ＦＩＴ制度は2009年に民主党が政権交代したときの選挙公約に盛り込まれており、ＦＩＴ制度の制度設計は経済産業省において進められていた。ＦＩＴ制度は2011年８月に法案が成立したが、当時の菅直人首相が補正予算や特例公債とともに掲げた退陣条件の一つであった。
4）ただし、太陽光発電は夜間発電することはできず、電力の生産時間と消費時間に差があり、単純に太陽光発電だけで家庭の電力を賄えるわけではない。
5）空押さえとは、ＦＩＴ制度に基づく設備認定を受けながら、太陽光発電事業を開始しないものを指す。この背景には割高な固定買取価格の権利を有しつつ、技術開発の進展による太陽光パネルの価格低下や技術向上を待って、太陽光発電事業によるより一層の利益拡大を狙ったものである。空押さえについては経済産業省も対策に乗り出しており、一定期間（50kW以上の太陽光発電の場合180日以内）を過ぎてもなお場所や設備の確保ができない場合、認定は失効するとしている。
6）水島コンビナートでの再エネの導入については、拙稿（2012）にてコンビナートでの再エネ事業の可能性の観点から遊休地の活用について言及している。また、ＪＮＣもＪＦＥエンジニアリングも２MWを超える容量となっているが、ＦＩＴ制度の設備認定の区分を見ると、２MW以上は０件となっている。この理由については不明だが、ＦＩＴ制度の対象とせず自家消費をしていたり、容量を分割して１MW〜２MWの区分に分類していたりする場合は０となる。
7）データは岡山県電気工事工業組合ホームページ「組合の現状」によるもので、2015年４月末時点のデータとなっている。
8）本節は、拙稿（2015b）をベースに加筆・修正を行ったものである。
9）西粟倉村では林地残材を利用した木質バイオマス熱利用を計画しており、村内の入浴施設でまきボイラーを導入し、2015年内に廃旅館を再生させた旅館のお風呂でまきボイラーを導入する計画を進めている。西粟倉村では「百年の森林構想」として森林整備と流通管理を一元管理し、株式会社西粟倉・森の学校では間伐材を用いて木製雑貨や食器、家具などを生産している。
10）市内には中国自動車道、米子自動車道、岡山自動車道の３つの高速道路があり、５つのインターチェンジが整備されている。
11）真庭市では、北部に蒜山高原、中部に湯原温泉郷、南部に旧街道の街並みが残る勝山など、観光資源が存在している。
12）本節は、拙稿（2015a）をベースに加筆・修正・データ更新を行ったものである。
13）一般的にＦＩＴ制度対象の事業実施主体に関する情報は公表されていない。そのため太陽光発電協会復興センターで公表されている補助金採択者のデータを用いたが、この補助金は特定被災区域を対象としており、全国的な補助金事業ではなく、地域ごとに実

施主体の差が生じている可能性があることに注意が必要である。

また、表7-4は拙稿（2015a）から再構成やデータ更新などを行っている。
14）ドイツにおける協同組合による再エネ事業の先行研究は、上述した寺西・石田・山下編（2013）のほか、小磯（2015）が詳しい。
15）出力抑制は再エネによる電力生産量が電力消費量を超過する恐れがあるときに講じられる手段である。
16）設備利用率では太陽光発電が最も低いことから、他の電源の接続機会が失われていること自体も課題となる。熊本県小国町へ地熱発電のヒアリング調査において、地熱発電の計画が進んでいたが、接続しようとしていた送電系統をすでに太陽光発電が接続契約していたため、その送電系統の接続ができなくなった。地熱発電は太陽光発電に比べて設備利用率が高く、水力発電とともに原発と同じベース電源の役割を担える重要な電源であるが、事業計画の策定に要する時間の差などから、このような場合、地熱発電事業を断念せざるを得ない事態もある。
17）このような事例は横浜市水道局小雀浄水場などでも行われている。小雀浄水場では異物混入などを防ぐためにろ過池の上に覆いが設置され、その覆いを利用して太陽光発電事業を行っている。さらに小雀浄水場では沈澱池においてフロート式の太陽光パネルを設置しており、ここでも藻類の発生を防ぐ効果が見られている。
18）遮光効果は太陽光発電の設置による副次的効果の１つである。この遮光効果を活用して、お茶の栽培（静岡県）に活用する事例も見られる。お茶の抹茶などは日陰を好む植物であり、太陽光パネルの支柱を利用して日陰を作りつつ、再エネ事業による売電収入を得ることができる。植物栽培と太陽光発電事業とで異なる事業リスクを持つものを組み合わせることで、事業主体はリスク分散を図ることができる。
19）太陽光発電設備の容量が10kW以上であればＦＩＴ制度の全量買取の対象になり、発電された電力は全て売電しなければならない。自家消費は現状の制度下では経済合理的であるとは限らず、何もせずに普及・拡大することは困難である。自家消費として太陽光発電を設置した場合はグリーン電力証書を活用することが可能である。

文献

Menanteau P., D. Finon and M. L. Lamy.（2003）Prices Versus Quantities: Choosing Policies for Promoting the Development of Renewable Energy. Energy Policy, 31, pp.799-812.

大友詔雄編著（2012）『自然エネルギーが生み出す地域の雇用』自治体研究社。

大平佳男（2012）「水島コンビナートを事例にした再生可能エネルギーの政策転換に関する一考察」『地域学研究』第42巻第３号、671-682頁。

大平佳男（2013）「地域再生に向けた福島県の再生可能エネルギー政策に関する考察」『公益事業研究』第65巻第２号、29-36頁。

大平佳男（2014）「福島県における再生可能エネルギーの関連産業政策と導入推進政策の展望」『サステイナビリティ研究』vol.4、7-16頁。

大平佳男（2015a）「浄水事業と太陽光発電の連携――岡山県の事例から」『文化連情報』No.447、40-43頁。

大平佳男（2015b）「地域産業との連携が重要なバイオマス発電――林業・製材業が盛んな真庭市の事例から」『文化連情報』No.449、36-39頁。

第七章　岡山県・倉敷市における地域産業と再生可能エネルギーの連携

岡山県（2011）「おかやま新エネルギービジョン」。
奥本啓（2011）「中国地域における環境・新エネルギー関連産業に関する生産規模推計」『エネルギア地域経済レポート』中国電力エネルギア総合研究所、No.442、1-8頁。
倉敷市（2006）「倉敷市地域新エネルギービジョン」。
小磯明（2015）『ドイツのエネルギー協同組合』同時代社。
笹野尚（2014）『産業クラスターと活動体』エネルギーフォーラム新書。
寺西俊一・石田信隆・山下英俊（2013）『ドイツに学ぶ地域からのエネルギー転換』家の光協会。
中村聡志（2012）「『バイオマスタウン真庭』の取り組み」『地域開発』vol.570、30-34頁。

第八章　岡山県の家族介護者の介護時間と生活時間
　　　　――「社会生活基本調査」を通じて――

橋本　美由紀

第1節　本章の課題とその背景

　本章の課題は、岡山県の家族介護者の現状を介護時間と生活時間という観点から考察し、地域統計の充実を図りつつ岡山県の家族介護について検討することである。

　筆者が岡山県の家族介護者に関心を持ったきっかけは、2009年の倉敷中央病院医療福祉相談室へのヒアリング調査に始まる。倉敷中央病院は地域の中核病院として急性期医療を担っており、患者さんが引き続き入院治療が必要な場合は、療養病床、回復期リハビリ病棟等をもつ病院に転院させることとなる。これをスムーズに行う機関として総合相談・地域医療センター、およびその傘下の医療福祉相談室等がある（橋本 2010）。いずれの場合もその転院に際し、家族の支えや一定期間の家族介護を必要とし、場合によっては家族介護を前提とする在宅介護に切り替わることもある。筆者はその後、医療福祉相談室からお借りした月報や日報から家族介護者の現状について考えるに至った（橋本 2013、2014）。

　家族介護者に関しては、従来の子の配偶者（一般的には女性配偶者）は減少し、依然として妻や娘等の女性介護者の割合は高いものの、男性介護者（夫や息子）が近年増加している（国民生活基礎調査 2013）。また、介護保険制度の導入時には家族介護者への支援についても検討が行われていた。しかし、試案の段階で「家族介護に対する現金給付は、原則として当面行わない」とされ、その後、2005年と2011年の2度の法改正を経ても、家族介護に対する手当はないままで、今も家族による無償の介護が主たる役割を担うという現状がある（菊

池 2012)。ただし、海外の介護者支援を分析した三富によれば、日本において介護者支援の調査研究が歴史的に見ても海外の福祉国家と比較して遜色なく行われ、また、現在よりもはるかに包括的な介護者支援のあり方が議論されていたという（三富 2010)。しかし、これらの研究結果が現在の家族介護者支援策にあまり活かされていないのが現状である。

家族介護者の介護時間とその他の生活時間の関連を検討した研究として日本では、経済企画庁（1999)、小林（2002）が挙げられる。経済企画庁は老人介護の分析を行う中で、介護者の介護時間・介護量、介護者と要介護者の生活時間の比較も行っている。小林は「社会生活基本調査」の一次活動時間（睡眠・食事等)、二次活動時間（仕事・家事等)、三次活動時間（趣味・娯楽、ボランティア活動等）という時間分類[1]を参考とし、都内の市民団体による介護保険サービスの追跡データを用いて、介護者の介護時間と生活時間調査の関連について分析を行い、介護者の仕事の有無によって生活時間の構造に大きな差が現われること等を指摘している。さらに最近では、「平成23年社会生活基本調査」を用いて、中高年期男女の家族介護の現状とワーク・ライフ・バランスの課題を生活時間を通して考察した伊藤（2013）の研究がある。

生活時間調査に関しては1995年開催の北京女性会議における行動綱領で、サテライト勘定を前提にして無償労働の評価をするように推奨されて以降、各国統計局および関連機関は世帯サテライト勘定の作成に向けて動き出し、生活時間調査もそれに整合するような形で整備されてきたという経緯がある。一方で、生活時間調査（研究）が明らかにするべき課題はもっと広いはずであり、特にケア労働に関する詳細なデータが集計されないままで残されてきた。そこで、生活時間調査のあり方を見直し、新たな生活時間調査の枠組みを構築していく必要があると指摘されている[2]。

また、介護に関する時間研究（タイムスタディ)[3]では、今後の発展のために、経営学的時間研究と生活時間研究の統合が必要であるという指摘もある（渡邊 2010)。渡邊は時間研究（タイムスタディ）をタイプ分けすることによって、従来の研究を整理している。すなわち、①調査の場所（介護施設・事業所か、自宅か)、②分析の対象（集団・組織化、要介護者・介護者個人か)、③時間計測の方法（厳密なストップウォッチ法か、より緩やかな方法か）の3つの組み合わせから存在しないものを除いて5つのタイプを設定している（前掲書 pp.14-15)。こ

の分類に従うと、本章の内容は介護者の生活および介護時間（タイプⅢ）に分類される。さらにそのうちの「介護時間に影響を及ぼす介護者側の要因（性差や就労の有無など）を明らかにしようとした研究」[4]に属すると思われる。

以上を踏まえ本章では、第２節で在宅医療・介護と家族介護者に関する提言、意識調査、統計調査を概観し、第３節で「社会生活基本調査」を用いて岡山県の介護時間とその他の生活時間との関係、全国平均の介護時間およびその他の生活時間との比較等を行い、家族介護のあり方と地域統計の充実を検討するための資料としたい。

第２節　在宅医療・介護と家族介護に関する提言、意識調査・統計調査

1．提言

厚生労働省による、「2025年に向け、病床の機能分化・連携を進めるために医療機能ごとに2025年の医療需要と病床の必要量を推計し、定める」地域医療構想においても、「重度な要介護状態となっても住み慣れた地域で自分らしい暮らしを人生の最後まで続けることができるよう、住まい・医療・介護・予防・生活支援が一体的に提供される」地域包括ケアシステムにおいても、在宅医療および在宅介護が構想あるいはシステムを形成する重要な柱の一つとなると考えられる。さらに単身世帯でない限り、そこには必ず家族介護が介在するはずである。しかしながら、『地域医療構想策定ガイドライン』の「在宅医療の充実」について述べている項では家族介護について特に触れられてはいない（地域医療構想策定ガイドライン等に関する検討会 2015：29-30）。

『持続可能な介護保険制度及び地域包括ケアシステムのあり方に関する調査研究事業報告書』では、「地域包括ケアシステムにおいて諸主体が取り組むべき方向」のところで、介護者について次のように述べられている。「今後、介護の社会化がさらに進展したとしても、介護者の身体的・精神的負担を完全に取り除くことはできない。……介護者支援は不可欠なものであり、介護者自身に対する直接的なサポートの強化も必要と考えられる」。また、「要介護者等向けのサービス（個別の介護保険給付）のあり方」のところでは、訪問介護、通所介護、ショートステイについて、家族の介護負担に対するレスパイトサービ

ス[5]として重要な役割を担っていると指摘している（地域包括ケア研究会 2013：9-10）。しかし、その後の様々な実践例の中でこれらの提言が活かされているかは疑問である。

2．意識調査・統計調査

　市民だけあるいは医療関係者も対象とした在宅医療に関する意識調査が増えている。例えば、魚沼市の『在宅医療に関する住民の意識調査報告書』（魚沼市 2013）、島田市の『在宅医療関係者意識調査結果』『在宅医療市民意識調査結果』（島田市 2014）、岡山市の『市民や医療・介護の専門機関に対する在宅医療に関する意識調査』（岡山市 2012）等がある。

　厚生労働省の『介護サービスに関する世帯調査』（厚労省 2000）は日常生活において手助けや見守りを要する者およびその世帯の実態、家族等の介護の状況、居宅サービスの利用状況、利用要望など介護サービスの需要に関する事項を把握するために行われた。しかし、残念なことに単年度で終了してしまっているので、継続して統計を追うことが出来ない。

　総務省統計局の「社会生活基本調査」において、「介護（・看護）の有無」についての集計が行われるようになったのは、平成3年（1991年）調査からである。それまでは「介護・看護を受けている人の有無」、すなわち要介護者の状況は分かっても、介護者についての状況は把握できなかった。「介護支援の状況」については、介護保険制度が導入された翌年の平成13年（2001年）調査から集計が行われている。

　平成23年（2011年）調査では、「介護に着目した集計の充実」が図られた。具体的には、介護の有無とプラスαの項目を集計した統計表が6種類追加された。すなわち、「第8表　曜日、男女、介護の有無・対象、年齢・ふだんの就業状態、介護支援の利用の状況、行動の種類別総平均時間、行動者平均時間及び行動者率（15歳以上）」「第16表　曜日、男女、年齢、介護の有無・対象、従業上の地位、雇用形態、勤務形態・職業・週間就業時間、希望週間就業時間・年次有給休暇の取得日数、行動の種類別総平均時間、行動者平均時間及び行動者率（有業者）」「第19表　曜日、男女、年齢、介護の有無・対象、就業希望の状況、希望週間就業時間、行動の種類別総平均時間、行動者平均時間及び行動者率（無業者）」「第43表　曜日、ふだんの就業状態、介護の有無・対象、介護

支援の利用の状況、行動の種類別総平均時間、行動者平均時間及び行動者率（高齢者夫婦世帯の夫と妻）」「第55表　曜日、男女、年齢、ふだんの就業状態、介護の有無・対象、従業上の地位、雇用形態・週間就業時間・就業希望の状況、行動の種類別総平均時間、行動者平均時間及び行動者率（親と同居の25歳以上の未婚の子供）」「第59表　曜日、男女、ふだんの就業状態、介護の有無・対象、年齢、行動の種類別総平均時間、行動者平均時間及び行動者率（単身世帯の世帯主）」である。

　しかし、これは生活時間編・全国（全国を対象にした統計表）の場合であって、生活時間編・地域（都道府県、14地域、10大都市圏等を対象とした統計表）では「介護の有無」についてのみ分かるという状況である。

第3節　岡山県の家族介護者の現状

　岡山県の家族介護者の現状について、公表されている「社会生活基本調査」から分かることを収集し、考察していきたい。以下、1．介護の有無別に集計された統計表で総平均時間、行動者平均時間、行動率[6]を見る、2．世帯の家族類型および共働きか否か別集計で、家事、介護・看護時間の行動者平均時間・行動者率を見て、一部は全国と比較し、参考として全国の介護支援利用状況も見ていきたい。

1．介護の有無別集計、総平均時間、行動者平均時間、行動率
(1) 介護の有無別統計表

　2011年の社会生活基本調査の生活時間編・地域で介護の有無別に集計されている統計表（第5表）を見ていこう。岡山大都市圏の介護している人（介護者）の数を週全体で見ると、標本総数554万2,000人から算出された15歳以上推定人口140万8,000人（うち男性67万1,000人、女性73万7,000人）のうち、介護者の総数は10万3,000人で、男性が4万2,000人、女性は6万1,000人であった。週全体の総平均時間で介護・看護時間を見ると、男性が44分、女性は47分で、年齢別で見た場合、最も多い年代は男性70歳以上（1時間40分）、女性30歳代（2時間7分）であった。介護をしている人の家事時間は、介護をしていない人よりも多くなっていて、男性で40分、女性では1時間6分の差があった。また仕事

表8-1 2011年岡山大都市圏の介護の有無、年齢・性別の生活時間（週全体・総平均時間）

（単位：人、分）

男女・介護の有無・年齢	15歳以上推定人口（千人）	1次活動時間	2次活動時間							3次活動時間
			通勤・通学	仕事	学業	家事	介護・看護	育児	買い物	
男性	671	629	33	298	24	23	4	6	16	406
介護をしていない	629	627	34	303	25	20	1	7	16	407
30歳未満	128	596	43	265	122	3	—	3	13	394
30～39歳	106	614	42	387	—	14	0	23	18	342
40～49歳	100	586	47	484	1	11	1	8	12	291
50～59歳	87	600	48	412	0	16	1	1	10	351
60～69歳	104	640	23	223	2	34	1	3	17	497
70歳以上	105	726	4	88	0	46	0	2	23	551
介護をしている	42	653	19	230	17	60	44	2	23	393
30歳未満	…	…	…	…	…	…	…	…	…	…
30～39歳	…	…	…	…	…	…	…	…	…	…
40～49歳	2	654	57	483	—	2	-	29	16	198
50～59歳	12	611	24	285	—	82	28	1	20	390
60～69歳	10	644	29	248	2	40	23	—	19	435
70歳以上	11	728	—	32	—	78	100	—	33	469
女性	737	641	21	155	21	164	6	23	33	377
介護をしていない	676	642	21	157	21	159	2	23	34	380
30歳未満	127	649	51	200	108	39	—	32	29	332
30～39歳	106	621	21	189	3	169	3	85	25	324
40～49歳	101	592	32	247	0	214	1	15	33	306
50～59歳	84	614	19	240	1	169	8	7	43	339
60～69歳	108	640	8	101	1	205	1	5	47	433
70歳以上	148	704	0	30	1	174	2	2	29	497
介護をしている	61	621	16	141	17	225	47	10	27	337
30歳未満	5	618	29	167	162	15	3	—	7	438
30～39歳	5	519	27	159	—	205	127	103	7	293
40～49歳	6	652	38	294	—	186	4	8	27	231
50～59歳	17	582	22	166	5	281	26	9	39	310
60～69歳	14	611	3	76	2	272	82	6	34	354
70歳以上	13	707	2	84	4	224	60	—	17	341

資料：総務省統計局「平成23年社会生活基本調査」調査票A（生活時間編・地域）第5表より作成。

時間についても、介護をしていない男性は、介護をしている男性よりも1時間13分（5時間3分）も長く、女性の場合は、介護していない人が16分（2時間39分）と多少長くなっている（表8-1）。

第八章　岡山県の家族介護者の介護時間と生活時間

図8-1　2011年岡山大都市圏の介護の有無、年齢・性別の家事時間
　　　（週全体・行動者平均時間、行動者率）

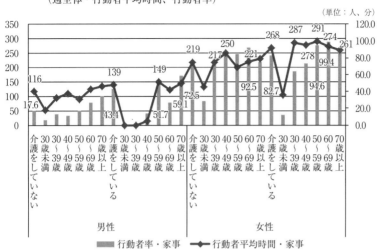

出所：総務省統計局「平成23年社会生活基本調査」調査票A(生活時間編・地域)　第5表より作成。

　そこで、介護の有無、性別の家事時間について、週全体の行動者平均時間、行動者率を見ると、介護をしている男性の家事時間は2時間19分で行動者率も43.4％と高く、介護をしていない男性の家事時間1時間56分、行動者率17.6％とは23分、25.8％の差となった。年代別では50歳代の家事時間が2時間29分と最も長く、行動者率も51.7％と高くなっている。行動者率だけで見ると、介護をしている男性70歳以上の行動者率が59.1％と最も高くなっている。女性では、介護をしている人の家事時間が4時間28分、行動者率82.7％で介護をしていない人の家事時間3時間39分、行動者率72.5％とは49分、10.2％の差となった。年代別で見ると女性の場合、介護の有無にかかわらず30歳以上の属性はすべて家事時間が3時間を超えているが、30歳以上のそれぞれの年齢属性で介護の有無別で比較すると、介護をしている女性の家事時間の方が長くなっている（図8-1）。

(2) 平日と日曜日

　次に、介護者の就業状況等が介護者の生活時間配分に影響を与えると考え、平日と日曜日を分けて考察する。統計表の当該属性の標本数が皆無の場合およ

表8-2 岡山（大都市圏）男女、介護の有無、年齢別生活時間（平日、総平均時間）

(単位：分)

男女・介護の 有無・年齢		15歳以上 推定人口 （千人）	睡眠・ 食事等	通勤・ 通学	仕事	学業	家事	介護・ 看護	育児	買い物	余暇活 動等
男性	**介護をしていない**	626	615	42	362	31	20	1	4	10	355
	50〜59歳	86	586	60	488	—	13	1	0	4	289
	60〜69歳	104	634	28	268	2	34	2	1	14	457
	70歳以上	104	732	5	105	—	50	0	2	21	526
	介護をしている	46	652	23	269	—	64	55	2	18	355
	50〜59歳	13	603	33	340	—	96	34	—	10	324
	60〜69歳	10	660	35	276	—	28	21	—	17	402
	70歳以上	14	712	—	39	—	84	135	—	34	435
女性	**介護をしていない**	674	634	26	183	25	161	2	22	28	359
	40〜49歳	101	573	41	309	0	216	1	13	24	262
	50〜59歳	84	614	21	271	—	168	9	7	42	309
	60〜69歳	107	639	9	105	1	209	1	3	44	430
	70歳以上	149	703	0	35	1	175	2	3	27	494
	介護をしている	67	621	18	156	22	229	46	11	27	309
	40〜49歳	7	672	46	342	—	194	5	6	13	160
	50〜59歳	19	564	25	183	6	305	16	6	43	291
	60〜69歳	15	631	4	86	3	266	71	9	36	335
	70歳以上	15	710	0	78	6	233	67	—	17	328

出所：総務省統計局「平成23年社会生活基本調査」調査票A（生活時間編・地域）第5表より作成。

び標本数が10未満のとき、結果精度の観点から表章されていない。したがって、介護の有無を見る統計表で利用できたのは、平日の総平均時間では、男性が50〜59歳、60〜69歳、70歳以上、女性は40〜49歳、50〜59歳、60〜69歳、70歳以上、日曜日は男女とも50〜59歳、60〜69歳と、女性の70歳以上で、男性は介護をしている人で70歳以上が表章されておらず、その部分は利用できなかった。

　介護している人の介護・看護時間を、平日の総平均時間で見てみると、男性は55分、女性は46分で、年齢別では男性の70歳以上が最も多く2時間15分、女性では60〜69歳が多く、1時間11分であった。介護をしている人は家事の時間も増加していることが多い。介護をしている50〜59歳女性の家事時間は5時間5分と最も長くなっている。介護をしている50〜59歳男性は家事1時間36分、介護・看護34分、仕事5時間40分、睡眠・食事等の1次活動が10時間3分、余暇活動等3次活動が5時間24分とバランスが取れていた。介護をしていない50

第八章　岡山県の家族介護者の介護時間と生活時間

表8-3　岡山（大都市圏）　男女，介護の有無、年齢別生活時間（日曜日、総平均時間）

(単位：分)

男女・介護の有無・年齢		15歳以上推定人口（千人）	睡眠・食事等	通勤・通学	仕事	学業	家事	介護・看護	育児	買い物	余暇活動等
男性	介護をしていない	639	668	10	108	8	25	0	16	32	573
	50〜59歳	87	637	11	170	1	29	1	1	28	562
	60〜69歳	103	666	9	67	―	35	0	12	27	623
	70歳以上	106	711	1	42	―	40	0	1	27	618
	介護をしている	34	656	6	100	55	53	8	2	45	515
	50〜59歳	12	626	1	125		52	5	5	65	560
	60〜69歳	10	624	11	120		74	18	―	21	572
女性	介護をしていない	689	674	6	65	13	160	1	27	53	440
	50〜59歳	85	629	10	131	2	188	5	5	45	425
	60〜69歳	113	650	3	55	1	217	2	15	62	435
	70歳以上	151	712	0	18	―	170	0	1	36	501
	介護をしている	46	638	6	72	1	234	50	1	24	416
	50〜59歳	16	622	8	78	2	266	41	―	24	398
	60〜69歳	11	565	1	34	―	304	107	―	22	407
	70歳以上	8	719	11	91	―	213	56	―	10	340

出所：総務省統計局「平成23年社会生活基本調査」調査票A（生活時間編・地域）第5表より作成。

〜59歳男性では家事13分、介護・看護1分、仕事8時間8分、睡眠・食事等9時間46分、余暇活動等4時間49分と他の活動が短い分、仕事の時間が非常に長くなっている（表8-2）。介護している人の介護・看護時間の日曜日の総平均時間では、男性が8分、女性が50分で、年齢別では60〜69歳男性は18分、60〜69歳女性は1時間47分となっている。家事時間も60〜69歳女性が5時間4分と最も長くなっている（表8-3）。

(3) 全国平均との比較

　岡山県（大都市圏）と全国平均の介護の有無、性別の生活時間を週全体・総平均時間で比較してみると、仕事時間では、岡山県の介護をしている男性は全国平均よりも50分（3時間50分）短くなっている。女性の場合は、介護の有無にかかわらず、岡山県（大都市圏）の方が若干（4〜11分）長くなっている。家事時間では、介護している男性、女性とも岡山県の方が長くなっている（12〜22分）。介護・看護時間は、岡山県の介護している男性が全国平均よりも19

表8-4 岡山（大都市圏）と全国の介護の有無、性別の生活時間（週全体・総平均時間）（2011年）

(単位：分)

		男性				女性			
		介護をしている		介護をしていない		介護をしている		介護をしていない	
		岡山県	全国	岡山県	全国	岡山県	全国	岡山県	全国
15歳以上推定人口（千人）		42	2,675	629	49,789	61	4,154	676	51,552
1次活動時間		653	641	627	630	621	628	642	646
2次活動時間	通勤・通学	19	34	34	41	16	15	21	23
	仕事	230	280	303	304	141	130	157	153
	学業	17	5	25	27	17	7	21	23
	家事	60	38	20	18	225	213	159	155
	介護・看護	44	25	1	0	47	49	2	1
	育児	2	3	7	5	10	13	23	25
	買い物	23	20	16	17	27	38	34	36
3次活動時間		393	394	407	398	337	346	380	379

出所：「平成23年社会生活基本調査」調査票A（生活時間編）第8表より作成。

分長いが、女性の方は全国平均よりも2分ほど短くなっている（表8-4）。

(4) 時系列比較

さらに介護の有無が分かる統計表で岡山県単独の時系列を見ようと試みたが、公表されている総計表では集計されているものがなかったので、山陽地域（岡山県、広島県、山口県）の時系列と全国の時系列の比較を週全体・総平均時間の統計表で行った（表8-5、8-6）。

2001年から2011年までの10年間で、全国と山陽地域の介護をしている男女の介護時間はともに減少傾向にある。2001年時点では全国平均よりも長かった山陽地域の男性介護者の介護時間は49分から25分へと半減し、全国と同水準となった。女性介護者の介護時間は10年間で1時間2分から53分に減ってはいるが全国平均よりわずかに（4分）長い。

介護者の家事時間は介護していない男女よりも長くなる傾向にあるが、10年間で山陽地域の男性介護者は41分から52分へ、女性介護者は3時間24分から3時間37分へと11〜13分長くなっている。2011年の全国平均と比較してみると、山陽地域の男性介護者は14分、女性介護者は4分長くなっている。

介護者の仕事時間について見てみると、山陽地域の介護をしている男性の仕

第八章　岡山県の家族介護者の介護時間と生活時間

表8-5　山陽地方の介護の有無、性別の生活時間（週全体・総平均時間）（2001年、2011年）

(単位：時間. 分)

			男性				女性			
			介護をしている		介護をしていない		介護をしている		介護をしていない	
			2001年	2011年	2001年	2011年	2001年	2011年	2001年	2011年
15歳以上推定人口（千人）			81	152	2,430	2,338	178	223	2,600	2,511
1次活動時間			10.37	11.01	10.27	10.31	10.22	10.21	10.38	10.44
2次活動時間	通勤・通学		0.33	0.22	0.35	0.34	0.13	0.15	0.19	0.20
	仕事		4.56	3.56	5.15	5.12	2.31	2.14	2.35	2.33
	学業		0.07	0.07	0.26	0.25	0.02	0.09	0.26	0.24
	家事		0.41	0.52	0.14	0.21	3.24	3.37	2.47	2.42
	介護・看護		0.49	0.25	0.01	0.01	1.02	0.53	0.02	0.02
	育児		0.03	0.02	0.04	0.06	0.11	0.10	0.21	0.23
	買い物		0.11	0.18	0.14	0.16	0.36	0.33	0.35	0.34
3次活動時間			6.04	6.57	6.44	6.34	5.38	5.48	6.18	6.20

出所：総務省統計局「平成13年社会生活基本調査」調査票A（生活時間編・地域）第2表、「平成23年社会生活基本調査」調査票A（生活時間編・地域）第5表より作成。

表8-6　全国の介護の有無、性別の生活時間（週全体・総平均時間）（2001年、2011年）

(単位：時間. 分)

			男性				女性			
			介護をしている		介護をしていない		介護をしている		介護をしていない	
			2001年	2011年	2001年	2011年	2001年	2011年	2001年	2011年
15歳以上推定人口（千人）			1,721	2,675	50,104	49,789	2,982	4,154	51,924	51,552
1次活動時間			10.35	10.41	10.28	10.30	10.28	10.28	10.41	10.46
2次活動時間	通勤・通学		0.35	0.34	0.42	0.41	0.14	0.15	0.22	0.23
	仕事		4.52	4.40	5.15	5.04	2.15	2.10	2.37	2.33
	学業		0.11	0.05	0.27	0.27	0.08	0.07	0.23	0.23
	家事		0.32	0.38	0.13	0.18	3.25	3.33	2.40	2.35
	介護・看護		0.29	0.25	0.00	0.00	1.02	0.49	0.02	0.01
	育児		0.03	0.03	0.04	0.05	0.12	0.13	0.23	0.25
	買い物		0.15	0.20	0.14	0.17	0.36	0.38	0.35	0.36
3次活動時間			6.28	6.34	6.37	6.38	5.40	5.46	6.18	6.19

出所：総務省統計局「平成13年社会生活基本調査」調査票A（生活時間編）第4表、「平成23年社会生活基本調査」調査票A（生活時間編）第8表より作成。

事時間は、4時間56分から3時間56分へと10年間で1時間も減っている。山陽地域の女性介護者の仕事時間は2時間31分から2時間14分へと17分の減少であ

る。これに対し、全国平均では男性介護者の仕事時間が2001年の4時間52分から2011年の4時間40分へと12分の減少、女性介護者の仕事時間は2001年の2時間15分から2011年の2時間10分へ5分の減少となっていて、減少幅は小さいものとなっている。

山陽地域の介護をしている男性の3次活動時間を見ると、介護をしていない男性の3次活動時間が減少しているのに対して、2001年からの10年間で6時間4分から6時間57分へと53分も増えている。これに対し女性介護者の3次活動時間は10年間で10分しか増えていない。全国平均でも男女介護者の3次活動は増加傾向にあるが、男女とも10年間で6分と増加幅は小さい。また、山陽地域・全国平均ともに女性介護者の3次活動時間が他の属性と比較して極端に短くなっている。例えば、2011年時点の山陽地域の女性介護者の3次活動時間は5時間48分であるが、介護をしていない女性は6時間20分、介護をしていない男性は6時間34分、介護している男性では6時間57分と実に32分から1時間9分の違いがある。

1次活動時間については、山陽地域の男性介護者が10年間で24分と大幅に増加し、山陽地域の女性介護者は1分減少している。それ以外の属性の人は0〜6分の間で増加している。

(5) 介護の有無別の家事の行動者平均時間・行動者率の時系列比較

山陽地域でも介護をしている人の家事時間は、介護をしていない人よりも長い傾向が見られたので、介護の有無別の家事の行動者平均時間・行動者率を時系列で見てみた（表8-7）。

介護をしている男性の家事の行動者平均時間は、2001年は2時間58分、2006年は2時間21分、2011年で2時間11分と10年間で47分も減少している。ただし、家事をしている人の割合、行動者率は10年間で23.5％（2001年）から39.6％（2011年）と16.1％の増加を示している。また、介護をしている男性と介護をしていない男性の家事の行動者平均時間の差は、2001年の1時間26分から、2011年には24分に縮小されている。

女性の介護をしている人の家事の行動者平均時間は、2001年が3時間50分、2006年は4時間2分、2011年は4時間13分と10年間で23分増加している。介護をしている女性と介護をしていない女性の家事の行動者平均時間の差は、2001

表8-7　山陽と全国の介護の有無別家事の行動者平均時間、行動者率

（週全体、単位：時間，分、%）

			山陽		全国	
			行動者平均時間・家事	行動者率・家事	行動者平均時間・家事	行動者率・家事
2001年	男性	介護をしていない	1.32	15.3	1.33	14.1
		介護をしている	2.58	23.5	1.59	26.7
	女性	介護をしていない	3.36	77.2	3.34	74.9
		介護をしている	3.50	85.4	3.59	85.8
2006年	男性	介護をしていない	1.47	17.6	1.40	16.3
		介護をしている	2.21	26.9	2.12	30.4
	女性	介護をしていない	3.34	74.6	3.34	73.7
		介護をしている	4.02	87.6	4.03	88.7
2011年	男性	介護をしていない	1.47	19.3	1.40	17.7
		介護をしている	2.11	39.6	1.59	29.9
	女性	介護をしていない	3.38	74.4	3.32	73.4
		介護をしている	4.13	85.8	4.03	87.7

出所：総務省統計局「平成13年社会生活基本調査」調査票Ａ（生活時間編・地域）第2表、「平成18年社会生活基本調査」調査票Ａ（生活時間編・地域）第4表、「平成23年社会生活基本調査」調査票Ａ（生活時間編・地域）第5表より作成。

年の14分から、2011年には35分に拡大している。介護をしている女性の行動者率は、85～88％の間を推移していて10年間横ばい状態である。

さらに、全国の介護の有無別の家事の行動者平均時間・行動者率を時系列で見たものと比較した。それによると2001年時点では、介護している男性の家事の行動者平均時間は、山陽地域の方がおよそ1時間（59分）長かったが、その差は、2011年には12分に縮まった。介護をしていない男性では、2001年時点で1分差とほぼ同じだが、2011年には7分ほど山陽地域が長くなった。介護をしている女性では、2001年時点は山陽地域の方が9分短いが、2011年には10分ほど長くなっている。介護していない女性では全国平均と0～2分の差で推移し、2011年は6分ほど山陽地域の方が長くなった。

介護をしている男性の家事の行動者率は、2001年時点では全国平均（26.7％）の方が3.2％高くなっていたが、2011年には全国平均（29.9％）よりも山陽地域（39.6％）の方が10％近く高くなっている。介護をしていない男性の家事の行動者率は10年間を通して、1～1.6％山陽地域の方が高くなっている。介護をして

いる女性の家事の行動者率は、10年間を通して0.4～1.9％全国平均の方が高くなっている。逆に、介護をしていない女性の家事の行動者率は、10年間を通して0.9～2.3％山陽地域の方が高くなっている。

(6) 小括

上記の統計表の考察から、第1に地域を対象とする統計表の不足を感じた。例えば岡山県（大都市圏）の介護・看護時間を週全体・総平均時間で見ると、30歳代女性が最も長くなっているので、詳細を知りたいと平日や日曜日のデータを見ようとしても、サンプル数が足りないため集計されていないということがある。

第2に、山陽地域の男女介護者の家事時間が2011年までの10年間増加傾向にあり、全国平均と週全体・総平均時間の統計表で比較すると4～14分長くなっていることである。

また、山陽地域の男性介護者の仕事時間が大幅に減り、その分、3次活動時間や1次活動時間、および家事時間も増加している。介護時間は減少している。これは積極的にワーク・ライフ・バランス施策を行ったというよりも、仕事時間が減少した場合の結果といえるのではないか。

第3に、山陽地域・全国平均の女性介護者ともに3次活動時間が極端に少なくなっている。2011年までの10年間で6～10分の増加はあるが、大幅な改善は見られない。

第4に、介護をしている男性の家事の行動者率は、2011年には全国平均（29.9％）よりも山陽地域（39.6％）の方が10％近く高くなっている。これは第2のところで既に述べたように仕事時間が大幅に減った結果、家事をする時間、家事をする人も相対的に増え、家事の行動者率も高くなったと考えられる。

2．世帯の家族類型・共働きか否か別集計による家事、介護・看護の行動者平均時間・行動者率

世帯の家族類型および共働きか否か別の集計で、家事、介護・看護の行動者平均時間・行動者率を見ていこう。

（1）世帯の家族類型別の集計による家事、介護・看護の行動者平均時間・行動者率

　はじめに2011年調査で世帯の家族類型別の集計を見ると、男性の家事の行動者平均時間は、高齢者夫婦のみの世帯が２時間39分と最も長くなっており、次いで夫婦のみの世帯が２時間６分と長くなっている。行動者率も高齢者夫婦のみの世帯は、35.9％と３割を超え、夫婦のみの世帯でも30.3％と30％を超えている。

　男性の介護・看護の行動者平均時間は、高齢者夫婦のみの世帯が６時間53分、夫婦のみの世帯でも５時間22分と非常に長くなっているが、行動者率が0.8％、0.6％と１％に満たない。これは一般的な数値というよりもある特定の人が長時間行っていることの結果が反映していると考えた方がよいだろう。

　女性の家事の行動者平均時間は、どの世帯も４時間を超えており、中でも夫婦と親の世帯が４時間44分と最も多く、次いで高齢者夫婦のみの世帯が４時間35分となっている。行動者率もどの世帯も90％を超えており、そのうち、夫婦と親の世帯が95.6％と最も高くなっている。

　女性の介護・看護の行動者平均時間では、高齢者夫婦のみの世帯が３時間16分、次いで夫婦のみの世帯が３時間８分と長くなっている。行動者率を見ると、夫婦と親の世帯が20.6％と最も高くなっている。前項と違い介護の有無によって集計されているわけではないので、その連動性を確実に指摘することはできないが、夫婦と親の世帯において介護の場面での必要性から家事時間が増えていることは推測できるだろう（図8-2）。

　さらに、時系列（2006年〜2011年）を見ていきたい。男性の家事の行動者平均時間を見ると、2006〜2011年の間、増加幅が大きかったのは、夫婦、子供と親の世帯である。2006年の30分から2011年には１時間37分に拡大している。他の世帯も６分から14分の増加が見られる中で、夫婦と子供の世帯だけが19分減少している。行動者率を見てみると、夫婦、子供と親の世帯が2006〜2011年の間に12.3％へと拡大している。ただし、2006年の行動者率が2.4％と低いので、行動者平均時間の増加が多数派の行動とは言い切れない。

　男性の介護・看護の行動者平均時間を見てみると、2006〜2011年の間の増加幅が大きかったのは、高齢者夫婦世帯で３時間50分も増加している。夫婦のみ世帯も２時間19分、増加している。逆に、夫婦と親の世帯は３時間20分減少し、夫婦と子供の世帯も１時間56分減少している。行動者率を見ると、2006〜2011年

図8-2 2011年調査 岡山県の世帯の家族類型別家事、介護・看護の行動者平均時間、行動者率

(平日、単位：分、%)

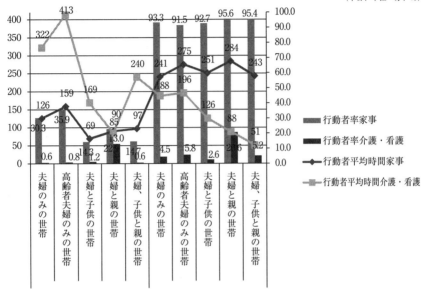

出所：総務省統計局「平成23年社会生活基本調査」調査票A（生活時間編・地域）第7表より作成。

の間、どの世帯も低い水準でさらに減少しており、夫婦と親の世帯だけが10.5%増加している。

女性の家事の行動者平均時間を見ると、増加幅が大きかったのは、夫婦と親の世帯で37分増加している。高齢者夫婦世帯では14分、夫婦と子供の世帯では10分増加している。逆に、夫婦と子供、親の世帯は14分減少している。行動者率を見ると、夫婦と親の世帯の増加幅が大きく13.1%も増えているのだが、2006年時点が82.5%と低い。他の世帯は2006年時点で90%を超えていたので、増減の幅は1～2%となっている。

女性の介護・看護の行動者平均時間を見ると、増加幅が大きかったのは、夫婦のみの世帯で1時間58分、高齢者夫婦世帯でも1時間36分増加している。逆に夫婦、子供と親の世帯は1時間20分、夫婦と親の世帯も57分減少している。行動者率を見ると、2006年～2011年間の夫婦と親の世帯の18.9%～20.6%を除き、他の世帯の行動者率が6%以下と低い水準であり、そこから増加しても6%未満に止まっている（表8-8）。

第八章　岡山県の家族介護者の介護時間と生活時間

表8-8　岡山県の世帯の家族類型別行動者平均時間、行動者率

(2006年、2011年、平日、単位：分、％)

		行動者平均時間				行動者率			
		家事		介護・看護		家事		介護・看護	
		2006年	2011年	2006年	2011年	2006年	2011年	2006年	2011年
男性	夫婦のみの世帯	118	126	183	322	22.4	30.3	2.1	0.6
	高齢者夫婦世帯	135	159	183	413	36.2	35.9	4.6	0.8
	夫婦と子供の世帯	88	69	285	169	13.9	14.3	0.7	1.2
	夫婦と親の世帯	84	90	285	85	11.8	22.9	2.5	13.0
	夫婦、子供と親の世帯	30	97	―	240	2.4	14.7	―	0.6
女性	夫婦のみの世帯	240	241	70	188	91.6	93.3	2.8	4.5
	高齢者夫婦世帯	261	275	100	196	91.7	91.5	1.5	5.8
	夫婦と子供の世帯	241	251	130	126	94.0	92.7	3.4	2.6
	夫婦と親の世帯	247	284	145	88	82.5	95.6	18.9	20.6
	夫婦、子供と親の世帯	257	243	131	51	94.6	95.4	5.5	5.2

出所：総務省統計局「平成18年社会生活基本調査」調査票Ａ（生活時間編・地域）第8表、「平成23年社会生活基本調査」調査票Ａ（生活時間編・地域）第7表より作成。

　全国平均と比較すると、男性の家事の行動者平均時間は、高齢者夫婦世帯が最も高いという傾向は共通しているが、2006年で11分（2時間15分）、2011年で39分（2時間19分）ほど岡山県の方が長くなっている。行動者率も2006年で4.5％（36.2％）、2011年で3.6％（35.9％）ほど岡山県の方が高くなっている。男性の介護・看護の行動者平均時間も、高齢者夫婦世帯が最も高いという傾向は共通しているが、全国平均は2006〜2011年の間、2時間半ほどで推移しており、岡山県は2006年の3時間3分から3時間50分増え、2011年の6時間53分と抜きんでている。行動者率は、2011年の岡山県の夫婦と親の世帯（13.0％）以外、岡山県、全国のどの世帯も1ケタ台で推移している。

　女性の家事の行動者平均時間は、岡山県の2006年で高齢者夫婦世帯が4時間21分、2011年では夫婦と親の世帯が4時間44分と最も高くなっている。これに対し、全国平均では2006年、2011年ともに夫婦と子供の世帯が4時間19分、4時間18分で最も長くなっている。全世帯で比較すると2006〜2011年を通して岡山県の方が2〜23分ほど長くなっている。行動者率を全世帯平均で見ると、2006〜2011年を通して岡山県は2.8％増、全国平均が1.1％減少している。

　女性の介護・看護の行動者平均時間は、全国平均が2006〜2011年間の高齢者

表8-9 全国の世帯の家族類型別行動者平均時間、行動者率

(2006年、2011年、平日、単位:分、%)

		行動者平均時間				行動者率			
		家事		介護・看護		家事		介護・看護	
		2006年	2011年	2006年	2011年	2006年	2011年	2006年	2011年
男性	夫婦のみの世帯	110	107	156	152	22.2	24.3	1.6	1.4
	高齢者夫婦世帯	124	120	158	166	31.7	32.3	2.6	2.0
	夫婦と子供の世帯	83	92	111	86	12.6	14.1	0.9	1.1
	夫婦と親の世帯	123	105	130	102	13.7	14.3	3.3	4.0
	夫婦、子供と親の世帯	81	80	123	92	8.3	9.3	2.0	2.2
女性	夫婦のみの世帯	228	224	137	136	91.1	89.9	4.1	4.8
	高齢者夫婦世帯	240	239	140	144	92.0	90.5	4.7	5.2
	夫婦と子供の世帯	259	258	121	107	95.2	95.0	4.2	4.5
	夫婦と親の世帯	230	223	110	124	90.4	88.5	10.9	15.7
	夫婦、子供と親の世帯	243	239	109	88	95.0	94.1	7.0	9.2

出所:総務省統計局「平成18年社会生活基本調査」調査票A(生活時間編・地域)第8表、「平成23年社会生活基本調査」調査票A(生活時間編・地域)第7表より作成。

夫婦世帯で2時間20分台で推移しているのに対し、岡山県は2006年～2011年間の高齢者夫婦世帯で大幅(1時間36分)に増え、2011年は3時間16分と最も長くなっている。行動者率は、全国平均と岡山県ともに夫婦と親の世帯が最も高いが、5～8%ほど岡山県の方が高くなっている(表8-9)。

(2) 共働きか否か別の集計による家事、介護・看護の行動者平均時間、行動者率

次に、2011年調査の共働きか否か別の集計で、家事、介護・看護の行動者平均時間、行動者率を見ていきたい。

男性の家事の行動者平均時間は、夫が無業で妻が有業の世帯で2時間51分と最も長く、次いで夫が無業で妻も無業の世帯が2時間27分と長かった。行動者率では、夫が無業で妻も無業の世帯が52.7%と最も高く、次いで夫が無業で妻が有業の世帯が39.4%と高かった。

男性の介護・看護の行動者平均時間は、夫が無業で妻も無業の世帯が5時間12分、夫が有業で妻が無業の世帯で2時間36分と長かった。行動者率ではどの世帯も3%以下と低く、一部の男性介護者が突出して長くなっていることが分かる。

第八章　岡山県の家族介護者の介護時間と生活時間

表8-10　岡山県の共働きか否か別行動者平均時間、行動者率

(2006年、2011年、平日、単位：分、％)

		行動者平均時間				行動者率			
		家事		介護・看護		家事		介護・看護	
		2006年	2011年	2006年	2011年	2006年	2011年	2006年	2011年
男性	夫が有業で妻も有業（共働き）	82	66	285	60	13.1	13.1	0.8	0.3
	（夫も妻も雇用されている人）	73	47	450	—	13.7	13.3	0.5	—
	夫が有業で妻が無業	99	60	30	156	7.8	13.2	0.3	2.9
	夫が無業で妻が有業	172	171	—	60	20.4	39.4	—	1.7
	夫が無業で妻も無業	130	147	185	312	41.3	52.7	5.6	2.1
女性	夫が有業で妻も有業（共働き）	215	211	114	130	90.4	92.9	2.2	3.3
	（夫も妻も雇用されている人）	199	202	132	90	90.0	92.3	2.3	1.3
	夫が有業で妻が無業	291	305	94	70	95.8	93.4	6.9	4.9
	夫が無業で妻が有業	164	160	105	69	96.0	93.9	14.6	7.5
	夫が無業で妻も無業	284	278	209	212	95.7	94.9	7.5	5.7

出所：総務省統計局「平成18年社会生活基本調査」調査票A（生活時間編・地域）第8表、「平成23年社会生活基本調査」調査票A（生活時間編・地域）第7表より作成。

表8-11　全国の共働きか否か別行動者平均時間、行動者率

(2006年、2011年、平日、単位：分、％)

		行動者平均時間				行動者率			
		家事		介護・看護		家事		介護・看護	
		2006年	2011年	2006年	2011年	2006年	2011年	2006年	2011年
男性	夫が有業で妻も有業（共働き）	68	71	92	65	11.6	13.1	0.8	0.8
	（夫も妻も雇用されている人）	63	67	80	60	12.1	14.1	0.5	0.7
	夫が有業で妻が無業	71	80	111	79	9.1	8.9	1.0	1.1
	夫が無業で妻が有業	149	150	170	94	39.8	43.5	3.2	2.4
	夫が無業で妻も無業	128	122	167	165	36.5	38.6	3.3	3.3
女性	夫が有業で妻も有業（共働き）	206	204	105	85	92.2	91.7	3.7	3.6
	（夫も妻も雇用されている人）	196	196	102	79	91.9	91.8	3.3	3.2
	夫が有業で妻が無業	304	301	125	123	96.5	96.4	4.9	5.9
	夫が無業で妻が有業	177	172	144	102	89.2	85.4	6.8	7.8
	夫が無業で妻も無業	259	259	146	135	92.6	91.2	6.9	8.4

出所：総務省統計局「平成18年社会生活基本調査」調査票A（生活時間編・地域）第8表、「平成23年社会生活基本調査」調査票A（生活時間編・地域）第7表より作成。

女性の家事の行動者平均時間は、夫が有業で妻が無業の世帯が5時間5分と最も長く、次いで夫が無業で妻も無業の世帯が4時間38分と長かった。行動者率では、どの世帯も90％以上となり、共働きの世帯でも92.9％と高かった。
　女性の介護・看護の行動者平均時間を見ると、夫が無業で妻も無業の世帯が3時間32分と最も長く、次いで夫も妻も有業の共働き世帯が2時間10分であった（表8-10）。
　時系列（2006年～2011年）で見ると、男性の家事の行動者平均時間で2006年～2011年の間に増加している世帯は夫が無業で妻も無業の世帯のみで、他の世帯は減少している。最も減少しているのは、夫が有業で妻が無業の世帯で39分（1時間39分→1時間）減少している。ただし、行動者率を見ると5.4％増加しており、個々の時間が短くても家事をする人は増えていることが分かる。男性の家事の行動者率で2006年～2011年の間に最も増加したのは、夫が無業で妻が有業の世帯で、20.4％から39.4％と19.0％増加した。
　男性の介護・看護の行動者平均時間では、2006年～2011年の間に最も増加しているのは、夫も妻も無業の世帯で2時間7分（3時間5分→5時間12分）、次いで夫が有業で妻が無業の世帯も2時間6分（30分→2時間36分）増えている。逆に、共働き世帯では3時間45分（4時間45分→1時間）減少している。行動者率では、夫が有業で妻が無業の世帯が2.6％増加し、夫も妻も無業の世帯が3.5％減少している。
　女性の家事の行動者平均時間で2006年～2011年の間の増減幅は、3分から14分程度で、夫が有業で妻が無業の世帯の増加幅（14分）が最も長くなった。行動者率では、夫妻とも雇用されている世帯を含め、共働き世帯が2.2～2.5％増加した。他の世帯は0.8～2.4％の幅で減少している。
　女性の介護・看護の行動者平均時間は、2006年～2011年の間に夫も妻も雇用されている世帯が42分減少し、減少幅が最大となった。共働き世帯の総数では16分増加している。行動者率では、共働き世帯の総数が1.1％増加し、それ以外は1.0～7.1％の幅で減少している。2006年も2011年も総じて介護・看護の行動者率は低い。
　全国平均と比較すると、男性の家事の行動者平均時間は夫が無業で妻が有業の世帯が最も高くなっていることは共通しているが、岡山県の方が2006年、2011年ともに20分前後長くなっている。行動者率では、岡山県は、夫が無業で

妻も無業の世帯が2006年41.3％、2011年52.7％と最も高くなっているが、全国平均では夫が無業で妻が有業の世帯が2006年39.8％、2011年43.5％と高くなっている。また2006年～2011年間の伸びについて、岡山県の夫が無業で妻が有業の世帯が19％の伸びを示している。

男性の介護・看護の行動者平均時間では、共働き世帯で2006年から2011年に3時間45分（4時間45分→1時間）減少し、夫も妻も無業の世帯では、2時間7分（3時間5分→5時間12分）、増えている。これは全国に先駆けて岡山県の生産年齢人口が減少している[6]ことと関係があるように思われる。すなわち、2006年時点では有業者であったが、2011年には無業者として記録されたということである。

女性の家事の行動者平均時間は、岡山県、全国平均の2006年、2011年ともに夫が有業で妻が無業の世帯が5時間前後と最も長くなっている。行動者率を見ると、全国平均の夫が無業で妻が有業の世帯以外、2006年、2011年の岡山県も全国平均も90％を超えている。

女性の介護・看護の行動者平均時間は岡山県、全国平均ともに夫も妻も無業の世帯が最も長くなっているが、岡山県の方が全国平均よりも1時間から1時間15分ほど長くなっている。行動者率では、岡山県の夫が無業で妻が有業の世帯の2006年が14.6％、2011年が7.5％、全国平均は夫も妻も無業の世帯で2006年6.9％、2011年8.4％が最も高くなっている（表8-11）。

3．全国の介護支援利用状況
2001年～2011年調査による介護あり、男女、介護支援の利用度別生活時間

2011年調査で細かい利用頻度の区別で見ると、男女とも介護支援を利用していない方の仕事時間が長くなっている。これは介護支援を利用していない方が軽度の要介護者であるといえるからである。ただし、介護支援の利用が週4日以上になると、男女ともに仕事時間が最長となり、家事時間は減少、介護・看護時間は長くなる（表8-12）。

次に2001年から2006年、2011年の時系列で介護あり、男女、介護支援の利用の有無別の生活時間を見てみよう。

2001年の男性の生活時間を見ると、仕事時間は介護支援を利用していない方が4時間58分で21分長く、家事時間は介護支援を利用している方が39分で10分

表8-12　2011年調査　全国　介護有、年齢・性別、介護サービスの有無別の週全体・総平均時間

(単位：人、分)

	総数	1次活動時間	2次活動時間							3次活動時間
			通勤・通学	仕事	学業	家事	介護・看護	育児	買い物	
男性・介護あり	8,843	641	34	280	5	38	25	3	20	394
介護支援を利用していない	5,950	641	34	284	6	34	21	2	21	397
介護支援を利用している	2,893	641	33	272	5	45	36	3	19	387
月に1日以内	56	668	9	121	1	52	36	3	30	520
月に2～3日	100	633	50	259	—	47	15	2	24	408
週に1日	332	646	18	237	0	53	37	2	16	431
週に2～3日	1,208	644	33	261	5	47	32	4	20	394
週に4日以上	1,197	636	36	298	6	41	41	2	17	362
女性・介護あり	13,708	628	15	130	7	213	49	13	38	346
介護支援を利用していない	9,555	625	16	134	5	214	40	15	39	352
介護支援を利用している	4,153	637	13	120	10	212	72	6	37	332
月に1日以内	70	681	14	62	—	247	37	6	26	368
月に2～3日	130	641	10	80	13	222	75	6	31	362
週に1日	543	666	13	119	0	209	54	6	41	332
週に2～3日	1,909	640	11	107	6	221	66	7	35	347
週に4日以上	1,501	620	16	144	17	201	88	6	38	312

出所：総務省統計局「平成23年社会生活基本調査」調査票A（生活時間編）第8表より作成。

長く、介護・看護時間は介護支援を利用している方が38分で13分長い。これは前述のように、介護支援を利用していない方が軽度の要介護者と考えられるため、家事時間、介護・看護時間にかける時間が短くて済み、その分を（もっと家事時間にしてもいいはずだが）仕事時間に回すことができるからである。

　これを2001年から2006年、2011年の時系列で、介護支援を利用している人と利用していない人の差を見ると、仕事時間は介護支援を利用していない方が長く、21分→39分→11分と推移する。仕事時間は10年間で37～47分増加した。家事時間は介護支援を利用している方が10分前後長く（10分→11分→9分と推移）、介護・看護時間も介護支援を利用している方が15分前後長い（13分→18分→14分と推移）。

　2001年の女性の生活時間を見ると、仕事時間は介護支援を利用していない方が2時間17分で6分長いが、家事時間は介護支援を利用している方が1分だけ長くほぼ同じである。介護・看護時間は介護支援を利用している方が1時間25

第八章　岡山県の家族介護者の介護時間と生活時間

表8-13　2001年～2011年調査による介護有、男女、介護支援の利用の有無別の生活時間

（平日、総平均時間　単位：人、時間.分）

		2001				2006				2011			
		男性		女性		男性		女性		男性		女性	
		介護支援を利用していない	介護支援を利用している	介護支援を利用していない	介護支援を利用している	介護支援を利用していない	介護支援を利用している	介護支援を利用していない	介護支援を利用している	介護支援を利用していない	介護支援を利用している	介護支援を利用していない	介護支援を利用している
15歳以上推定人口（千人）		1,229	492	2,243	738	1,391	645	2,325	965	1,890	806	3,040	1,218
1次活動時間		10.36	10.34	10.28	10.27	10.28	10.35	10.09	10.25	10.29	10.29	10.16	10.31
2次活動時間	通勤・通学	0.37	0.31	0.14	0.14	0.40	0.33	0.19	0.14	0.42	0.41	0.19	0.16
	仕事	4.58	4.37	2.17	2.11	5.33	4.54	2.47	2.29	5.35	5.24	2.35	2.21
	学業	0.11	0.10	0.07	0.10	0.08	0.15	0.07	0.04	0.08	0.05	0.07	0.13
	家事	0.29	0.39	3.25	3.26	0.35	0.46	3.33	3.40	0.34	0.43	3.38	3.33
	介護・看護	0.25	0.38	0.54	1.25	0.24	0.42	0.53	1.14	0.20	0.34	0.41	1.12
	育児	0.03	0.01	0.13	0.12	0.03	0.02	0.14	0.12	0.02	0.03	0.16	0.06
	買い物	0.15	0.15	0.38	0.30	0.16	0.13	0.38	0.30	0.17	0.14	0.36	0.35
3次活動時間		6.26	6.34	5.45	5.26	5.54	5.59	5.20	5.12	5.35	5.47	5.33	5.12

出所：総務省統計局「平成13年社会生活基本調査」（生活時間編・全国）第2表、「平成18社会生活基本調査」（生活時間編・全国）第9表、「平成23年社会生活基本調査」（生活時間編・全国）第8表より作成。

分で31分長い。

　女性の生活時間も2001年から2006年、2011年の時系列で、介護支援を利用している人と利用していない人の差を見ると、仕事時間は介護支援を利用していない方が長く、6分→18分→14分と推移する。家事時間は介護支援を利用している方が2006年までは長く（1分→7分と推移）、2011年は介護支援を利用していない方が5分長かった。家事時間はいずれの場合も3時間半前後かかっている。介護・看護時間は介護支援を利用している方が長く、31分→21分→31分と推移した（表8-13）。

おわりに

　本章で明らかとなった岡山県および山陽地域の家族介護者の現状はまだその一部に過ぎないが、ここでの結果をまとめるとともに今後を展望して結びとしたい。
　第1に、岡山県および山陽地域の家族介護者について、全国平均との比較か

ら特に違いが見られた分析結果を以下に示す。

①2011年調査で岡山県(大都市圏)と全国平均の介護の有無、性別の生活時間を週全体・総平均時間で比較してみると、仕事時間では、岡山県の介護をしている男性は全国平均よりも50分(3時間50分)短くなっている。女性の場合は、介護の有無にかかわらず、岡山県(大都市圏)の方が若干(4～11分)長くなっている。

②山陽地域の男女介護者の家事時間が2011年までの10年間増加傾向にあり、全国平均と週全体・総平均時間の統計表で比較すると4～14分長くなっていることである。これはワーク・ライフ・バランスが進んだというよりも、高齢化が進み生産年齢人口(15～64歳)の仕事時間が減り、無償労働の家事時間が増えたことが一因ではないかと推測される。

③世帯の家族類型別の集計で平日・行動者平均時間を岡山県と全国平均とで比較すると、男性の家事の行動者平均時間は、高齢者夫婦世帯が最も高いという傾向は共通している。しかし、2006年で11分(2時間15分)、2011年で39分(2時間19分)ほど岡山県の方が長くなっている。行動者率も2006年で4.5%(36.2%)、2011年で3.6%(35.9%)ほど岡山県の方が高くなっている。女性の家事の行動者平均時間は、岡山県の2006年で高齢者夫婦世帯が4時間21分、2011年では夫婦と親の世帯が4時間44分と最も高くなっている。これに対し、全国平均では2006年、2011年ともに夫婦と子供の世帯が4時間19分、4時間18分で最も長くなっている。

④共働きか否か別の集計で平日・行動者平均時間を岡山県と全国平均とで比較すると、男性の家事の行動者平均時間は夫が無業で妻が有業の世帯が最も高くなっていることは共通しているが、岡山県の方が2006年、2011年ともに20分前後長くなっている。行動者率では、岡山県は、夫が無業で妻も無業の世帯が2006年41.3%、2011年52.7%と最も高くなっているが、全国平均では夫が無業で妻が有業の世帯が2006年39.8%、2011年43.5%と高くなっている。

⑤男性の介護・看護の行動者平均時間では、共働き世帯で2006年から2011年に3時間45分(4時間45分→1時間)減少し、夫も妻も無業の世帯では、2時間7分(3時間5分→5時間12分)、増えている。これは全国に先駆けて岡山県の生産年齢人口が減少していることと関係があるように思われる。

すなわち、2006年時点では有業者であったが、2011年には無業者として記録されたということである。

総じて岡山県の方が全国平均よりも高齢化が進んでおり、それによって高齢者夫婦世帯の家事・介護時間の増加や、多数派を占める世帯が有業者世帯から、片方あるいは両者とも無業者世帯へシフトしている。

第2に、家族介護を考察するにあたり、第2節で述べたように各地でさまざまな形の在宅医療に関する意識調査が増えている。これに上乗せするような形で既存の介護に関する統計資料を使った分析が有用である。

例えば、岡山市の『市民や医療・介護の専門機関に対する在宅医療に関する意識調査』（岡山市 2012）においては、調査対象が市民[8]と専門職[9]となっており、それぞれに別項目のアンケート調査が行われている。今後、これに対応する公的な統計資料を加えて分析を行うこと等が考えられる。

第3に、本章で分析、比較ができたのは、「社会生活基本調査」による介護に関する統計資料のほんの一部である。2011年調査の集計項目が介護に関してかなり充実したものとなったが、地域統計に関してはまだまだ不足している。

地域統計については、公的な統計と並行して、研究者自らによる統計調査が必要である。これに意識調査等の分析も交え、調査結果に厚みを足すことを今後の課題としたい。

注

1）「平成23年社会生活基本調査」の用語解説では、睡眠、食事など生理的に必要な活動を『1次活動』、仕事、家事など社会生活を営む上で義務的な性格の強い活動を『2次活動』、これら以外の各人が自由に使える時間における活動を『3次活動』としている。具体的には、1次活動：睡眠、身の回りの用事、食事、2次活動：通勤・通学、仕事（収入を伴う仕事）、学業（学生が学校の授業やそれに関連して行う学習活動）、家事、介護・看護、育児、買い物、3次活動：移動（通勤・通学を除く）、テレビ・ラジオ・新聞・雑誌、休養・くつろぎ、学習・自己啓発・訓練（学業以外）、趣味・娯楽、スポーツ、ボランティア活動・社会参加活動、交際・付き合い、受診・療養、その他となっている。

2）例えばEsquivelは、「生活時間データがジェンダーに敏感な政策を伝えるためにより価値の大きなものであるためには、より詳細であることが要請される」と述べ、特にケア労働の分野について詳細な生活時間調査を開発すべきこと、またケア労働の測定には同時行動の分析が有効であることを指摘している（Esquivel V. 2011 pp.222-223）。

3）時間研究（タイムスタディ）とは、一般的には工場や事務所、倉庫などにおける作業

4）例として冒頭の小林（2002）の研究や「社会生活基本調査」のリサンプリングデータを使った大竹（2004）の研究、介護者がどのような生活状況にあるのかを分析し、男女差も捉えた北川他（2004）の研究等が挙げられている。
5）介護の必要な高齢者や障害者のいる家族へのさまざまな支援のことである。家族が介護から解放される時間をつくり、心身疲労や共倒れなどを防止することが目的で、多くデイサービスやショートステイなどのサービスを指す。
6）行動者平均時間とは該当する種類の行動をした人のみについての平均時間、行動者率とは行動者数/属性別人口×100%で示される。
7）平成25年の生産年齢人口の割合が、岡山県が59.5％、全国が62.1％で岡山県の方が生産年齢人口の減少が早い。
8）市内在住の満20歳以上89歳以下の男女3,007人を住民基本台帳データから無作為抽出。あて先 不明などで返送のあった27件を除いた2,980件を対象。
9）①診療所医師　岡山市内の診療所（美容整形、事業所・施設診療所等を除く）医師。566件を対象。②病院管理者　岡山市内の病院の管理者56件を対象。③病院地域医療連携担当医師　岡山市内の病院の地域医療連携担当医師56件を対象。④歯科診療所医師　岡山市内の歯科診療所の歯科医師443件を対象。⑤病院地域医療連携室管理者（医師以外）岡山市内の病院の地域医療連携室の管理者（医師以外）56件を対象とした。⑥訪問看護ステーション管理者　岡山市内の訪問看護ステーションの管理者46件を対象とした。⑦居宅介護支援事業所の管理者とケアマネジャー　岡山市内の居宅介護支援事業所205カ所の管理者とケアマネジャー410件を対象。

文献

Esquivel, V.（2011）"Sixteen Years after Beijing: What Are the New Policy Agendas for Time-Use Data Collection ?" *Feminist Economics* 17：4, November, 215-238.

Waring, M（2009）"Written Statement", submitted to CSW 53rd session Interactive Expert Panel on "Key policy initiatives on equal sharing of responsibilities between women and men, including caregiving in the context of HIV/AIDS, New York 2-13 March 2009.

伊藤純（2013）「生活時間に見る中高年期男女の家族介護の現状とワーク・ライフ・バランスをめぐる課題――『平成23年社会生活基本調査』の利用を通じて――」『学苑』No.869、14-22頁、昭和女子大学。

魚沼市（2013）『在宅医療に関する住民の意識調査報告書』。http://www.city.uonuma.niigata.jp/docs/2015020600145/file_contents/hhcquestionnaire.pdf.

大竹美登利（2004）「家事・介護負担から見た世帯単位の生活時間行動のジェンダー分析」『日本統計研究所報』32、法政大学日本統計研究所、161-171頁。

岡山市（2012）『市民や医療・介護の専門機関に対する在宅医療に関する意識調査』。http://www.city.okayama.jp/contents/000155470.pdf.

菊池いづみ（2012）「家族介護支援の政策動向――高齢者福祉事業の再編と地域包括ケアの流れのなかで――」長岡大学地域研究センター年報。

北川慶子・田中豊治・逆井出ほか（2004）「在宅介護がもたらす主介護者の生活への影響

──生活時間と健康状態──」『研究論文集』19（1）、佐賀大学文化教育学部、217-238頁。
厚生労働省『平成25年　国民生活基礎調査の概況』。http://www.mhlw.go.jp/toukei/saikin/hw/k-tyosa/k-tyosa13/index.html。
小林良二（2002）「生活時間と介護時間」『人文確報』No.329、47-63頁。
島田市（2014）『在宅医療関係者意識調査結果』『在宅医療市民意識調査結果』
　https://www.city.shimada.shizuoka.jp/iryo/zaitaku_iryou/documents/anketo_kankeisha_kekka.pdf。
住友総合研究所（1999）『介護・保育サテライト勘定の整備請負作業報告書』
　（「介護と保育に関する生活時間の分析結果」　http://www.esri.cao.go.jp/jp/sna/sonota/satellite/kaigo/contents/kaigo_990622.html）。
総務省統計局『平成23年社会生活基本調査』。　http://www.stat.go.jp/data/shakai/2011/index2.htm。
津止正敏（2013）『ケアメンを生きる──男性介護者100万人へのエール』クリエイツかもがわ。
橋本美由紀（2010）「第7章　医療と介護の連携問題への一考察──岡山県倉敷中央病院へのヒアリング調査を端緒として──」『法政大学サステイナビリティ研究教育機構ワーキングペーパー』No.1、99-108頁。
橋本美由紀（2013）「第6章　医療と福祉のかけはし──倉敷中央病院医療福祉相談室月報の経年変化からみえること──」法政大学大原社会問題研究所『ワーキングペーパー』No.50、187-192頁。
橋本美由紀（2014）「第2章　医療ソーシャルワーカーの現場──倉敷中央病院医療福祉相談室日報の経年比較から──」法政大学大原社会問題研究所『ワーキングペーパー』No.52、17-22頁。
三富紀敬（2010）『欧米の介護保障と介護者支援──家族政策と社会包摂、福祉国家類型論』ミネルヴァ書房。
袖井孝子（2015）「仕事と介護の両立に向けて」『日本労働研究雑誌』No.656、68-72頁。
渡邊裕子（2010）『社会福祉における介護時間の研究──タイムスタディ調査の応用』東信堂。

第九章　病院完結型医療から地域完結型医療への転換
　　　──倉敷市の地域医療への住民参加の試み──

小磯　明

第1節　地域医療構想と地域包括ケアシステム

　2014年6月に、「地域における医療及び介護の総合的な確保の促進に関する法律」(医療介護総合確保推進法) が成立し、制度改革は粛々と進んでいるようにみえる。医療制度改革自体は、内容が様々あり、多くの改革案が政策として検討され一部は実行されつつある (社会保障制度改革推進本部決定 2015)。問題の背景として、二つだけ述べることとする。

1. 地域医療構想

　一つは、地域医療構想における病床再編である。高齢化等により医療ニーズが増えても病床数の増加を認めない、急性期大病院にヒト、モノ、カネを集中させて入院期間を短くして回転率を上げ、病床数は慢性期を中心に削減し、「在宅」で対応する。もう一つは、医療より介護に、「施設」より「居宅」に、の流れである。高齢化の進展で医療より介護に比重が高まる。特養、老健、介護療養の「施設」より、それ以外での「居宅」のケアが重視されている (小磯ほか 2015)。

　地域医療構想は、2014年10月から11月14日までの病床機能報告を受けて、現在作業中である。都道府県は、地域の医療需要の将来推計や報告された情報等を活用して、二次医療圏等ごとの各医療機能の将来の必要量を含め、その地域にふさわしいバランスのとれた医療機能の分化と連携を適切に推進するための地域医療のビジョンを策定し、医療計画に新たに盛り込み、さらなる機能分化を推進する。そのため国は2015年3月に、「地域医療構想策定ガイドライン」

を各都道府県知事宛てに通知した（地域医療構想策定ガイドライン等に関する検討会 2015）。今後、都道府県は「地域医療構想調整会議」を設置して、構想実現の調整を行う。医療機関の自主的な取り組みが基本とされているが、地域医療構想実現のために消費税を財源とした基金による補助金の活用や、ペナルティとして、病院名の公表、融資・補助金の制限などもある。しかしガイドラインは、あくまでも都道府県が地域医療構想を策定する際の参考であり、「（医療機関の）自主的な取組」が基本だと繰り返し述べている（二木 2015）。

2．地域包括ケアシステム

　もう一つの「施設」より「居宅」への流れは、地域包括ケアシステムの在宅までの流れである。医療介護総合確保推進法では、第一条で、「国民の健康保持及び福祉の増進に係る多様なサービスへの需要が増大していることに鑑み、地域における創意工夫を生かしつつ、地域において効率的かつ質の高い医療提供体制を構築するとともに地域包括ケアシステムを構築することを通じ、地域における医療及び介護の総合的な確保を促進する措置を講じ、もって高齢者をはじめとする国民の健康の保持及び福祉の増進を図り、あわせて国民が生きがいを持ち健康で安らかな生活を営むことができる地域社会の形成に資することを目的とする」と述べている。第二条では「地域包括ケアシステム」とは、「地域の実情に応じて、高齢者が可能な限り、住み慣れた地域でその有する能力に応じ自立した日常生活を営むことができるよう、医療、介護、介護予防、住まい及び自立した日常生活の支援が包括的に確保される体制をいう」と定義している。

　「地域包括ケアシステム」という言い方が妥当かどうかの疑問は残るが、地域（包括）ケアは、随分前から言われていたし実践もされていた。広島県御調町（現在は尾道市）にある国保病院公立みつぎ総合病院での取り組みは有名である（公益社団法人全国国民健康保険診療施設協議会）。いろいろな地域で地域包括ケア的実践はなされてきた。

　問題は、第二条の定義で述べているような体制が本当につくられるかどうかである。システムを客観的に評価する方法が示されておらず、厚労省の事例集「地域包括ケアシステム構築へ向けた取組事例」〔及び厚労省（2014）〕はあるが、ターゲットとされる大都市で、果たしてシステムまたはネットワークがで

きるかどうか、事例集からは判断できない。国は市町村にシステム構築の責任を持たせ、「多様性」と「自助」を強調するが、丸投げとの厳しい指摘もある。

第2節　問題の所在と研究の目的、方法

1．問題の所在

　上述したように、医療は機能分化と連携を進め、「構想区域ごとの医療需要の推計」で、一般病床は高度急性期、急性期、回復期、慢性期の4区分の機能分類とし、地域医療構想を含めた地域医療計画の中で、2025年の地域にふさわしいバランスのとれた地域医療を構築しようとしている。医療需要の推計方式は、ＤＰＣ（Diagnosis Procedure Combination：診断群分類）およびＮＤＢ（National Database）のデータを用いた、きわめて精密かつ透明なもので、恣意的運用はできない。2025年の一般病床の医療需要の推計は2013年の数値を2025年に単純に投影したものであり、ほとんどの構想区域で病床数は増加する。たとえば、松田晋也らは江東区の傷病入院患者数を推計しているが、「合計では2040年に2010年比で50％以上の増加、そして傷病別でも『妊娠、分娩及び産じょく』を除くといずれも大幅な増加となる」と述べている（松田・村松 2015）。

　2015年5月に成立した医療保険制度改革関連法による「都道府県医療費適正化計画」の見直しは、小泉政権時代の2006年に成立した医療制度改革関連法で法制化されたが、今回次の見直しが行われた。①医療費適正化の数値目標を「見通し」から、国が示す算定式に沿った「目標」に変える。②都道府県はこの計画と地域医療構想を整合的に作成する。③都道府県は、目標と実績が乖離した場合は、要因分析を行うとともに、必要な対策を講じるように努める。

　これにより、都道府県には、医療費適正化計画の目標を達成するように、「地域医療構想」で定める必要病床数を抑制する強いインセンティブが働くようになった。厚生労働省（保健局）も、それを側面から支援するために、今後の診療報酬改定で、急性期病床と療養病床の両方を削減する方向に半強制的な誘導をする可能性が大きい。

　しかし、こうした構想を国が描いたとしても、各都道府県では各構想区域の病床数は、国の施策だけでなく、各都道府県の財政力とそこにおける政治的力関係の影響を受けて決まるものと考えられる。

構想区域内の病床を増減させる、または転換させる当事者である病院は、地域医療構想調整会議のステイクホルダーであることは間違いないが、地区医師会や他の医療関係団体も地域医療構想実現のためのステイクホルダーとなる。伊関友伸が指摘するように、今後の超高齢化が一層深刻になる中で、地域に医療を残すため、データを基にした徹底した議論が必要となる（伊関 2015）。住民・患者にとってはいいことばかりではなく、むしろ不利益となる場合もある。住民・患者に情報がわかりやすく公開され、必要に応じ議論に参加することも重要と考える。

2．研究の目的

　「地域医療構想ガイドライン」では、「医療を受ける当事者である患者・住民が、医療提供体制を理解し、適切な受療行動をとるためには、計画の評価や見直しの客観性及び透明性を高める必要があることから、都道府県はこれらをホームページ等で住民に分かりやすく公表することとする」。「医療・医学用語は、専門性が高いため難解であるため、住民に向けた解りやすい解説は必須である」と述べている（47頁）。そして、同ガイドラインの「Ⅲ　病床機能報告制度の公表の仕方」では、「1．患者や住民に対する公表」の中でも、5点にわたり公表方法の配慮が示されており、「公表する情報は、患者・住民にとって分かりやすく加工して公表することが求められるため、都道府県で公表時にフォーマットを共通化することを原則とし、その際、情報の用語解説等の分かりやすい工夫を加えることが望ましい」とも指摘している。

　本章では、このような医療保険制度改革関連法の成立を受けて、さらにこれから本格化する地域医療構想の病床機能の分化等の動向を踏まえつつ、地域住民がどのように医療とかかわるのか、倉敷市における「わが街健康プロジェクト。」を事例として、その可能性を検討することを目的とする。そして、後述する研究の動向を踏まえて、本研究の方法は、地域政策的アプローチによる、事例調査法とする。

3．研究の動向

　わが国で医師不足が表面化した際、地域で地域住民が主体となって行動したという実践事例が報告されている（川妻 2010、小磯 2009、2011、2013a）。ここ

では、最近の事例研究として、それらのうちから、①住民主導、②行政主導、③病院主導の代表的な事例を3つ取り上げる。

まず、最も代表事例として挙げられるのは、「県立柏原病院の小児科を守る会」の取り組みであろう。足立智和は、「地域による地域のための地域を守る医療」の中で、2007年4月に発足した「県立柏原病院の小児科を守る会」設立の背景と成果、そしてローカルメディアの一社員として「守る会」をどう支え、また、いかにして読者の「地域財としての医療」という考え方を根付かせてきたかを述べている（足立 2012）。

「県立柏原病院の小児科を守る会」の取り組みがメディア等で紹介されると、地域医療崩壊の危機に瀕していた地域でも、守る会と同様の活動が活発的に行われるようになっていった。その意味で、「県立柏原病院の小児科を守る会」の取り組みは、医師不足から地域医療崩壊という文脈の中で、住民が医療政策に関与していった、「住民」という古くて新しいステイクホルダーの医療への参加という点で、大いに注目に値する取り組みであった。

病院ではないが、自治体でも地域医療を支えるには住民の力が必要と考えて活動している市として、愛知県西部の津島市がある（安達 2013）。海部地域は愛知県の西部にあり、4市2町1村で構成され、地域には3つの基幹病院（厚生連海南病院、あま市民病院、津島市民病院）がある。2007年に津島市民病院が深刻な医師不足に陥り、一部診療科を閉鎖し、夜間の救急受け入れ体制にも支障が生じた。結果的に厚生連海南病院の負担が増えるなど、地域全体の医療が崩壊しかけた。

そんな折、厚生連海南病院院長から津島市長に、住民とともに地域医療を考えるシンポジウムを開催し、住民活動を育てていくことはできないかとの提案があり、これを契機に2010年、3基幹病院と津島市で「海部地域の医療と健康を推進する協議会（会長：海南病院長、事務局：津島市）」が設立された。シンポジウムはこれまで7回開催し（2013年3月時点──小磯）、住民や医療者、行政関係者が参加して、それぞれが地域医療に対してできることを考える機会になっている。

そして住民の有志25名からなら「海部地域医療サポーターの会」が2011年に結成された。サポーターの会の発足は協議会の一つの大きな成果だが、こういった活動に参加する積極的な人たちだけでなく、さらに多くの住民が正しく

医療と付き合えるよう、今後も啓発を継続する必要があると、津島市企画政策課課長の安藤公一は述べている。

　地域医療を支える住民の活動として、飯塚病院の地域医療サポーター制度の実践報告がある（萱嶋 2011）。飯塚病院は1,116床、39診療科・部を有する大規模病院である。飯塚病院の所在する福岡県筑豊地域は人口約42万人で、3つの二次医療圏（飯塚、直方(のおがた)・鞍手(くらて)・田川）から構成される。飯塚病院は、筑豊地域において唯一無二の機能・役割を多数担っている（萱嶋 2015）。他医療機関との連携・機能分担により地域医療を支えているが、高齢化により医療需要の増大や医師や看護師等の不足を背景とした周辺医療機関のパワーダウンなどを原因として、飯塚病院に非常に多くの患者が来院している。

　こうした状況は、予約入院の待機期間や救命救急センターでの外来待ち時間が長くなるなど、患者の不満につながり、またスタッフの疲弊感も高まる。病院としては、人員確保や運用改善の努力をしていくことはもちろんだが、地域住民にこうした状況を知ってもらい、理解を深めていくことも不可欠である。そこで、飯塚病院では、地域住民に協力を依頼することとして、①自分の健康は自分で守る（病気の予防）、②医療機関と上手に付き合う、という2点を掲げ、この2点を自ら実践するとともに、周囲にも広めてくれる人を、「地域医療サポーター」と定義した。

　2010年3月に、飯塚病院主催の「地域医療サポーター養成講座」がスタートした。講座は2カ月に1度開催し、前述①②の2本柱で講義と質疑応答を行う。できるだけ質疑応答の時間を長めにとり、受講者の疑問や質問に丁寧に答えるように留意している。

　①は飯塚病院の医師が講師を担当し、疾患の基礎知識と予防法を説明する。テーマには、患者数が多く比較的身近な疾患であり、1次予防、2次予防を含めて予防の手立てがある疾患を選ぶようにしている。講師を務める医師には、とくにわかりやすく噛み砕いて話をするよう依頼している。②については、広報室の萱嶋誠室長が講師を担当するが、地元の医師会や消防本部などからも講師を招いている。

　本講座を3回受講するとサポーターの認定証を授与し、講座受講用にバッグ・ファイル・ボールペンを贈呈する。また、オリジナル診察券も発行している。この診察券には何ら特典はないが、飯塚病院のスタッフがこの診察券を

持った患者が受診したときに、感謝の声掛けをできるようにと、作成したものである。さらに、２カ月に１度健康情報を郵送し、病気の予防に役立ててもらっている。

第３節　県南西部医療圏の現状と
　　　　　倉敷市「わが街健康プロジェクト。」の試み

１．将来推計人口と医療・介護資源
(1) 将来推計人口と医療介護需要予測

岡山県県南西部医療圏は、倉敷市、笠岡市、井原市、総社市、浅口市、早島町、里庄町、矢掛町の５市３町で構成された医療圏で、面積は1,123.03km^2、国勢調査人口は2005年714,121人、2010年714,202人であり、人口増減率（2005～2010年）は0.01％に過ぎない（全国平均は0.23％）。高齢化率（65歳以上・2010年）24.60％と、全国平均23.00％より1.60ポイント高率である。

表9-1の将来推計人口をみると、年少人口（０～14歳）、生産年齢人口１（15～39歳）、同（40～64歳）は、2010年対比ですべて減少し、一方、高齢者人口（65歳以上）、後期高齢者人口（75歳以上）は増加する。とくに、2040年の年少人口は67.7％まで減少することと、75歳以上人口は2025年（149.7％）・30年（153.0％）・

表9-1　将来推計人口

(人・％)

年齢階層	2010年	2015年	2020年	2025年	2030年	2035年	2040年
年少人口（０～14歳）	100,602 100.0	94,684 94.1	87,747 87.2	80,827 80.3	74,469 74.0	70,678 70.3	68,073 67.7
生産年齢人口１（15～39歳）	206,584 100.0	187,255 90.6	176,992 85.7	169,650 82.1	163,696 79.2	156,045 75.5	144,725 70.1
生産年齢人口２（40～64歳）	231,153 100.0	222,878 96.4	217,505 94.1	213,758 92.5	208,760 90.3	198,226 85.8	181,299 78.4
高齢者人口（65歳以上）	175,854 100.0	201,507 114.6	210,458 119.7	209,850 119.3	205,684 117.0	203,770 115.9	209,352 119.0
後期高齢者人口（75歳以上＝再掲）	86,583 100.0	97,499 112.6	112,108 129.5	129,581 149.7	132,445 153.0	127,640 147.4	121,459 140.3
総人口	714,202 100.0	706,324 98.9	692,702 97.0	674,085 94.4	652,609 91.4	628,719 88.0	603,449 84.5

注１）上段は年齢階層別人口（人）、下段は2010年を100とした予測指数。
資料：国立社会保障・人口問題研究所（2013年３月推計）より作成。

表9-2　医療介護需要予測指数（2010年＝100）

全国平均	2015	2020	2025	2030	2035	2040
医療	107	111	112	112	110	109
介護	115	129	146	151	150	149

出所：日本医師会「ＪＭＡＰ、地域医療情報システム」2015年6月26日アクセス。

35年（147.4％）には2010年対比で約5割増化し続けることは、顕著な特徴である。医療圏の総人口は2040年までは15ポイントほど緩やかに減少していくが、年少人口と生産年齢人口1（15～39歳）が2035年・40年と3割減少することに高齢者数の増加が追いついていない。結果として人口減少となっている（2040年84.5％）。

医療介護需要予測指数（2010年＝100）を全国平均でみると、表9-2のとおり、医療と介護で需要予測が異なっている。

全国平均では、医療は2025・30年には112ポイントで上げ留まりするが、介護需要は2025・30・35・40年まで約5割り増しが続く（それぞれ、146、151、150、149）。これは表9-1の「後期高齢人口（75歳以上）」が、2025・30・35年には2010年対比で約5割増化し続けることとほぼ一致する。したがって、医療介護需要予測指数の全国傾向から推測すると、岡山県県南西部医療圏の医療介護政策は、医療よりも介護に政策の重点を移すことが重要である。

(2) 県南西部医療圏の地域医療資源

2014年7月現在の、地域内医療機関情報の集計値（人口10万人あたりは、2010年国勢調査総人口で計算）をみてみよう。

表9-3の「施設種類別の施設数」から、「人口10万人あたり施設数」を「一般診療所　合計」でみると、全国平均よりも6.85施設マイナスとなっている。「診療科による分類」をみると、「内科系診療所」と「外科系診療所」でそれぞれ3.5と3.94施設マイナスとなっている。「産婦人科系診療所」「皮膚科系診療所」「精神科系診療所」では、それぞれ1.31、3.29、0.47施設マイナスとなっている。一方、「小児科系診療所」と「眼科系診療所」、そして「耳鼻咽喉科系診療所」は、それぞれ2.65、0.14、0.32施設の増加となっている。内科系と外科系の診療所の全国平均とのマイナス差が大きいことが、「一般診療所　合計」

第九章 病院完結型医療から地域完結型医療への転換

表9-3 施設種類別の施設数

施設種類別の施設数		施設数	人口10万人あたり施設数		
		県南西部医療圏	県南西部医療圏 (a)	全国平均 (b)	差 (a-b)
一般診療所　合計		439	61.47	68.32	−6.85
診療科による分類	内科系診療所	276	38.64	42.14	−3.5
	外科系診療所	99	13.86	17.80	−3.94
	小児科系診療所	137	19.18	16.53	2.65
	産婦人科系診療所	18	2.52	3.83	−1.31
	皮膚科系診療所	40	5.60	8.89	−3.29
	眼科系診療所	43	6.02	5.88	0.14
	耳鼻咽喉科系診療所	34	4.76	4.44	0.32
	精神科系診療所	27	3.78	4.25	−0.47
病院　合計		56	7.84	6.62	1.22
在宅療養支援診療所1		3	0.42	0.16	0.26
在宅療養支援診療所2		17	2.38	2.72	−0.34
在宅療養支援診療所3		70	9.80	8.47	1.33
在宅療養支援診療所　合計		90	12.60	11.36	1.24
在宅療養支援病院1		4	0.56	0.13	0.45
在宅療養支援病院2		8	1.12	0.31	0.81
在宅療養支援病院3		4	0.56	0.36	0.2
在宅療養支援病院　合計		16	2.24	0.80	1.44

出所：日本医師会「ＪＭＡＰ、地域医療情報システム」より作成。2015年6月26日アクセス。

のマイナス幅を大きくしている原因である。「病院　合計」をみると、全国平均よりも1.22施設増となっている。

　在宅療養支援診療所と在宅療養支援病院をみてみよう。「在宅療養支援診療所　合計」は1.24施設増であり、「在宅療養支援病院　合計」は1.44施設増となっており、単純に数だけを全国平均と比較すると、施設数は多いことになる。しかし、在宅療養支援診療所については、数だけで評価することは危険である。実稼動数が不明のため、実際の状況は評価不可能であるため留保せざるを得ない。

　表9-4の「病床種類別の病床数」を「人口10万人あたり病床数」でみてみよう。「一般診療所病床」は、全国平均よりも32.17床多い。「病院病床（全区計）」をみても、161.84床多い結果となっている。「病床分類」では、「一般病床」が全国平均よりも217.46床も多く、「療養病床」でも13.92床多い結果と

表9-4 病床種類別の病床数

病床種類別の病床数		病床数	人口10万人あたり病床数		
		県南西部医療圏	県南西部医療圏 （a）	全国平均 （b）	差 （a－b）
一般診療所病床		887	124.19	92.02	32.17
病院病床（全区分計）		9,866	1,381.40	1,219.56	161.84
病床分類	一般病床	6,544	916.27	698.81	217.46
	精神病床	1,395	195.32	263.69	－68.37
	療養病床	1,892	264.91	250.99	13.92
	結核・感染症病床	35	4.90	6.06	－1.16

出所：日本医師会「ＪＭＡＰ、地域医療情報システム」より作成。2015年6月26日アクセス。

表9-5 医師・看護師数

職種別の人員数	職員数	人口10万人あたり人員数		
	県南西部医療圏	県南西部医療圏 （a）	全国平均 （b）	差 （a－b）
医師（常勤換算人数）	1,464.50	205.05	152.76	52.29
看護師（常勤換算人数）	5,138.90	719.53	632.14	87.39

出所：日本医師会「ＪＭＡＰ、地域医療情報システム」より作成。2015年6月26日アクセス。

なっている。「精神病床」と「結核・感染症病床」がそれぞれ68.37床と1.16床マイナスとなっているが、一般病床が圧倒的に多いために、病院病床数は全国平均を大きく上回っている。

表9-5の「医師・看護師数」をみてみよう。「医師（常勤換算人数）」と「看護師（常勤換算人数）」を、「人口10万人あたり人員数」を全国平均と比較してみる。医師も看護師もそれぞれ52.29、87.39人多い結果となっている。

以上の結果をまとめてみる。診療所数は「人口10万人あたり施設数」でみると、全国平均よりも6.85施設少ないが、病院数は全国平均よりも1.22施設増となっている。在宅部門の在宅療養支援診療所と在宅療養支援病院はそれぞれ全国平均よりも多い結果となっているが、これらについては、実際の状況は評価不可能であるため留保せざるを得ない。

一般病床が全国平均よりも217.46床も多く、療養病床でも13.92床多い結果と

なっている。精神病床と結核・感染症病床がそれぞれ68.37床と1.16床と少ないが、病院病床数は全国平均よりも多い。合わせて医師・看護師数も全国平均と比べてかなり多い。

したがって、医療圏の医療資源は、全国平均と比べて充実していると結論できる。

次に、医療圏内の地域介護資源についてみてみよう。

(3) 県南西部医療圏の地域介護資源

2014年7月現在の地域内介護施設情報の集計値（75歳以上人口1千人あたり施設・定員・人員数は、2010年国勢調査総人口で計算）をみてみよう。

表9-6の「施設種類別の施設数」を、「75歳以上1千人あたり施設数」でみてみよう。全国平均と比較すると、「介護施設数（合計）」はマイナス0.58である。

表9-6　施設種類別の施設数

施設種類別の施設数	施設数	75歳以上1千人あたり施設数		
	県南西部医療圏	県南西部医療圏（a）	全国平均（b）	差（a－b）
介護施設数（合計）	1,141	13.18	13.76	－0.58
訪問型介護施設数	234	2.70	3.26	－0.56
通所型介護施設数	309	3.57	3.46	0.11
入所型介護施設数	234	2.70	2.10	0.6
特定施設数	34	0.39	0.29	0.1
居宅介護支援事業所数	189	2.18	2.63	－0.45
福祉用具事業所数	52	0.60	1.00	－0.4

出所：日本医師会「ＪＭＡＰ、地域医療情報システム」より作成。2015年6月26日アクセス。

表9-7　施設種類別の定員数

施設種類別の定員数	定員数	75歳以上1千人あたり定員数		
	県南西部医療圏	県南西部医療圏（a）	全国平均（b）	差（a－b）
入所定員数（入所型）	7,388	85.33	77.67	7.66
入所定員数（特定施設）	1,742	20.12	17.02	3.1

出所：日本医師会「ＪＭＡＰ、地域医療情報システム」より作成。2015年6月26日アクセス。

表9-8 職種別の人員数

職種別の人員数	職員数	75歳以上1千人あたり人員数		
	県南西部医療圏	県南西部医療圏（a）	全国平均（b）	差（a－b）
看護師（常勤換算人数）	1,284.03	14.83	13.7	1.13
介護職員（常勤換算人数）	7,069.91	81.65	77	4.65

出所：日本医師会「ＪＭＡＰ、地域医療情報システム」より作成。2015年6月26日アクセス。

「施設種類別の施設数」でみると、全国平均より多いのは、「通所型介護施設数」「入所型介護施設数」「特定施設数」の3種類で、それぞれ0.11、0.6、0.1のプラスとなっている。一方、全国平均よりも少ないのは、こちらも3種類で「訪問型介護施設数」「居宅介護支援事業所数」「福祉用具事業所数」で、それぞれ0.56、0.45、0.4のマイナスとなっている。

表9-7の「施設種類別の定員数」を全国平均と比較すると、入所定員数の入所型と特定施設とも、それぞれ7.66と3.1と多くなっている。これは、表9-6の介護施設数と特定施設数が多いことと一致する結果である。しかも、「75歳以上1千人あたり定員数」でみているために、数値的には大きくなっている。

表9-8の「職種別の人員数」の「看護師（常勤換算人数）」と「介護職員（常勤換算人数）」をみると、それぞれ1.13と4.65と多くなっている。

以上の結果をまとめてみる。全国平均と比較すると、「介護施設数（合計）」は0.58少ないものの、「通所型介護施設数」「入所型介護施設数」「特定施設数」の3種類は全国平均を上回っており、「75歳以上1千人あたり定員数」でみた、介護施設の定員数は全国平均を上回り、看護師と介護職員（いずれも常勤換算人数）も全国平均を上回っている結果であった。施設数定員数、看護師数、介護士数が全国平均よりも多いことは、医療圏の介護資源は、全国平均と比べて充実していると結論できる。ただし、以上みた指標は通所型と入所型介護の数値であり、訪問看護などの訪問系については、訪問介護事業所数が全国平均よりも少ないという結果しかなく、在宅介護については、評価不可能と言わざるを得ない。

以上の結果は、あくまで現状投影の数値であり、全国平均との比較という、あまり根拠のない比較にすぎない。「岡山県県南西部医療圏の将来推計人口」

から導かれる高齢者数の増加に対応できるだけの施設数であるかどうかは、将来推計人口とともに将来予測医療受療率と将来予測介護需要率を計算しなければ、医療資源と介護資源が、医療度の高い高齢者や要介護者に見合うものかどうかの評価はできない。

こうした状況にあって、「待ったなし」なのが救急医療である。人口の高齢化に伴い、医療機関を受診する患者が増加する中で、現在の外来診察に数多くの患者が集中して来院する。そのため、重症患者、救急患者、手術・入院が必要な患者への対応が圧迫されることとなる。そこで、地域の中核病院である倉敷中央病院の救急の取り組みをみてみよう。

(4) 救急搬送の現状：倉敷中央病院の救急の取り組み

倉敷中央病院では、2000年に増築し、2006年に専従医師を採用している（小磯 2013b：422-423）。2012年9月には新しい救急医療センターが稼働し、2013年には、救命救急センターの指定を受けた。救命救急センターは、重症および複数の診療科領域にわたるすべての重篤な救急患者を24時間体制で受け入れる施設である。倉敷中央病院では、総合診療科、救急科合わせて19人の医師が手術、処置、検査に携わるため、専門性の高い高度な医療に迅速に対応している。しかし、倉敷中央病院でも、2013年にやむを得ず救急搬送の受け入れを断った件数は1,707件に及ぶ。搬送数10,923件の15.6％である。断った理由は、重症患者の処置中、手術中、病棟満床などである（倉敷中央病院地域医療連携室・広報部 2014）。

このような中、必要な医療を必要なときに受けられる仕組みを保つために、医療機関同士の連携が進んでいる。この連携体制が整えられる中で、日ごろの健康管理や最初の治療、その後のリハビリテーション、さらに緊急時の利用など、状況に応じて上手に医療機関を利用することが重要となってきた。

筆者は、倉敷市での在宅医療は難しいと考えていたが、倉敷中央病院出身の医師が東京で修練して、2012年に在宅専門で開業し、現在400人くらい診ている。1つの病院が生まれたような感じである。6人か7人の医師で在宅医療を提供している。外来はしていない。需要がないと言われていたが、400人の在宅患者の需要ができてきた。しかしそうなると、回復期の病院の危機感がある。

倉敷市自体はそんなにまだ人口も減ってはいない。しかし西に行って、広島

との県境の井原(いばら)や笠岡などの、県南西部は14歳以下人口が減ってきている。医療提供力の問題もある。

　倉敷中央病院の医療圏域は非常に広く、広島県福山市、尾道市あたり、そして香川県からも紹介患者がくる。医療圏域の流入率、流出率をみると、倉敷市内の住民が倉敷市の病院にかかる完結率は高い。流入は多いが流出は少ない。救急でも、約7割が総社市からの救急搬送である。総社市から倉敷市まで車で30分かからない地域もあるし、中央にいい道が最近できて3本の道があるので、総社市では市民病院をつくらずに、医療連携で地域住民の保健医療を守ることも可能である。川崎医大と倉敷中央病院、倉敷平成病院が、総社市長を交えて現在検討しているところである（2015年7月調査）。

2．「わが街健康プロジェクト。」開始までの活動

　総務省がまとめた2013年9月15日時点の統計では、4人に1人が65歳以上となった。超高齢化多死社会の到来による救急患者の増加、患者への適切な医療の提供ができなくなる事態を見据え、医療の機能分化に対する住民の知識を高め、共に考えていこうとこの企画を立ち上げた。

(1) 飯塚病院の訪問

　倉敷中央病院地域医療連携室からの聴き取り調査（2015年3月、7月、8月）から述べる。

　2013年7月10日、飯塚病院を倉敷中央病院医療連携室から4名、広報室から2名の計6名で訪問して勉強している。飯塚病院訪問前に、倉敷中央病院の6名は事前学習を行い、倉敷流にアレンジしたら、どんな形がいいかというディスカッションを、6月から毎週ずっと積み上げて訪問に臨んでいた。そして、飯塚病院を訪問し、さらにディスカッションして倉敷としてどうやったらよいかの骨格をつくった。その後、倉敷市中心部の医療機関の全病院に案内を送って、13施設26名が参加してくれて、プロジェクトはスタートすることができた。

　飯塚病院では2010年にサポーター制度がスタートして、病院広報全国大会で最優秀賞をとっている。しかし、現在でも同じような取り組みをしているところがどこもない。つまり、どの医療機関も追随できなくて、実際やるのは難しいということであった。飯塚病院では見学も受け入れていたが、結局見学にき

たどの病院もスタートできず、「すごいねえ」という話だけで終わっていた。

(2)「みんなのくらちゅう」の発行

　倉敷中央病院では、2010年まで救急搬送数が増加し、医療現場に疲弊感のような雰囲気が漂っていた。地域での役割を担っているが、息切れしているような状態で、地域連携・地域完結型医療は医療従事者が一生懸命がんばっても、他から応援の手が差し伸べられることはない。政府が医療連携や地域完結型医療について広報することなどはなく、住民の医療政策・施策の啓蒙もまったくといっていいほどない。そこを何とかしたいという思いから、まずは紙媒体で地域完結型医療について知って欲しいということで、「みんなのくらちゅう」という患者向け広報誌を企画してつくった。紙媒体にしたのは、たくさん配れるので少ない人的資源で多くの住民に知ってもらおうという考えからである。「みんなのくらちゅう」は2015年3月現在まで、No.4まで発行されている。

　「みんなのくらちゅう」を発行したところ、「けっこう面白い」などの反響があった。1年に1回で2万部発行している。倉敷中央病院の職員向け広報誌「Ｋニュース」3,000部発行と比べても、2万部発行は非常に多くの企画部数で実際使い切っている。それをやったことで、表出化した現象として、本来だったらかかりつけ医を医師から言われて、その案内先を連携室が手伝うが、患者自らが冊子をみてかかりつけ医を探したいという自発的なかかりつけ医の相談があったり、肺がんの術後の患者から、「がんの連携パスというのがあるんだよね」「日頃は地域でみてもらって、定期フォローは倉敷中央病院で」というような、患者の反応があったりした。児島の瀬戸大橋近くの患者から、「今は元気だけど、手術は倉敷中央病院でしたい」と電話がきた。「児島でよく連携がとれている病院を教えて欲しい」といった、情報を発信したリアクションもあった。それらを心の糧にして、現在も続けて発行している。

(3) 対話型広報の模索

　地域連携室の業務は地域の医療機関との対応が主だったが、2013年から広報室と合同する。このときに、対話型広報、飯塚病院の地域医療サポーター制度のようなものを、立ち上げてはどうかという話があがった。

　もう一つは、医療連携室と広報室が合同する前に、岡山大学大学院の地域公

共政策ネットワークアゴラという取り組みが倉敷で行われていた。そこで、倉敷中央病院とまちの人たちとの対話が行われた。そのとき出された意見として、「中央病院だけすごく繁栄しているが、商店街はシャッター通りだ」「中央病院だけきれいになってもまわりは廃れていく」という意見が出された。倉敷市で、倉敷中央病院とまちづくりの協働の可能性について、このような取り組みが行われたのが2012年であった。

このような経過を経て、やはり対話型の広報という話があがった。ただ、病院は一般的に広報があまり得意ではない。広告と広報の違いであるとか、そういう広報戦略は非常に不得手の傾向がある。

(4) プロジェクトのロゴと活動の広がりを模索

団塊の世代が75歳以上となる2025年を目前にひかえ、高齢化社会の現実と課題を共有し、市民と医療提供者のそれぞれの想いが通じ合い、今後の課題解決の基礎となる関係作りが構築できれば、さらにすばらしいまち（倉敷）になるのではないかと考えた。

ロゴには、「倉敷をもっと好きになる」と書かれている。これはどういう意味かというと、倉敷市に住む人は倉敷をもっと好きになる。倉敷の住民でない人は、自分のまちを好きになるという意味である。要するに、自分の住んでいるところをもっとよく知って好きになってほしい、という意味である。

充実した文化の香りもあり、医療も非常に充実している。そして問題も起きていない。しかし、問題が起きていないということは、空気や水みたいなものであって、「あって当然だ」と住民はきっと思っている。「そうじゃないんだ」ということを知ってもらいたい。そういった意味もあって、「倉敷をもっと好きになる」という話を市役所でした。

ロゴマークもつくり、真ん中には蔵の絵で倉敷の中心部のイメージを描いて、虹を書いた。ロゴは、児島だったらジーンズ、新見だったら和牛が有名なので和牛だが、碁盤の上に和牛を乗せて歩く祭りがある。笠岡はカブトガニが有名だが、あまりにもグロテスクなので、女子感覚でハートマークをつけた。真備は竹の子、玉島はぶどうである。

プロジェクトのロゴには、虹＝明るい未来の象徴、中央の図＝地域のシンボル、人々＝地域を支える人、という想いを込めている。

表9-9 「わが街健康プロジェクト。」共催病院

No.	病院名	病院機能	病床数
1	あずま会倉敷病院	精神科	209床
2	倉敷市立児島市民病院	急性期・亜急性期・維持期	196床
3	倉敷成人病センター	急性期	269床
4	倉敷平成病院	急性期・回復期	218床
5	倉敷紀念病院	亜急性期・回復期・在宅医療	194床
6	倉敷スイートホスピタル	急性期・回復期・慢性期	196床
7	倉敷第一病院	急性期・回復期・緩和ケア	191床
8	倉敷リハビリテーション病院	回復期	155床
9	倉敷リバーサイド病院	急性期・慢性期	130床
10	重井医学研究所附属病院	急性期・亜急性期・慢性期	198床
11	玉島中央病院	急性期・回復期	122床
12	チクバ外科・胃腸科・肛門科病院	急性期	60床
13	水島中央病院	急性期・亜急性期・回復期	155床
14	児島中央病院	急性期・回復期・維持期	231床
15	しげい病院	回復期・リハビリ・維持期	256床
16	松田病院	急性期・慢性期	135床
17	倉敷中央病院	急性期	1,161床

出所：2015年8月20日調査時入手資料より作成。

(5) 年4回の講演会とサポーターズミーティングの開催

　年4回の講演会とサポーターズミーティングの開催を予定しており、「学ぶ」「考える」「広める」のステップアップを目指す。講演会は、①健康に関する講演、②地域医療に関する講演の2部構成である。講演は2つをセットで聞くことになっている。

　講演会3回参加は「学ぶ」であり、ランクは「ブロンズ」である。同様に、ゴールドは、講演会への参加は通算6回とミーティング参加が2回で「考える」である。そして、プラチナは、講演会の企画・レポートの提出が2回、ミーティング参加通算4回で「広める」である（2015年3月調査）。「わが街健康プロジェクト。」共催病院は、表9-9に示した通り17病院である（2015年8月現在）。

3．プロジェクトの枠組み

　わが街健康プロジェクトは、「共に考える地域医療」「心かよう地域医療」を

目指し、地域住民と医療提供者の参加による対話型の講演会である。倉敷市内17医療機関の共催、倉敷市・倉敷商工会議所・倉敷市保健所の後援（2015年8月現在）で運営している。

テーマは、①「医療機関と上手に付き合う」、②「病気の予防と健康維持」、③「倉敷（以外の方は自分の街）をもっと好きになる」である。

プロジェクトをやることは決めていたが、課題は、どのタイミングでやるか、どれくらいの広がりを持たせるか、そしてどれくらいの頻度でやるかという、そういったことが課題であった。飯塚病院は自院だけでサポーター制度をやっている。地域完結型の広報であれば、ひと病院だけでやっていては意味がない。飯塚病院は広報の人間が制度設計しスタートしているからであろうと考える。倉敷中央病院で、同じようなことをやっても多分うまくいかないだろうと考えられた。そこで、「わが街健康プロジェクト。」は、「みんなでやろう」というように骨格を描いた（2015年3月調査）。

図9-1は、「わが街健康プロジェクト。」のフレームワークである。「心かよう地域医療・ともに考える地域医療」を目指して、行政、保健所、消防局、病院、診療所、福祉といったアクターを挙げている。

「定期的な講演会とディスカッションと理解・啓蒙活動の促進」のために、

図9-1　「わが街健康プロジェクト。」のフレームワーク

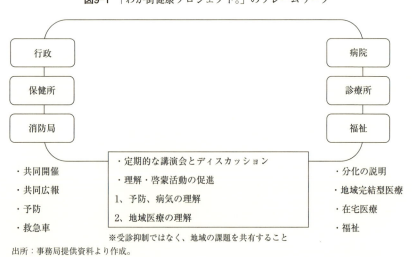

出所：事務局提供資料より作成。

「1、予防、病気の理解、2、地域医療の理解」を目的に掲げている。それらは、「受診抑制ではなく、地域の課題を共有する」ためである。

行政、保健所、消防局のアクターサイドには、「共同開催、共同広報、予防、救急車」がキーワードとして掲げられ、病院、診療所、福祉のアクターサイドには、「(機能) 分化の説明、地域完結型医療、在宅医療、福祉」がキーワードとして掲げられている。こうしたフレームワークで、地域医療を守ろうとしていることが読み取れる。

4．サポーターの発信力アップ

ランクアップ制度で動機付けすることで、サポーターの発信力をアップさせる狙いがある。「①学ぶ」はブロンズクラス認定であり、講演会に3回参加すると修了する。「②考える」はゴールドクラス認定であり、講演会の参加通算6回、ミーティング参加2回で修了である。そしてプラチナクラス認定は、講演会企画とレポート提出2回、及びミーティング参加通算4回で修了となる（図9-2）（2015年3月調査）。

飯塚病院と同じように、ブロンズとゴールド、プラチナのスリーランクをつくった。①「学ぶ」というステップ、②「考える」は、自分で考えて自分の意見が言える。そして③「広める」というステップで、講演会に参加する、そしてそのあとミーティングに参加して自分の意見を言う、伝えるという、3つの

図9-2 サポーターの発信力アップ：ランクアップ制度で動機付け

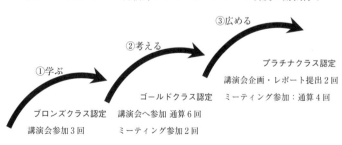

出所：事務局提供資料より作成。

ステップを考えている。

　事務局では、スタンプカードを作成した。参加者には、ステップアップするのがみえる化して楽しんでもらうために、スタンプラリーの形をとって、蔵の絵のスタンプをつくった。これが埋まっていくと、ブロンズ、ゴールドなどと、自分が今どの地点にいるかがはんこの数でわかる。このような継続して楽しむという準備もした。

　サポーターグッズも用意した。このうち、手提げバッグ、ファイル、オリジナルボールペンが、初回参加者用の三点セットである。これらは無料でプレゼントしている。そんなに高いものではないが、ロゴが入っていることで、プロジェクトの参加者だとわかる。ファイルには、共催している病院の簡単なプロフィールなどを入れている。講演資料の他に、検査結果、お薬手帳も整理でき、健康・治療参加の意識が高まるよう工夫した。

　オリジナルロゴの入った保険証入れは、緑、青、ピンクの三色があって、参加者が選べるようになっている。保険証入れは手が不自由でもひっかけて開けられるようなものになっている。保険証のほかにも診察券もたくさん入れられるようなものを選んだ。個別に名詞入れみたいに入れるタイプもあったそうだが、使い勝手を考えたらたくさん入れられたほうがいいということで、これを選んだ。講演会に3回参加して、ブロンズサポーターになればもらえる。

　飯塚病院も同様のことをやっているが、グッズは違うものである。飯塚病院のサポーター制度も、スリーステップとグッズがもらえる。しかし、飯塚病院にはない、「わが街健康プロジェクト。」のオリジナルの面白い仕組みがだいぶ加えられている。

5．講演会からブロンズサポーターの誕生

　参加者との見分けがつかず、共催病院のスタッフもいったいどこの病院の誰かわからない。そこで、ユニフォームがいるのではということで、スタッフTシャツをつくった。それを着て講演会を行っている。

(1) 健やかブース

　講演の話を聞くだけでなく、講演の前50分間を健やかブースで、健康測定と相談コーナーを設けて、そこで医療従事者と対話をして馴染んでもらおうと、

第九章　病院完結型医療から地域完結型医療への転換

表9-10　健やかブース参加人数

	第5回	第6回	第7回
水銀血圧測定 自動血圧測定 骨密度測定 体脂肪測定	61 （骨密度相談20人）	66 （骨密度相談11人）	72 （骨密度相談16人）
腹部エコー検査	―	11 （男性5・女性6）	―
健康相談	13	13	10
お薬相談	8	6	7
栄養相談	12	9	9
診療相談	4	11 （腹部エコー結果 説明のみ）	6
介護相談	1	0	0

出所：事務局提供資料より作成。

仕掛けもつくった。医療福祉従事者は、医師、看護師、薬剤師、介護福祉士で、脳トレゲームで楽しめて、結構人気だという。

　健康測定は、体脂肪の測定、骨塩定量検査、血圧検査などである。骨塩定量検査装置は、はじめレンタルしていたが、現在はプロジェクトで購入した。血圧も水銀血圧計を使用していたが、新しい血圧計を買った。けっこう看護師たちも楽しいようで、喜んでやってくれるという。栄養士が来て、栄養相談もやっているし、介護相談も行っている。それぞれの測定、検査、相談件数は、表9-10の通りである。

(2) 講演会の内容

　第1回〜3回までは、倉敷中央病院の大原記念ホールで行われたが、4回目からは市民会館で行っている。立ち上げ時は、活動自体がうまく立ち上がるかどうかわからいこともあって、費用を全部倉敷中央病院が出費した。主催についても、3回目まで、倉敷中央病院の地域医療連携室の主催という形にした。

　しかし、事務局会議を続けるうちに、公的な集まりとして催していることから、市民会館に会場を移し、わが街健康プロジェクト事務局主催と変更した。グッズを何にするか決める場合でも、「中央病院に金をだしてもらっていると、

意見がいえない」という話が出されて、2015年から町内会方式で、年間の運営費を共催病院数で割り、集めることにした。通帳に入れて、その中から会場費やグッズ費を払うようにしている。市からの補助金は、サポーター会議への運営費補助として、年間10万円程度である（2015年7月調査）。

　第1回目のテーマは、「①健康寿命を維持するために」と題して、倉敷中央病院副院長兼脳神経外科・脳卒中科主任部長山形専先生、「②共に守ろう地域の医療」と題して、倉敷紀念病院院長・小出尚志先生である。

　第2回目のテーマは、「①骨粗鬆症　転倒と骨折予防」と題して、倉敷中央病院副院長兼整形外科主任部長・松下睦先生、「②コツコツ『貯筋』で転倒ゼロ」と題して、倉敷リハビリテーション病院理学療法士・岡本貴幸先生である。

　第3回目のテーマは、「①認知症の理解と予防」と題して、倉敷平成病院・涌谷陽介先生、「②地域包括ケアってなに？」と題して、倉敷スイートタウン理事長・江澤和彦先生である。

　1回目の講演1は、倉敷中央病院副院長が、「健康寿命を維持するために」という講演を行った。もう一つの地域完結型医療のところでは、倉敷紀念病院の小出院長は県の病院協会会長で、「岡山県晴れやかネット」という、ＩＤリンクで自分の画像をみせたところ、参加者は身を乗り出して、自分の医療情報がみられることへの驚きを示した。ＩＤリンクはカルテの共有化であり、2012年から開始されているが、住民はそういったことは十分知らされていなかったので、驚くのも無理はない。

　1回目の参加者は151名で、大原講堂がいっぱいになるまでもう一息だった。2回目は224名でいっぱいになった。3回目も222名でいっぱいである。こういった講師は共催病院から出してもらうので、講演料もいっさい払わない。「ボランティアで話してもいい」という人だけにお願いしている。

(3) 今後聞きたい講演テーマ

　飯塚病院からは、地域完結型医療だけの話では人が集まらないと聞いていた。それは予想されたことであり、病気の予防などの話も加えて、二本立てにした。現在はテーマを逆にして、医療機関を一番にしている。そして3番目に、いずれ行政等のバックアップがほしいと考えながら、「倉敷をもっと好きになる」ということを入れている。

表9-11、9-12は、2回の講演を講演1と講演2で、第3回目の講演テーマを「今後聞きたい」順に、表にしたものである。講演1をみると、第1回目、2回目のアンケートでは認知症が39.7％と1位であったが、3回目は高血圧・高脂血症が29.7％で1位となっている。7回目は認知症が30.5％で1位である。

1回目から3回目までの上位5位は、「高血圧・高脂血症」「腰痛・関節症」「糖尿病」「認知症」「心筋梗塞」で、およそ20％以上を占めている。7回目は、「腰痛・関節症」「認知症」が20％以上である。「心筋梗塞」は1回目と3回目がそれぞれ19.9％と19.8％で、ほぼ20％と考えられる。しかし7回目は12.2％に落ち込んだ。7回目の参加者の属性から明らかなように、または関心のあるテーマをながめてみると、年齢層は割と高い男女が参加していることがうかがい知れる。

一方、小児医療と周産期医療はいずれも3％以下で回答数も少ない（1〜5人）ことからみても、若い女性の参加が少ないと推測できる。乳がんの構成割

表9-11 今後聞きたい講演テーマ（講演1）

(人・％・MA)

テーマ	第1回 (N=151)	第2回 (N=224)	第3回 (N=222)	第1〜6回平均 (N=192)	第7回 (N=164)
高血圧・高脂血症	36 (23.8)	59 (26.3)	66 (29.7)	42 (21.9)	30 (18.3)
腰痛・関節症	47 (31.1)	66 (29.5)	65 (29.3)	56 (29.2)	44 (26.8)
糖尿病	34 (22.5)	52 (23.2)	50 (22.5)	37 (19.3)	22 (13.4)
認知症	60 (39.7)	89 (39.7)	46 (20.7)	64 (33.3)	50 (30.5)
心筋梗塞	30 (19.9)	54 (24.1)	44 (19.8)	34 (17.7)	20 (12.2)
めまい・頭痛	26 (17.2)	44 (19.6)	42 (18.9)	35 (18.2)	22 (13.4)
脳卒中	19 (12.6)	28 (12.5)	35 (15.8)	24 (12.5)	18 (11.0)
大腸がん	15 (9.9)	36 (16.1)	33 (14.9)	26 (13.5)	19 (11.6)
排尿障害	16 (10.6)	28 (12.5)	23 (10.4)	21 (10.9)	24 (14.6)
肺がん	11 (7.3)	20 (8.9)	22 (9.9)	16 (8.3)	12 (7.3)
胃がん	12 (7.9)	26 (11.6)	22 (9.9)	17 (8.9)	14 (8.5)
肺炎	6 (4.0)	16 (7.1)	19 (8.6)	13 (6.8)	15 (9.1)
肝臓がん	6 (4.0)	20 (8.9)	18 (8.1)	14 (7.3)	15 (9.1)
腎不全	5 (3.3)	16 (7.1)	13 (5.9)	12 (6.3)	10 (6.1)
乳がん	9 (6.0)	19 (8.5)	10 (4.5)	13 (6.8)	6 (3.7)
その他	9 (6.0)	11 (4.9)	10 (4.5)	7 (3.6)	10 (6.1)
無回答	9 (6.0)	8 (3.6)	10 (4.5)	10 (5.2)	14 (8.5)
小児医療	3 (2.0)	6 (2.7)	3 (1.4)	4 (2.1)	3 (1.8)
周産期医療	3 (2.0)	5 (2.2)	1 (0.5)	3 (1.6)	5 (3.0)

注1）第1〜6回平均のNは、参加者数の平均値。
出所：事務局提供資料より作成。

表9-12　今後聞きたい講演テーマ（講演２）

テーマ	第１回 (N=151)	第２回 (N=224)	第３回 (N=222)	第１～６回平均 (N=192)	第７回 (N=164)
終末期医療	47　(31.1)	55　(24.6)	56　(25.2)	49　(25.5)	34　(20.7)
在宅医療	47　(31.1)	49　(21.9)	49　(22.1)	48　(25.0)	29　(17.7)
セカンドオピニオン	45　(29.8)	53　(23.7)	46　(20.7)	40　(20.8)	41　(25.0)
かかりつけ医	36　(23.8)	53　(23.7)	38　(17.1)	35　(18.2)	32　(19.5)
無回答	24　(15.9)	25　(11.2)	35　(15.8)	27　(14.1)	30　(18.3)
健康診断	15　(9.9)	36　(16.1)	34　(15.3)	27　(14.1)	27　(16.5)
介護について	27　(17.9)	28　(12.5)	32　(14.4)	29　(15.1)	28　(17.1)
医療の機能分化	26　(17.2)	33　(14.7)	26　(11.7)	22　(11.5)	20　(12.2)
救急医療	15　(9.9)	28　(12.5)	22　(9.9)	19　(9.9)	16　(9.8)
薬剤相談について	11　(7.3)	19　(8.5)	20　(9.0)	11　(5.7)	9　(5.5)
リハビリテーション	16　(10.6)	20　(8.9)	17　(7.7)	19　(9.9)	20　(12.2)
栄養相談について	14　(9.3)	22　(9.8)	13　(5.9)	16　(8.3)	13　(7.9)
その他	2　(1.3)	0　(0.0)	0　(0.0)	1　(0.5)	0　(0.0)

注１）第１～６回平均のNは、参加者数の平均値。
出所：事務局提供資料より作成。

合も3.7％から8.5％までで６人から19人と少ないことからもうかがい知れるところである。

　参加者の属性によって、講演テーマの関心が大きく左右されていることが読み取れる結果である。

　講演２についてみると、第１回から３回目までの20％以上でみてみると、「終末期医療」「在宅医療」「セカンドオピニオン」「かかりつけ医」に関心を寄せていることがわかる。１位の「終末期医療」と２位の「在宅医療」（１回目と３回目）は、どちらも人生の最期をどのように過ごすか、どこで死ぬかを考える参加者の意向が汲み取れる。「セカンドオピニオン」は、自分が深刻な病気になったときに、どうしたらよいかを考えている、ということであろう。「かかりつけ医」も、現在のかかりつけ医に対する疑問や問題があるのかもしれない。

　一方、10％以下をみると、「救急医療」「薬剤相談」「リハビリテーション」「栄養相談」「健康診断」（１回目のみ9.9％）は、構成割合は相対的にあまり高くない。講演２も、参加者の属性が色濃く反映された結果と言えよう。

　「介護について」「医療の機能分化」は、１回目は17.9％と17.2％だったが、第２回、第３回は12％前後から15％以下の範囲で関心が若干下がっている。７

回目は17.1％、12.2％と介護については1回目に近付いたが、医療の機能分化は下がり気味である。政策・制度はわかりにくいことを反映している結果とも考えられる。

いずれにしても、講演1と2の「今後聞きたいテーマ」を「参加者の関心」に置き換えた指標と捉えると、参加者自身の身近な疾病に関心が高く終末期医療や在宅医療、かかりつけ医なども、高齢参加者が多い結果であろうと推測できる。本来なら「介護について」や「医療の機能分化」「救急医療」は大事な政策・制度であるはずであるが、これらへの関心はあまり高くない結果となっている。しかし、在宅医療（47、49、49、29人）やかかりつけ医（36、53、37、32人）も機能分担と考えるならば、医療機能分化への関心はないわけではない。セカンドオピニオンが20％以上30％以下の高い値で推移していることは、医療への関心が高い結果と考えられる。住民視点で考えたとき、何をもって医療機能分化と考えるのか、明確な答えを出すことは難しい。

(4) ブロンズサポーターの誕生

ブロンズサポーターの認定式では、保険証入れを渡したあとに、スタッフもハートマークをつくって記念写真を撮った。最初のブロンズサポーターは74人である。

岡山県の約50％のシェアを占めている地方新聞・山陽新聞朝刊（2013年11月8日）に、「適正な地域医療守ろう」の見出しで、取り上げられた。2014年5月22日には、倉敷ケーブルテレビのニュースで、「わが街健康プロジェクト。」のブロンズサポーターが誕生したことが取り上げられた。2014年5月24日の山陽新聞朝刊でも、「ブロンズ74人誕生」と大きく取り上げられた。

6．サポーターズミーティングと運営

2014年10月、第1回目のブロンズサポーターズミーティングを大原記念ホールで開催し、ディスカッションに75名が参加した。これは6人掛けのテーブルをいくつか用意し、そこに「わが街健康プロジェクト。」のスタッフが司会進行役で一人入る。

ミニレクチャー1は、「倉敷市救急の現状」と題して、倉敷市消防局救急救助係長消防司令部補・原寛之先生、ミニレクチャー2は、「倉敷地域における

救急医療・地域完結型医療の現状」と題して、ホロニクスヘルスケア株式会社総合在宅ケアサービスセンター児島・吉田直樹先生が講師である。

　救急をテーマにして、消防の方から、倉敷の消防の現状について話してもらった。そして、「わが街健康プロジェクト。」への参加病院の児島中央病院のスタッフからは、倉敷の病院というのは倉敷だけでなく、総社市や笠岡市からの救急も相当数受けているので、それらの統計を集めて、どれだけ倉敷の病院が倉敷だけでなく県西部を支えているかという話をし、クイズでの参加型で行った。2015年4月21日には、第2回目のサポーターズミーティグも行われた。ブロンズでまだ参加してない人たちに、声をかけて同じテーマで行った。

　計算すると、3カ月に1回は講演会を行って、年間で4回の講演会を行う。サポーターズミーティングは年に2回行っている。同じ日でないため、それらの準備が大変である。

　結局6回分の企画をしければならない。定期的に検討会を17病院でやっている。最初は中央病院がヘッドワークで考えていたが、現在はみんなに役割分担をして、サポーターズミーティングを考えるグループと講演会の企画を行うグループに分けている。企画を考えるチーム、会場・受付のチーム、グッズチーム、広報チームを、混合でつくっている。それぞれのチームが動きながら、統合する会議を実施している。

　次回の講演会を進めるにあたって、講演テーマやそのアイディアと人選といった話と、ゴールドのグッズは何にするか、プラチナに上がるためにはどうするか、そういった運営全般をみんなで議論している（2015年7月調査）。

　2015年11月6日、倉敷市民会館で第9回講演会を開催し、195名が参加した。講演会参加3回で認定されるブロンズサポーターはあらたに12名誕生し、累計218名となった。同年10月に開催された第3回サポーターズミーティングでは、ゴールドサポーターへの認定要件（講演会通算6回参加、サポーターズミーティング2回参加＝「考える」ステップ）達成者があり、第9回の講演会で要件を達成した人を含め、43名がゴールドサポーターに認定された（倉敷中央病院ホームページより）。

7．第7回講演会（2015年5月19日）のアンケート結果の分析
(1) 参加者の属性

　7回の講演会への延べ参加者数は1,314人である。1回あたり平均参加者数は188人といった実績である（図9-3）。リピート率をみてみると、第6回が28.1％、第7回が26.6％となっている[1]。7回目の平均年齢は70.2歳（6回は70歳）である。男性41人（6回は54人）、女性123人（6回は139人）である。男女別で割合を計算すると、男性が30人で23％、女性が94人で74％である（N＝164、n＝128、回答率78％）。

　第7回目の講演会への参加者住所をみてみると、倉敷地区からの参加者が130人で全体の79.2％と圧倒的に多い。水島地区は8人で4.2％、岡山地区と児島地区は6人でそれぞれ3.2％、玉島地区と総社地区は3人で1.6％、真備地区は2人で1％、高梁地区は1人で0.5％、不明が5人で2.7％である。

　第7回講演会参加者の年齢分布をみてみると、70歳代が44％、60歳代が29％、80歳代が12％、50歳代が5％、30歳代が4％、40歳代が1％、90歳代も1％の分布となっている（図9-4）。

　70歳代と60歳代を合わせると73％であり、80歳代も加えると85％となる。明

図9-3　講演会開催回数と参加者数

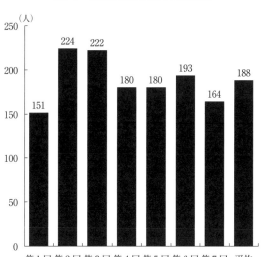

出所：事務局提供資料より作成。

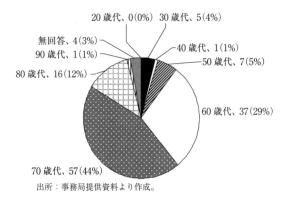

図9-4　第7回講演会参加者の年齢

出所：事務局提供資料より作成。

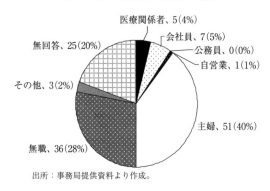

図9-5　第7回講演会参加者の職業

出所：事務局提供資料より作成。

らかに高齢者の参加者が多い結果となっている。

　第7回講演会参加者の職業をみると、主婦40％が最も多く、無職28％で、この2つで68％となる（図9-5）。無回答20％の中にも、無職に近い短時間勤務者や会社役員、一人暮らし高齢者などが入っていると推測できるので、いずれにしても高年齢の参加者だと推測できる。

(2) 講演会を知った手段

　チラシは、倉敷中央病院、公民館、倉敷リハビリテーション病院、倉敷リハバ

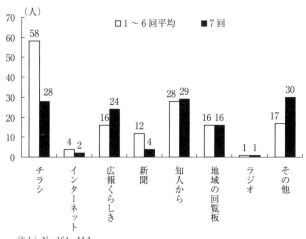

図9-6　第7回講演会を知った手段

注1）N＝164、MA。
出所：事務局提供資料より作成。

ーサイド病院、しげい病院、健康福祉プラザで配布している。その他は、前回参加時に申込済み、家族からの紹介、福寿荘、倉敷紀念病院である。1〜6回平均と比べて7回目は、チラシと新聞が減少し、広報くらしきとその他が増加した。ほかはほぼ横ばいである（図9-6）。

　事務局では、「また講演会に参加したいと思いますか」の質問をしている。その結果をみると、「参加したい」が90％、「参加したくない」が0％、「どちらともいえない」が5％、無回答が5％であった。「参加したい理由」をみると、「現場で従事した方々の話はこれからのヒントになり役立ちます」「毎回来るのが楽しみだから。いつも貴重な勉強をさせてもらえると思っています」「時代のニーズに対応されている内容だと思いました」「実際の訪問等、実務について参考になった」「勉強の機会が少ないので勉強になります」「聞いても忘れることがあるので、繰り返し聞きたい。広く知識を得たい。学ぶことが多い」など、講演会参加に前向きな意見が多い。

(3) 参加者の受け止め

　第7回講演会のテーマは在宅医療であった。講演1は「磯野家（サザエさ

ん）の秘密と訪問診療」、講演2は、「住み慣れた自宅で過ごしませんか？」であった。

　これらについて参加者からのアンケートをみてみる。

　まず講演1については、「大変良かった。先生の話をまた聞きたい」が55％、「どちらかと言えば面白かった」が23％で、合せて78％が好意的であった。講演2も、「分かりやすかった」が31％、「おおむね理解できた」が48％で、合せて79％であった。2つの講演は8割近い参加者から好意的に受け止められた。

　事務局では、「在宅医療について持っているイメージ」を尋ねている。「好意的な受け止め」と「否定的ではないが不安げな受け止め」、そして「実体験」の三つの回答に分類できた。

　「好意的受け止め」は、「患者、家族の生活リズムが優先されるのでリラックスして受けられる感じがする」「病状が急変した時の対応が、入院の場合と比較してどうなのかな？と心配であったが、講義を聞いて安心しました」「出来れば在宅医療がしたい」「私もできれば最期は自宅で！と思う。これから大切な分野と思います。そういう分野でもお手伝いができることがあるのでしょうか」「家族に及ぼす負担が大きいが、出来れば在宅で終末医療を受けたいものです」といった回答を得ている。

　一方、「不安を伴う回答」は、「費用とか申し込みが不明でした」「私は在宅医療は難しいと思う。介護している方があるけいど医療について勉強していないと無理だと思う」「訪問診療する医師が少ない。訪問診療する医師をしりたいが分からない」「独居生活での在宅医療はどうなるのでしょうか」「一度病院から家に帰ると、また病院へ入院するときはすぐできるのかが不安です」「かかりつけ医が自宅に来てくれるか不安。でもなるべく本人の希望をかなえてあげたい。もう少し突っ込んだ話も聞きたい」「訪問看護について良くわからない。訪問看護はどこに聞けば良いか方法が分からない」「一人暮らしの場合でも在宅医療ができるのか」といった回答であった。

　「実体験の回答」は、次のようなものであった。「義父と義母を在宅でみました。24時間家でみるのは大変でした。家族の協力が必要です」「末期がんの義父が在宅医療を選択し、最期は自宅であった。病院へ入院中の先生の対応もとても良かったが、在宅医療の先生・看護師さんの心温まる診療は身内としてとてもありがたかった。そのため、温かく良いイメージ」「昨年、在宅医療にて

終末を迎えた叔父を看取り、自分達についておいおい準備に」「主人を在宅で送ったので（ガン）、色々なことがしてもらえるので病院でよりよい看病をしてあげられ、良かったと思う。ただし、看病する人の手助けがあってのことだと思う」「年齢的に介護をしている友人もいて、デイサービスを受けたり、ショートステイを利用したりしていても、やはり家族の負担は大きいと思う。またガンの治療などで抗ガン剤治療も入院せず続けている知人もおりました。安心して自宅でできるよう色々なチームを組んでケアが受けられるといいと思います」「主人の看護中に在宅を望んでいましたので、探していたら近くで若い先生が開院され、お願いし、病院に入院したりありましたが、最期はスタッフの方に支えられ、家族の思うように看取りが出来喜んでいます。私の時はどうなるのかわかりませんが」といった回答であった。

第4節　地域完結型医療に向けた住民参加の試みの考察

1．ヒューマンネットワークの形成

　この取り組み自体は、地域連携の業務の人たちもいるし、広報の人たちも出てきていて、周りの病院には、フェイスブックの作り方がわからないという場合には、中央病院の広報室が教えてあげたりしている。これまでは、院外との接点は管理職であったが、スタッフレベルではなかったので、スタッフが生き生きと仕事をするようになった。中には、「わが街健康プロジェクト。」が出会いの場となって結婚したスタッフもいる。

　ケーブルテレビでは、生涯学習番組で月4回、2カ月間で8回放送してくれた。2014年には、中四国最大規模で2万人くらいがエントリーする、「そうじゃ吉備路マラソン」に、倉敷中央病院の連携室スタッフ、ソーシャルワーカー、倉敷紀念病院のソーシャルワーカーが、「わが街健康プロジェクト。」のスタッフTシャツを着て走ってくれた。また、2014年の夏には、倉敷天領祭りで、倉敷リハビリテーション病院の看護師が手作りのうちわをつくり練り歩いたり、のぼり旗を作成して練り歩いたりしてくれた。

　検討会は夜7時集合である。中には残業代がつかない人もいる。その病院の事情で無理しない程度にと話はしているが、ちゃんときてくれる。人間飽きがくるが、現在のところみんな楽しんでやってくれている。そのために色々な役

割を分担しており、コーディネートしながら運営を行っている。主体的に動いてもらえるような配慮をだいぶしている。

　こういう対話型の広報を、どこまで本気で理解しているのか疑問もある。都合のいいことだけ発信する。こういうことをやると、要望や意見が上がってくるが、それらをきちんと聞き入れる度量があって、組織を改善する気持ちがあるのかどうか、非常に疑問なところはあった。

　広報は難しい。たとえば病院で意図したことが、患者が求めていることかを考えたときに、そうではないこともある。情報を垂れ流しているだけの場合も多い。患者が求めていることを広報していないことも多い。

　耳の痛い話をほんとに真摯に聞いて、病院の中の組織をどう変えるか、どこまでほんとに思ってくれているのか、院内の仕組みも平行して整える必要がある。広報をやっていると、絶対誤解される。なかなか真意は短い言葉では伝わらない。発信することは必ず誤解を生む。実際、プロジェクトを始めたときに、ある理事長から呼び出されて、「なんで中央病院の宣伝にうちが付き合わされているのか」と言われたこともあった。「そうじゃないですよ」と説明したが理解してもらえない。会場を市民会館に移す予定であると述べ、納得してもらえた。

　連携室のメンバーがプロジェクトを運営していることとは、大腿骨や脳卒中の連携パスを運用しており既にまわりの病院と付き合いがあり、川崎医大以外は倉敷中心部の主要な病院は全部パスに入っていることである。そこにサラウンドエリアの病院が少しずつ入ってきている。地域連携の基礎があったため、このスピードでプロジェクトが立ち上がった。プロジェクトを立ち上げるための最初の集まりの際に、広報室に案内を郵送した。そのときにきてくれたのは、ほとんど地域連携で顔見知りの人たちばかりだった。「これでうまくいく」と確信した。一緒に連携パスを運用しながら、まだ、「患者さんや家族の気持ちが付いてきてない」とか、「地域完結型医療というのはまだまだ医療従事者が勝手に言っている話で、まだ患者の理解、協力がないと、無理ではないか」といった気持ちの点で、同じ思いがあったので、プロジェクトがかなり早いスピードでできたのだろう。

　院内の意思疎通が悪いから、外とも意思疎通が悪いというパターンが多い（土井 2015）。しかし、「わが街健康プロジェクト。」の場合には、医療連携という下地をつくっていたので、プロジェクトの立ち上がりがスムーズであった。

第九章　病院完結型医療から地域完結型医療への転換

下地づくりに苦労してきた結果、現在のプロジェクトのヒューマンネットワークの取り組みの広がりがある。

2．プロジェクトの可能性と課題
(1) 受講生の受講動機

図9-7は、「第1〜3、7回講演会受講者の受講動機」をたずねた集計結果である。新規参加者もあるが、リピーターも多い。したがって、前述したように、「次回も参加したい」の回答率が高いことはいわば当然と思われる。

4回の講演会受講の結果をみる限り、図9-7の「医療機関と上手に付き合う方法を知りたかった」は3〜4割ほどであるが、「地域医療を支えることに興味があった」は約2割といった状況である。萱嶋（2011）の飯塚病院のアンケート結果と比較すると、「医療機関との上手な付き合い方を知りたかった」は53％と、「わが街健康プロジェクト。」の受講生の回答よりも20ポイントも高い。「地域医療を支える活動を行いたいと思った」は25％で、飯塚病院の方が5ポイントほど高い結果となっている。これらの数値が高いのか低いのかを議論す

図9-7　第1〜3、7回講演会受講者の受講動機

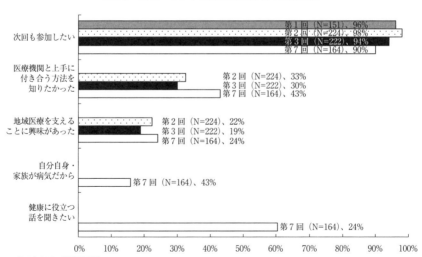

注1）MA（複数回答）。
注2）第4〜6回のデータは未入手。
出所：事務局提供資料より作成。

ることは、基準がないのであまり意味がない。しかも「講演会の受講生」という、医療に関する意識の高い住民が参加してきているというバイアスがかかっていることもあって、一般市民レベルではもっと低いことは確実である。問題は、「地域医療を支える活動を行いたいと思った」(飯塚病院)、「地域医療を支えることに興味があった」(わが街健康プロジェクト)という参加者をいかに増やすか、といった点であろう。これからのプロジェクトの実践を通じて、参加者の行動変容を期待することもできるが、時間のかかる取り組みであることと承知すべきである。

聴き取りの中で感じたことは、リピーターの口コミがなされていることであった。「この会に参加していることを友人、家族、同世代の知人、特に女性がよく話をしてくれる」。「介護予防の方に参加を呼びかけている」といった、手書きのコメントもスタッフのもとに届いている。

(2) プロジェクトの評価

そこで、第7回講演会リピーターの口コミ数を指標として、プロジェクトの評価を試みる。

第7回講演会のリピーターの口コミ状況をみてみよう。

表9-13は、第7回講演会のリピーターの口コミ件数を示している。リピーター数は75人で、16人のリピーターは2人に口コミした(21.3%)。次に、14人のリピーターは3人に口コミした(18.7%)。11人のリピーターは5人に口コミした(14.7%)。30人に口コミしたというリピーターは1人いた(1.3%)。2人か

表9-13 第7回講演会リピーターの口コミ件数

(n=75)

	リピーターの人数(人)	構成割合(%)
1人	5	6.7
2人	16	21.3
3人	14	18.7
4人	4	5.3
5人	11	14.7
10人	4	5.3
30人	1	1.3
無回答	20	26.7

出所:事務局提供資料より作成。

第九章　病院完結型医療から地域完結型医療への転換

表9-14　第7回講演会リピーターの口コミ件数（男女別）

(n=74)

	男性	女性
男女別（人）	10	64
割　合（％）	13.5	86.5

出所：事務局提供資料より作成。

表9-15　第7回講演会リピーターの口コミ件数（年代別）

(n=75)

	口コミ数（件）	構成割合（％）
30代	3	4.0
40代	1	1.3
50代	7	9.3
60代	19	25.3
70代	33	44.0
80代	8	10.7
90代	1	1.3
無回答	3	4.0

出所：事務局提供資料より作成。

表9-16　第7回講演会リピーターの口コミ件数（分類別）

(n=75)

口コミ分類	（人）	（％）
家族・友人	21	28.0
友人	15	20.0
無回答	12	16.0
家族	8	10.7
家族・友人・職場の同僚	4	5.3
友人・親戚	4	5.3
家族・親戚	3	4.0
家族・友人・親戚	2	2.7
職場の同僚	2	2.7
家族・職場の同僚	2	2.7
友人・職場の同僚	1	1.3
その他同僚	1	1.3

出所：事務局提供資料より作成。

ら5人に口コミしたリピーターは45人で60％を占めている。

　男女別に口コミ件数をみると、男性10人（13.5％）、女性64人（86.5％）と、圧倒的に女性が多い（表9-14）。これは、講演会参加者に女性が多いことから、

いわば当然であるが、男性より女性の方が地域コミュニティの中での活動範囲が広いことにも起因していると推測できる。

年代別に口コミ件数を見ると、70歳代44.0％で最も多く、60歳代25.3％、80歳代10.7％、50歳代9.3％という結果であり、合計は89.3％となる。約9割は、50歳代から80歳代のリピーターによって口コミが行われている（表9-15）。これも、参加者の属性に起因している結果とみることができる。

口コミ分類をみてみる。無回答を除く表9-16を分解すると、家族、友人、同僚、親戚の4つの分類が可能である。それらを集計し直すと、家族が53.4％、友人が57.3％、職場（その他）の同僚が13.3％、親戚が12.0％となる。すなわち、口コミしている相手が最も多いのは友人や家族であり、50％以上が口コミ相手となっている。同僚と親戚は10％台で、家族や友人と比べて口コミ件数が大きく減少する。

筆者の聞き取り結果を裏付けるように、リピーターの口コミがなされていた。第7回講演会へのリピーターの口コミ結果については、「この会に参加していることを友人、家族、同世代の知人、特に女性がよく話をしてくれる」という内容と一致するものであった。

共催している病院数だけをみると、倉敷市の医療機関に占める割合からするとまだ少ない感じがする。しかし、少しずつ参加病院も増えつつある。

これまでの活動を振り返ると、広報として「みんなのくらちゅう」を作成して配布し、対話型を追加したメディアミックスの段階まできているかもしれないが、それはまだ確実に言えるかどうかは不明である。

今後、サポーターが育って、ゴールド、プラチナになったとき、何をやってもらうのか、具体的な活動を考えることが課題である。

(3) 結論

現在、2025年問題が言われている。しかし、医療機関ではその10年前の2015年問題に対応してきた。団塊世代の人たちが65歳になるタイミングをどのように迎えるかがキーポイントだったので、2013年の取り組みで下地ができた。ひとつの病院ではなく、複数の病院でやることで、大きな成果になることと、耳の痛い話が入るので、それを組織の中でどう活かしていくかということが、これからの課題だと考える。

市の中に病院が複数あれば競合関係になるのが普通だが、「わが街健康プロジェクト。」というテーブルがあれば、顔見知りの関係になっていく。これまでの医療連携室は、前方連携で開業医や病院との連携を行ってきた。それがプロジェクトを通して、いっしょにやれるというのは、いわゆる普通の医療連携のさらに一歩進んだ、または別の言い方をすれば、医療連携という下地の上にのって、新たな文化をつくっていくイメージである。病院間同士の水平連携の構築であるとともに、病院と患者との病患連携と考えてよい。

　病院の場合、病院間の競争原理が働くので、協働することは難しい。しかし、地域完結型医療では、顔見知りの関係からより発展して、自院の医療機能をどうするか、どういう部分を担うか、それらのことを認識しないと、つまり自分以外の相手が何を考えているのかわからないと、たとえ医療連携という下地があったとしても、地域全体の医療機能の分担はうまくいかない。地域連携パスを使用しているので、急性期と回復期という位置付けではある程度連携しやすい。しかし急性期病院同士は同じ診療科であれば、患者獲得に走りやすい。その意味では良い競争関係は歓迎すべきだが、ひとつの病院にだけ患者を集めても地域医療は完結できないのがこれからの医療である。そのことを医療機関の経営者は知らなければならない。そして、患者も賢く医療機関との付き合い方を学ぶ必要がある。

　これまでなかったものをつくるのはかなりのエネルギーが必要である。日常の業務を行いながら、プロジェクトのための非常に密な協同もやりながら外とのミーティングもやらなければならない。スタッフの仕事は倍以上に増えて、かなり大変である。しかし、「柏原病院の小児科を守る会」の取り組みが示唆するように、医療を「あって当然のもの」から、「気をつけて守らなければならない大切なもの」と住民が受け止めるようになることが、プロジェクトが獲得すべき当面の目標であろう。医療が「地域に不可欠な財産」と認められることが重要である。

注
1）リピート率の計算は、7回のリピート参加者数÷初回から新規参加者の累計×100＝7回のリピート率。134名÷(151名（1回新規）+133名（2回新規）+45名（3回新規）+36名（4回新規）+50名（5回新規）+59名（6回新規）+30名（7回新規））×100＝26.6％。

文献

安藤公一（2013）・インタビュアー山田綾乃「地域医療を支えるには住民の力が必要です。」ＮＰＯ法人ささえあい医療人権センター『コムル』No.273。

足立智和（2012）「地域による地域のための地域を守る医療——地域メディア（地方マスコミ）が果たす役割」西村周三・ヘルスケア総合政策研究所編『医療白書2012年度版 地域包括ケア時代に迫られる、病院"大再編"と地域医療"大変革"』日本医療企画、284-297頁。

伊関友伸（2015）「行政計画としての地域医療構想（ビジョン） 地方分権がどう影響するか」『病院』74巻3号、医学書院、27-31頁。

萱嶋誠（2011）「特集 地域医療を支える住民の活動 【実践報告】"地域医療サポーター"制度 飯塚病院」『病院』70巻第9号、医学書院、45-47頁。

萱嶋誠（2015）「株式会社麻生飯塚病院（福岡県飯塚市） 地域住民との協働が、医療資源の有効活用につながる」ヘルスケア総合政策研究所『医療経営白書2015-2016年版 個別経営から地域経営へ 地域医療創生』日本医療企画、73-80頁。

川妻干将（2010）「病院と住民による地域医療の再生——民意が動かした佐久総合病院の再構築を検証する（上・下）」日本文化厚生連『文化連情報』No.383、24-27頁、No.384、20-25頁。

倉敷中央病院地域連携室・広報部（2014）『みんなのくらちゅう4～読んでわかる倉敷中央病院～』。

倉敷中央病院ホームページ（http://www.kchnet.or.jp/topics/topics1044.aspx. 2015年11月11日アクセス）。

小磯明（2009）「地域医療 崩壊から再生へ——東金病院と地域医療を育てる会の事例から——」福祉の協同を考える研究会『福祉の協同研究』第3号、36-60頁。

小磯明（2011）「市民の協同でつくる健康なまちづくり支援病院——南医療生協と南生協病院——」福祉の協同を考える研究会『福祉の協同研究』第4号、23-39頁。

小磯明（2013a）「学ぶことの証しは変わること——小諸厚生総合病院実践保健大学30年のあゆみ」日本文化厚生連『文化連情報』No.429、34-38頁。

小磯明（2013b）「急性期大病院と地域医療——診療圏人口80万人以上の地方都市で、持続可能な経営展開目指す倉敷中央病院（1,116床）の事例（2009～12年）」『医療機能分化と連携：地域と病院と医療連携』御茶の水書房、411-450頁。

小磯明・谷口路代・田中淑寛・石塚秀雄（2015）「座談会 非営利・協同の医療機関を取り巻く状況と経営上の課題」非営利協同総合研究所いのちとくらし『いのちとくらし研究所報』第51号、2-14頁。

公益社団法人全国国民健康保険診療施設協議会（2015）「公立みつぎ総合病院を核とした地域包括ケアシステム」 http://www.kokushinkyo.or.jp/tabid/110/Default.aspx 2015年6月13日アクセス。

厚生労働省「地域包括ケアシステム構築へ向けた取組事例」 http://www.mhlw.go.jp/seisakunitsuite/bunya/hukushi_kaigo/kaigo_koureisha/chiiki-houkatsu/dl/model.pdf 2015年6月13日アクセス。

厚生労働省老健局（2014）「地域包括ケアの実現に向けた地域ケア会議実践事例集～地域の特色を活かした実践のために～」。

国立社会保障・人口問題研究所（2013）「将来推計人口 2013年3月推計」。

社会保障制度改革推進本部決定（2015）「医療保険制度改革骨子（案）」。
地域医療構想策定ガイドライン等に関する検討会（2015）「地域医療構想策定ガイドライン」。
土井章弘（2015）・インタビュアー小磯明「目的は地域の人が幸せに暮らせるということ」日本文化厚生連『文化連情報』No.448、32-37頁。
二木立（2015）「『地域医療構想』で病院病床は大幅削減されるか？」『日本医事新報』No.4755、医事新報社、15-16頁。
日本医師会（2015）「ＪＭＡＰ、地域医療情報システム」。
松田晋也・村松圭司（2015）「大都市圏の医療介護提供体制をどう考えるのか──多様性と相互扶助への対応──（下）」『社会保険旬報』No.2602、社会保険研究所、28-36頁。

謝辞

　倉敷中央病院地域医療連携・広報部長の十河浩史氏には、2015年3月と7月、8月、11月と断続的に、「わが街健康プロジェクト。」に関する聴き取り調査への協力、及び資料提供等で大変お世話になりましたことにお礼申し上げます。そして、法政大学サステイナブル研究教育機構大原社会問題研究所サステイナブル研究プロジェクトが発足した2009年の調査開始当初から、継続して調査にご尽力くださいました、公益財団法人大原記念倉敷中央医療機構・相田俊夫副理事長に深謝いたします。最後に、本稿の誤りにつきましては、筆者に帰すことは言うまでもありません。

執筆者紹介（五十音順）

相田　利雄（あいだ　としお）
　法政大学名誉教授・大原社会問題研究所名誉研究員（中小企業論、社会政策論）。〔はしがき、序章、第一章〕

江頭　説子（えとう　せつこ）
　杏林大学男女共同参画推進室特任講師（労働・産業社会学、地域社会学）。〔第五章〕

大平　佳男（おおひら　よしお）
　福島大学うつくしまふくしま未来支援センター特任研究員（環境経済学）。〔第七章〕

唐澤　克樹（からさわ　かつき）
　大月短期大学・川口短期大学非常勤講師（中小企業論）。〔第一章、第二章〕

小磯　明（こいそ　あきら）
　法政大学現代福祉学部・大学院公共政策研究科兼任講師（地域政策論、医療政策論）。〔第六章、第九章〕

高橋　啓（たかはし　けい）
　金沢学院大学経営情報学部教授（公共政策論、地域経営論）。〔第三章〕

永田　瞬（ながた　しゅん）
　高崎経済大学経済学部准教授（労働経済論、社会政策論）。〔第四章〕

橋本　美由紀（はしもと　みゆき）
　法政大学大原社会問題研究所兼任研究員・高崎経済大学非常勤講師（経済統計学、ジェンダーと労働、介護政策）。〔第八章〕

編著者紹介
相田利雄（あいだ　としお）

経歴
1943年3月　東京都に生れる
1961年3月　長野県立松本深志高等学校卒業
1966年3月　東京大学経済学部卒業
1968年3月　東京大学院経済学研究科修士課程修了
1974年3月　東京大学院経済学研究科博士課程単位取得満期退学
1974年　　法政大学社会学部専任講師（「中小企業論」担当）
1976年　　法政大学社会学部助教授
1984年　　法政大学社会学部教授
1984年　　法政大学大学院社会科学研究科社会学専攻教授

この間に、1987年10月—1989年3月　イギリス・ケンブリッジ大学留学
2000年4月—2001年3月　韓国・慶南大学、イギリス・ケンブリッジ大学
　　　　留学
2003年度〜2006年度　法政大学大原社会問題研究所所長
2001年度〜2003年度　財団法人・政治経済研究所『政経研究』編集代表

所属学会
日本中小企業学会 社会政策学会

法政大学大原社会問題研究所叢書
サステイナブルな地域と経済の構想
——岡山県倉敷市を中心に——

発　行——2016年2月25日　第1版第1刷発行

編　者——法政大学大原社会問題研究所／相田利雄
発行者——橋本　盛作
発行所——株式会社御茶の水書房
　　　　〒113-0033 東京都文京区本郷5-30-20
　　　　電話 03 (5684) 0751　Fax 03 (5684) 0753
印刷・製本——シナノ印刷株式会社
ISBN978-4-275-02031-4 C3036　Printed in Japan

法政大学大原社会問題研究所叢書

現代の韓国労使関係	法政大学大原社会問題研究所編	A5判・三六〇頁 価格・六二〇〇円
人文・社会科学研究とオーラル・ヒストリー	法政大学大原社会問題研究所編	A5判・二七〇頁 価格・三三〇〇円
高齢者の住まいとケア	嶺 学 編	A5判・三四六頁 価格・四二〇〇円
イギリスの炭鉱争議（一九八四〜八五年）	早川征一郎 著	A5判・三二〇頁 価格・六二〇〇円
政党政治と労働組合運動	五十嵐 仁 著	A5判・四五〇頁 価格・六〇〇〇円
社会運動と出版文化	梅田俊英 著	A5判・三七〇頁 価格・五〇〇〇円
労働組合の組織拡大戦略	鈴木玲 早川征一郎 編著	A5判・三二〇頁 価格・四二〇〇円
新自由主義と労働	法政大学大原社会問題研究所・鈴木玲 編	A5判・二七〇頁 価格・四二〇〇円
証言産別会議の運動	法政大学大原社会問題研究所 編	A5判・三九〇頁 価格・六五〇〇円
証言占領期の左翼メディア	法政大学大原社会問題研究所 編	A5判・四四六頁 価格・六六〇〇円
近代農民運動と政党政治	横関 至 著	A5判・三一〇頁 価格・五〇〇〇円
農民運動指導者の戦中・戦後	横関 至 著	A5判・四三八頁 価格・八四〇〇円
地域と高齢者の医療福祉	小磯 明 著	A5判・四六〇頁 価格・三三二〇円
医療機能分化と連携	小磯 明 著	菊判・七六〇頁 価格・六一〇〇円

御茶の水書房
（価格は消費税抜き）